企業法研究の序曲IX

企業法学論集第9号

筑波大学大学院ビジネス科学研究群
法学学位プログラム【編】

同友館

『企業法研究の序曲Ⅸ』の刊行によせて

　筑波大学大学院ビジネス科学研究科企業法学専攻は，1989年４月に社会人を対象として専ら夜間に開講する我が国初の大学院として設置された経営・政策科学研究科経営システム科学専攻に続き，1990年４月に博士前期課程（修士課程）として設置されました。社会人としての豊富な経験や高い問題意識を基に，既存の法律学研究を超えた新しい法律学研究を開拓する場を指向した画期的な大学院として，数多くの人材を輩出してきました。その後，1996年４月に博士後期課程（博士課程）である企業科学専攻企業法コースを設置し，大学院改組再編に伴い，2001年４月から大学院ビジネス科学研究科の各専攻・コースとなって，再度の大学院改組改編に伴い，昨年2020年４月から，人文社会ビジネス科学学術院ビジネス科学研究群法学学位プログラム博士前期課程（修士課程）及び博士後期課程（博士課程）として新たな歴史を刻みはじめたところです。

　都内中心部（筑波大学東京キャンパス）に位置し，向学心と志に満ちた多士済々の社会人学生が勉学・研究に日々没頭するとともに，専門職業人の人的ネットワーク形成のハブ（hub）としても活気あふれています。

　社会人大学院がこの国に現れて30年余りが過ぎ，今日広く世の中に定着したことは喜ばしい限りですが，知識の獲得とともに知の再生産を自ら行える術，いわば「知を生み出しうる知」の獲得こそが大学院で学ぶ最大の醍醐味であることが，昨今忘れられがちに思われます。企業法学専攻修了生には，その術を見事に体得され，優れた論文という新たなる知を生み出される方が毎年数多くおられるため，2013年から同友館のご協力を得て，書籍として公刊してまいりました。

　2019年度企業法学専攻修了生４名の方の論文を，本年から新しい組織である法学学位プログラムが継承してここに刊行する次第です。いずれの論文にも，30年前の設立時のスピリットが脈々と活きていることを見出していただけるものと存じます。併せて，本書がこれからの法学学位プログラムに関心をもたれる方にとっての入学の契機ともなれば幸いです。

2021年２月

企業法学専攻長　　　　平嶋　竜太
法学学位プログラムリーダー　川田　琢之

［目　次］

◎損害保険契約における被保険利益と利得禁止原則
　―地震災害にかかる保険契約についての考察―　　　飯塚　剛史

◎クラウドワーカーの労働者性と法的保護の
　在り方に関する考察　　　　　　　　　　　佐藤　和義

◎企業再生税制
—期限切れ欠損金と繰越欠損金における一考察—　　花岡　拓哉

◎流通過程における所有権留保の目的物にかかる 譲渡担保権の設定について　　　　　　古谷　政晃

第1章　序論

損害保険契約における被保険利益と利得禁止原則
—地震災害にかかる保険契約についての考察—

飯塚　剛史

序章

第1節　研究の背景・目的

　保険法は，保険に係る契約の成立，効力，履行及び終了については，他の法令に定めるもののほか，この法律に定めるところによるとした上で（1条），2条1号で，保険契約を，いかなる名称であるかを問わず，当事者の一方が一定の事由が生じたことを条件として財産上の給付を行うことを約し，相手方がこれに対して当該一定の事由の発生に応じたものとして保険料を支払うことを約する契約と定義する[1]。

　そして，この保険契約はいくつかに類型化される。①損害保険契約と定額保険契約という分類と，②物・財産保険契約と人保険契約という分類が基本とされるが，このように基本類型を分けることの意義は，類型毎に異なる法的規律が妥当することに求められるといわれる[2]。

　まず，①損害保険契約と定額保険契約の類型化は，保険給付の態様に着目するものである。損害保険は保険給付が損害てん補である保険をいい，定額保険は保険給付が定額の保険金給付である保険をいうが，この分類は，人保険において認められる定額保険は例外であり，それ以外の物や財産に関する保険は損害保険でなければならないという考え方を前提にしており，損害保険と定額保険とでは異

1　江頭憲治郎『商取引法〔第8版〕』417頁（弘文堂，2018）は，保険とは，同種の危険に曝された多数の経済主体（企業・家計）を一つの団体と見た上で，そこに大数の法則が成り立つことを応用して，それに属する各経済主体がそれぞれの危険率に相応した出捐をなすことにより共同の備蓄を形成し，現実に需要が発生した経済主体がそこから支払を受ける方法で需要を充足する制度と定義する。

2　山下友信『保険法（上）』45頁（有斐閣，2018）。

なる法的規律が形成されているとする[3]。

　次に，②物・財産保険契約と人保険契約の類型化は，保険の対象に着目するものであり，物・財産保険は物や財産が保険の対象である保険をいい，人保険は人が保険の対象となる保険をいう。物（有体物に限らず喪失利益も含む）が保険の対象であるということの意味は，物について偶然の事故により滅失・毀損あるいはそれらから派生する各種の積極損害が発生したときに保険給付が行われるということであり，財産が保険の対象であるということの意味は，ある者の財産状態（特定の財産ではなく全財産の状態）が偶然の事故による債務の増加や費用の支出等消極財産の増加により悪化するという消極損害が発生したときに保険給付がなされるということである。物・財産保険と人保険という分類をするのは，保険の対象が人であるということからやはり特別の法的規律が形成されていることによるものであるといわれる[4]。

　しかし，物・財産保険を一括りにして，すべてこの保険契約の類型は，損害保険でなければならないといえるかは，疑問が生じるところである。たとえば，火災保険と地震保険は一次的には物の損害を補償するものといえるが，保険を付保する契約者・被保険者の意図は，両保険間では異なる部分があると思われる。火災保険であれば保険を付保した物の価値に見合った保険金が支払われれば目的を達したといえるが，地震，特に大規模地震は人の生活や企業活動の基盤に損害を与えるものであることから，物・財産の損害に対する補償がされるだけでは，これらの原状回復は困難である。

　損害保険における被保険利益および利得禁止原則については，すでに多くの学説による見解が示され議論も十分になされているといえるが，地震保険や地震リスクに関係する新種保険に関する被保険利益と利得禁止原則の意義やその機能については，物や財産の損害をてん補するのにとどまらない地震保険等の性質を踏まえ，さらなる検討が必要であると考える。そこで，本稿では，これまでの議論と現状の把握を行った上で，地震保険や地震リスクにかかる新種保険における被保険利益と利得禁止原則の機能を研究することを目的とする。

3　山下・前掲注(2)45-46頁。
4　山下・前掲注(2)46頁。

第2節　本稿の構成

　第1章では，まず収支相等の原則と給付反対給付均等の原則という保険技術の意義について確認を行った後，損害保険契約における被保険利益と利得禁止原則の機能およびその例外について学説を概観した上で，両者にとって共通の問題となる公序良俗論について検討を行い，その後，保険制度の悪用を公序良俗違反として保険契約を無効とする裁判例および利得禁止原則を適用して保険金支払額を減額した裁判例について分析を行う。最後に，同じ射倖契約の一種である賭博契約と保険との区別についての見解を整理する。

　第2章では，利得禁止原則からの要請である損害てん補原則の意義について概観した後，損害保険の対概念である定額保険の側からの損害概念を検討する。そして，損害保険契約でありながら，一般の火災保険等とは相違する目的を併せ持つ地震保険および地震リスクを実質的に担保する新種保険や地震デリバティブを組み込んだ金融商品と，一般的な物・財産保険との差異について検討を行う。

　第3章では，地震デリバティブについて検討する。地震デリバティブは，購入者に発生する損害をてん補するという保険との機能的同質性が認められるものの，偶然の事実の発生により給付義務が発生するものであり，損害をてん補するものではないことを理由に保険ではないという理解が一般的である。そこで，地震デリバティブの概要と機能，その法的性質について，保険との比較を中心に検討を行う。

　第4章では，地震災害にかかる保険契約に被保険利益及び利得禁止原則を適用させることの意義について，損害の評価，新価保険と定額保険及び地震デリバティブとの相違の観点から見える課題について示すことにより本稿のむすびにかえる。

第1章　被保険利益と利得禁止原則の機能

第1節　収支相等の原則と給付反対給付均等の原則

　保険制度は，大量の同質のリスクを集約してその分散を図るメカニズムであるが，ここで必要とされるのが，大数の法則を基礎とした収支相等の原則と給付反

対給付均等の原則の２つの保険技術であるといわれる[5]。

1．収支相等の原則

　大数の法則を利用すると，保険契約者全体についてはリスクが現実化する確率を高度に予測することができる[6]。そこで，この原理により予測された保険事故発生率から計算された保険給付の総和に等しくなるように保険料を保険契約者に分散して拠出させれば，全体としてのリスクを極小化することができるため，これにより合理的なリスク分散を図ることができる。このように保険者が支払う保険金と保険契約者全体の支払う保険料とは，少なくとも等しくならなくてはならないという原則を「収支相等の原則」という[7]。この原則は，保険事業の経営については健全性及び継続性が要求されることから認められる[8]。

　そして，収支相等の原則を実現するためにはリスクを同質化した上でリスクが現実化した場合の保険者の保険給付の基準を事前に正確に確定しておくことが不可欠であり，保険約款で保険事故，免責事由，保険給付の算出基準を詳細に規定することは収支相等の原則の要請であるとされる[9]。

　地震保険についてみると，居住用建物・生活用動産についての家計向けの地震保険は，逆選択を防ぐために，住宅火災保険等に原則として自動的に付帯される[10]。実務的には，地震保険の付帯を希望しない場合には，住宅火災保険等の加入とは別に，付帯しないことの意思確認のために押印を求めることにより，自動

5　山下・前掲注(2)46頁。

6　ある特定の事象の発生については偶然の出来事であるが，１年間又は数年間の統計を見た場合には，一定の割合で発生することがあるという統計学上の法則を大数の法則という。山下典孝編『スタンダード商法Ⅲ 保険法』３頁〔山下典孝〕（法律文化社，2019）は，大数の法則はすべての保険契約において妥当するものではなく，この法則が当てはまらない分野の保険商品が存在することを指摘する。

7　山下・前掲注(2)67-68頁。

8　山下編・前掲注(6)３頁〔山下〕。

9　山下・前掲注(2)69頁。山下友信ほか『保険法〔第４版〕』76頁〔山下友信〕（有斐閣，2019）は，免責事由に関して地震火災の例を挙げる。地震は巨大損害を発生させるために，これも火災保険でカバーしようと思えば，収支相等の原則により保険料も著しく高額となるが，これをカバーしないとすることにより，保険料を安価なものとして消費者が保険に加入しやすくなる上，保険者にも経営が安定するメリットがあると説明する。

10　江頭・前掲注(1)472頁。

付帯の原則を維持している。政府による超過損害額再保険の制度とともに，この自動付帯の制度により，収支相等の原則をある程度保っているといえる。また，企業向けの地震保険については，家計向けの地震保険とは違い，政府による再保険の制度や建物・動産に自動付帯するような制度はなく，収支相等の原則は働きづらいといえる。

なお，実務的に「地震保険」とよばれる保険商品は，上で述べた住宅や家財などを対象とする「家計向けの地震保険」であり，企業の地震リスクに対応する商品は，企業向けの火災保険に地震リスクを補償する特約を付帯するか，または専用の企業地震保険として販売されており，商品の仕組みも家計向けの地震保険とは異なっている。以下では，家計向けの地震保険を家計地震保険，企業向けの地震保険を企業地震保険として，両保険商品を併せて言及する場合には地震保険と表記する。

2．給付反対給付均等の原則

収支相等の原則とは異なり，保険者が保険料を徴収する場合には，各保険契約における保険事故発生の危険度を個別に判定して保険料の額を決定し，保険料の支払いを受けるという，個別加入者レベルの原則を給付反対給付均等の原則という[11]。

そして，この原則を妥当させるために，保険契約成立時には保険契約者側に偏在しているその保険加入者に関するリスクを評価するための情報を保険者が入手するための法技術として，告知義務が保険契約者側に課される。また，契約締結後のリスクの増加に関する情報も保険契約者側に偏在しているのが通例であることから，保険契約者側にリスク増加に関する通知義務を課している[12]。

地震保険についてみると，家計地震保険については，国内を11地域に分類して，確認地域の建物構造を２つに分けた22種類の料率を基本に耐震等級などの割引率を掛けて保険料を算出する仕組みとなっており，ある程度，給付反対給付均等の原則が機能しているといえる[13]。また，企業地震保険に関しては，特に火災保

11　山下ほか・前掲注(9)76頁〔山下友信〕，山下編・前掲注(6)３頁〔山下典孝〕。

12　山下・前掲注(2)70頁。

13　家計地震保険における保険料率適用の概要は，日本地震再保険株式会社 https://www.nihonjishin.co.jp/insurance/ を参照。

険と独立した保険として販売されている商品については，建物・動産について，より個別的なリスク評価を行っており，やはりこの原則は機能しているといえる。

第2節　被保険利益と利得禁止原則

物・財産を対象とする保険は損害保険でなければならず，定額保険である物・財産保険は，法秩序がこれを容認していないというのが通説的な理解といえる[14]。ここで，損害とは利益の喪失または侵害をいうことから，損害保険契約の成立においては，保険事故が生ずることによって被保険者が損害を被るおそれのある利害関係ないし利益の存在，つまり被保険利益が必要とされ，保険法は被保険利益を損害保険契約の目的と規定する（3条）[15]。

また，保険給付におけるこの秩序の中心にあるのが，損害を超えて保険金が支払われてはならないという利得禁止原則であり，損害保険契約においては，被保険利益の要件とともに，強行規定的な規制として存在するというのが通説的な立場である。保険法で明文化されていないが，保険法全体の趣旨，諸規定から認められていると考えられている[16]。この被保険利益の要件と利得禁止原則の規制は，その機能という面に着目すると，保険給付により利得が生ずる可能性を事前に排除することにより，賭博との峻別及びモラル・ハザードを抑止するための規制として説明できるといわれる[17]。

1．被保険利益の位置づけ

損害保険契約は，被保険者の損害をてん補する契約であり，被保険者が保険事故により失う金銭に見積もることができる利益である被保険利益を有していることが契約の前提となる。そして，この被保険利益が消滅すれば，一旦有効に成立

14　大森忠夫『保険契約法の研究』268頁（有斐閣，1969），田辺康平『現代保険法』258頁（文眞堂，1985），西島梅治『保険法〔第3版〕』310頁（悠々社，1998），山下・前掲注(2)46頁。
15　西島・前掲注(14)131頁，山下・前掲注(2)307頁，岡田豊基『現代保険法〔第2版〕』80頁（中央経済社，2017），山下編・前掲注(6)116頁〔広瀬裕樹〕。
16　山下ほか・前掲注(9)85頁〔山下〕，洲崎博史「保険代位と利得禁止原則（1）」論叢129巻1号2頁（1991），山下編・前掲注(6)119頁〔広瀬〕
17　山下・前掲注(2)77頁，山下編・前掲注(6)123頁〔広瀬〕。

した保険契約も消滅することになるというのが通説的な見解である[18]。

　ここで，被保険利益の位置づけについて，損害保険契約が保険事故による損害のてん補を目的とする契約であることの意味に関連して，学説の争いがある。

(1) 絶対説

　損害をてん補する契約の意味は，文字どおり現実に発生した損害のてん補を本質的内容とする契約であると解し，この損害の発生の前提としての被保険利益は損害保険契約が存立するための絶対的要件であり，まさに保険契約の目的であるとする説である。この説は損害保険契約における保険給付が損害てん補でしかありえないということを利得禁止原則と解するものである[19]。この立場からは，損害の発生の可能性つまり被保険利益がないと損害保険契約は無効となり，損害概念および被保険利益概念の弾力性を完全に否定する。しかし，厳密な意味での絶対説を主張する学説は，現在では存在しないと指摘される[20]。

(2) 相対説

　保険契約はその本質において金銭給付契約であり，ただ，損害保険契約にあっては，保険事故発生の場合にこれによる損害額以上の金額を給付する必要はなく，また，かかる損害額以上に具体的給付をすることを許容すれば保険事故発生により却って被保険者に利得をもたらす結果となり，場合によっては保険契約が不当な利得を獲得するために濫用され，公序良俗に反する結果を生ずるおそれがある。このような見地から，保険事故の発生による具体的な給付は，原則として，これにより生じた損害のてん補に必要な額を超えることは許されない。すなわち，保険者が損害てん補義務を負うという場合の「損害」とは，保険者の負う金銭給付義務の範囲をいわば外面的・政策的に調整し規定する機能を有するにすぎないとする見解である[21]。

　そして，この見解は，被保険利益については，その存在は損害保険契約の存立にとって重要な意義を有し，当該保険契約が公序良俗に反しないことの1つの徴

18　大森忠夫『保険法〔補訂版〕』66-67頁（有斐閣，1985），江頭・前掲注(1)436頁。

19　笹本幸祐「保険給付と利得禁止原則」奥島孝康教授還暦記念論文集編集委員会編『近代企業法の形成と展開 奥島孝康教授還暦記念 第二巻』592頁（成文堂，1999）。

20　西島・前掲注(14)121-122頁。

21　大森・前掲注(18)57-58頁。

表としての機能を有するものであることから，体系的には，保険契約が公序良俗に反して無効にならないための消極的な有効要件の1つであるとする[22]。

(3)　修正絶対説

この説は損害保険契約における損害てん補原則の例外を認め，新価保険，評価済保険のように損害てん補原則を拡張的に適用し，時価を超えた部分についても被保険利益の存在を認めるものを量的例外として，責任保険や残存物代位のような質的例外については，損害てん補契約の意味を，利得禁止の措置を講じた上での蓋然損害ないしは不確定損害に対する救済契約と理解する。そして，この見解は，損害保険契約において発生する損害てん補原則上疑問視される諸現象に対して，これが量的例外なのか，質的例外なのかを検討し，前者については損害てん補原則を拡張的に適用し，後者については利得防止措置を講じさせるための理論的根拠を与えるところに，修正絶対説の実益があるとする[23]。

2．利得禁止原則についての学説

被保険利益の議論の中心は，被保険利益が損害保険契約に必須の構成要素か否かという点にあり，契約締結段階での将来の利得を防止するということについての機能を被保険利益に持たせることに注力したために，利得禁止原則が何故存在するかについては，別の議論に委ねることとなったと指摘される[24]。そこで，以下では利得禁止原則の内容についての議論を確認することとする。

(1)　2分説

利得禁止原則を，狭義の利得禁止原則と広義の利得禁止原則に分ける見解で，保険制度はある種の出来事（事故）の発生の可能性により脅かされている経済生活の不安定さに対処することを目的とするものであるから，この制度により利得をすべきではなく，これはすべての保険種目に妥当することを，広義の利得禁止原則とする。そして，狭義の利得禁止原則は，物・財産保険においては実損害を超える給付が禁止され，これは広義の利得禁止原則を実現するためのより具体的

22　大森忠夫「保険契約における被保険利益の地位」同『保険契約の法的構造』112-113頁，121頁注(3)（有斐閣，1952）。
23　田辺康平「損害保険契約における被保険利益の地位―修正絶対説の立場よりの考察―」私法33号196頁以下（1971），西島・前掲注(14)124-126頁，岡田・前掲注(15)81頁。
24　笹本・前掲注(19)593頁。

な原則として，両者はともに強行法規的な原則とする[25]。この見解は，定額保険
が人保険に限って許されるのは，人の価値を客観的に評価すべきではないという
倫理的理由の存在や，そもそも人の死亡や後遺障害の発生による損害を算定する
のは不動産（建物）や動産などの滅失・毀損による損害を算定するほどには容易
ではなく，また人間の自己保存本能や被保険者の承諾を求めることにより，賭博
の弊害やモラル・リスクがある程度おさえられるからだとする。そして，物・財
産保険においては，これらの事情が存在しないため，実損てん補が可能かつ必要
として，狭義の利得禁止原則が妥当すると主張する[26]。

これに対して，同じ2分説に立ちながらも，広義の利得禁止原則は強行法規的
な規制だとしつつ，狭義の利得禁止原則の本質は，損害てん補という形の保険給
付の確保にあるものであり，公序の観点から導かれるものではないことを理由
に，狭義の利得禁止原則は任意規定とする学説がある[27]。

(2) 3分説

保険により公序良俗に違反するような利益を得ることは許されず，これは損害
保険契約のみならず定額保険契約でも妥当するという意味での利得禁止原則を広
義の利得禁止原則として，時価を基準とした損害てん補しか許されないという意
味での利得禁止原則（最狭義の利得禁止原則）と，損害保険契約の保険給付は損
害てん補しか許されないが，損害の評価については時価を基準とするものだけで
はなく，それ以外の評価も許されるとするやや緩やかな意味における利得禁止原
則（狭義の利得禁止原則）を区別することができるとする学説である[28]。

この学説は，賭博との区別やモラル・ハザードの抑止という，利得禁止原則が
強行法規的とされる論拠となる事項は，時価を超えた保険給付を一切容認しない
という法原則をたてなければ絶対に達成できないことであるかは疑問であるとし
て最狭義の利得禁止原則までは強行法としては存在しないとする。また，一方で，
いかなる意味においても損害てん補としては説明がつかないような保険給付を容
認するという社会的な必要性は存在しておらず，このような社会的な必要性の有

25　洲崎・前掲注(16) 2-3頁。
26　洲崎・前掲注(16) 4頁。
27　中出哲「損害てん補と定額給付は対立概念か」保険学555号82-83頁（1996）。
28　山下友信「利得禁止原則と新価保険」岩原紳作＝神田秀樹編『商事法の展望—新しい企業
法を求めて—竹内昭夫先生追悼論文集』721頁（商事法務研究会，1998）。

無という視点は，利得禁止原則の緩和を図る場合に緩和の限度を図る1つの規準として用いることができるとする[29]。

(3)　4分説

　4分説は，広義の利得禁止原則と狭義の利得禁止原則に区分した上で，狭義の利得禁止原則を，狭義と最狭義とに細分する3分説を支持しつつ，広義の利得禁止原則も細分化して，定額給付型の傷害保険・疾病保険等の死亡給付の部分を除いた傷害給付・疾病給付の部分に妥当する広義の利得禁止原則と，生命保険および定額給付型の傷害保険・疾病保険等の死亡給付の部分に妥当する最広義の利得禁止原則とに分ける説である[30]。この説は，死亡給付を除いた傷害給付や疾病給付の部分に関する定額給付と死亡給付に関する定額給付は性質が異なることから，利得禁止原則が必ずしも同じ意味で妥当せず，保険者が給付した額が医療費に比して不当に高額である場合には，広義の利得禁止原則が働き，保険者は保険金受取人に対して何らかの主張ができるとする[31]。

(4)　否定説

　利得禁止原則という法概念の存在を否定する説である。この説は，3分説にいう狭義の利得禁止原則については，仮にそれを観念するとしても，主義ないし指導理念に相当する存在に過ぎないとし，利得禁止原則の固有の法的効果の不存在ないし一貫性の欠如，具体的適用における基準の不明確性から，最狭義，狭義の利得禁止原則は，そのいずれも，法原則，法規範，法命題の形式を備えるものではないとして，利得禁止原則という法規範は存在しないとしている。また，広義の利得禁止原則については，公序良俗に反するような利得を保険により取得することはできないという内容が，端的に「公序良俗に反しないこと」にあるならば，保険法における広義の利得禁止原則は，公序良俗を規定する民法90条が存在する限り，これとは別に観念する必要がないと主張する[32]。

29　山下・前掲注(28)723-724頁。
30　岡田・前掲注(15)86頁。
31　岡田豊基『請求権代位の法理―保険代位論序説―』52-53頁（日本評論社，2007）。
32　土岐孝宏「損害保険契約における『利得禁止原則』否定論（2・完）」立命293号330頁以下（2004）。

3. 利得禁止原則の例外 ―新価保険―

　利得禁止原則の適用の例外として，新価保険の存在がある。原則的に，物の所有利益を目的とする損害保険においては，目的物の時価額に応じて保険金額が設定され，損害発生時の物の評価額を基準にして損害が評価され支払保険金額が算出されるので，取得時より期間が経過した物については同等の新しい物を再調達するためにかかる金額よりも減額された保険金の支払しか受けることができない。そのため，目的物が全損になった場合でも保険金だけでは同等の新品を再調達できず，損害発生時と同等の生活や企業活動ができないと指摘される[33]。そこで，被保険者が建物を新しく建て替え，新品の物を再調達することにより以前の経済状態の回復が図れるように，損害発生時における被保険利益の評価額を超える場合でも，その時における保険の目的物と同種の再調達額を保険価額として保険者の支払うべき保険金額を決定し，損害をてん補することとする新価保険が誕生したといわれる。一般に，新価保険は，火災保険などに新価特約として付保されるほか，実際に目的物を再築等再取得することを条件とする復旧義務を課さない価額協定保険特約の形でも存在する[34]。

(1) 被保険利益

　新価保険の被保険利益についての学説は，物利益説，費用利益説，および結合利益説に分かれる。物利益説は，被保険利益は物そのものに認められ，新品調達のための出費は，損害を復旧するためのものであり，それ自体損害ではないと考える学説である[35]。また，新価保険とは，物の回復，再調達に必要な費用の回収

33　山下友信『保険法』405頁（有斐閣，2005）。

34　江頭・注(1)66頁，山下・前掲注(33)406-407頁，山下ほか・前掲注(9)86-87頁〔山下〕。なお，利得禁止原則の例外として，新価保険のほかに評価済保険がある。保険価額は評価時期において客観的に評価されることが原則であるが，海上保険のように保険の目的物が滅失毀損した段階で保険価額を評価することが難しく，不可能な場合もある。そこで保険価額を契約締結時に当事者間で約定し，損害発生時には当事者は約定価額に拘束される評価済保険を用いることでこのような問題を回避することができる。ただし，約定保険価額が損害発生時の保険価額を著しく超えるときは，保険法18条2項ただし書により保険者がてん補すべき損害の額は約定した額ではなく，損害発生時の保険価額によって算定する。これに対して新価保険は，協定した保険価額は損害額算定での基礎とはならず，事故発生時にあらためて再調達価額を基礎として損害額を算定するものであり，評価済保険ではないとされる（山下ほか・前掲注(9)116-119頁〔山本哲夫〕，山下編・前掲注(6)116頁〔広瀬〕）。

35　田辺・前掲注(14)208頁。

を目的とするもので，全く1個の費用利益を対象と考えるのが，費用利益説である[36]。これらに対して，時価の限度において物利益であり，それを超える部分について費用利益と考えるのが，結合利益説である。すなわち，新価保険における被保険利益は，火災等によって被保険者が被る時価額の物的損害についての所有利益と，再築又は再調達のため支出を余儀なくされる費用損害についての費用利益の2つから成り立っているとする見解である[37]。

(2) 利得禁止原則

　新価保険においては，被保険者は保険事故の発生によって，事故発生前の保険の目的物よりも新しい目的物を取得することになり，少なくともその耐用年数が延長するという利益を得ることになるため，利得禁止原則が問題になると指摘される[38]。この問題に対しては，新価保険は，実質的に合理性をもった経済的要求に応ずるものであって，不労所得を目的とする賭博的取引に該当するものでない限りは，公序良俗に反するものとはいえないという見解がある[39]。また，モラル・ハザードの防止の観点から，意図的な事故招致が行われるおそれが大きくない限り，新価保険が必要とされるところの需要との比較考量においては公序に反するとはいえず，新価保険は損害てん補の量的例外として認められるとする見解がある[40]。

　結局，この問題は利得禁止原則をどの程度厳格なものと考えるかによるが，最狭義の利得禁止原則は強行規定ではないという利得禁止原則の3分説の立場にたち，実際には減価率が著しく新価保険が公序の観点から容認できない程度の利得を与えるような場合を除いては，新価保険による保険給付も利得禁止原則に反することはなく，再取得価額基準による損害評価も容認される損害評価基準であると考える見解が妥当であると考える[41]。

第3節　保険と公序良俗

　上でみたように，被保険利益の要件と利得禁止原則は表裏一体をなすものであ

36　加藤由作「新価保険について」一橋論叢42巻6号11-12頁（1959）。
37　木村栄一「新価保険における被保険利益」一橋論叢51巻1号118頁（1964）。
38　田辺・前掲注(14)207頁。
39　大森忠夫「新価保険の効力について」同『続保険契約の法的構造』152頁（有斐閣，1956）。
40　田辺・前掲注(14)208頁。
41　山下・前掲注(33)406頁。

る。そこから，これらの要件・原則と物・財産保険における損害てん補契約性は相互に関連させて検討する必要があると指摘されるところであるが[42]，共通に問題となるのは公序良俗の概念である。保険法では，公序良俗等の一般原則については規定をしていないが，保険制度の悪用を公序良俗違反として位置づけ，保険契約を無効とする裁判例がある[43]。

1．伝統的な公序良俗論

　法律行為の内容が個々の強行法規に違反しなくとも，その社会の一般的秩序または道徳観念に違反するものであればその法律行為は無効であり，これを規定する民法90条は個人の意思の自治に対する例外的制限を規定したものではなく，法律の全体系を支配する根本理念とするのが，従来の通説的理解といえる[44]。

　この見解は，公の秩序とは国家社会の一般的利益を指し，善良な風俗とは社会の一般的道徳観念を指すが，両者を明瞭に区別することはできず，合わせて行為の社会的妥当性と観念できるとする[45]。そして，この公序良俗の具体的内容を列挙することはできないが，判例の分類は可能であり，そのうちの1つが，「著しく射倖的なもの」であり，これは，賭博のように一方の偶然の利益が他方の偶然の損失を犠牲とするものであるときは，反社会性を有することから無効とする判例理論であるとする[46]。

2．近時の公序良俗論

　公序良俗違反を国家・社会秩序違反ないしは道徳観念に対する違反として捉えてきた従来の通説的な見解に対して，別の観点から公序良俗違反に意味・内容を与えようとする見解が現れてきた。そのなかでも代表的な学説は，基本権

42　石田満「損害保険契約における利得禁止（1）」損保37巻2号2頁（1975）。山下・前掲注(2)
307頁は，利得禁止原則が保険事故発生後の保険給付のあり方についての原則であるのに対して，
被保険利益の存在の要求は保険成立段階において利得が生じる可能性を事前に排除するための
原則であるとして，被保険利益の要件と利得禁止原則の表裏一体性を指摘する。

43　山下・前掲注(2)373-374頁。

44　我妻栄『新訂民法総則』270-271頁（岩波書店，1965）。

45　我妻・前掲注(44)271頁。

46　我妻・前掲注(44)282頁。

保護秩序としての公序良俗の再構成と契約正義の観点からの契約への介入といわれる[47]。

(1)　基本権保護秩序としての公序良俗の再編成 —峻別論—

　伝統的通説を，秩序と権利・自由を一元的に捉え，権利・自由を秩序に統合するものとして，これを統合論とよび，権利・自由を，秩序には還元できない独自の意味を持つものと考え，両者を峻別・対置するという理解を峻別論として，これを主張する見解である[48]。

　この峻別論の立場からは，民法90条は私的自治，契約自治を制限するものであるが，これらは究極的には，憲法13条で保障される憲法上の自由であることから，こうした基本権を国家がみだりに侵害することは許されず，したがって，公序良俗の内容も，私的自治・契約自由に対して不当な介入にならないように解釈することが要請されるとする[49]。

　そして，介入を正当化できる理由としては，国家が，個人の基本権を他人による侵害から保護する義務を果たすために，加害者側の基本権を制限する場合と，個人の基本権が侵害されていなくても，その基本権がよりよく実現されるよう，さまざまな措置を講じる場合が挙げられるとする[50]。このような介入の正当化根拠に応じて，公序良俗の内容も次のように分類される。まず，特別な法令が存在する場合に，その目的をよりよく実現するために公序良俗規範を用いることが考えられるが，これを法令型公序良俗として，特別な法令が存在しない場合でも，裁判所が基本権を侵害から保護するために公序良俗規範を用いる場合を裁判型公序良俗とする[51]。

(2)　契約正義の観点からの契約への介入 —契約正義＝経済的公序論—

　この見解は，公序良俗は，もともとは例外的なものであったが，今日ではその適用範囲は広がりつつあるという事実認識を前提に，公序良俗違反は，契約における自由を例外的に制限し，政治秩序や家族秩序を守るのに加え，契約における公正さ（契約正義）の確保や取引における当事者の利益や競争秩序（経済的公序）

47　潮見佳男『民法総則講義』194頁（有斐閣，2005）。
48　山本敬三『契約法の現代化Ⅰ—契約規制の現代化』122頁以下（商事法務研究会，2016）。
49　山本敬三『公序良俗論の再構成』27-31頁（有斐閣，2000）。
50　山本・前掲注(49)27-31頁。
51　山本敬三『民法講義Ⅰ 総則〔第3版〕』268-269頁（有斐閣，2011）。

をも保護していると考えるものである[52]。またこの説は，多数の判例分析を基に，公序良俗違反の要件は，客観的要件と主観的要件から判断されるところ，主観的要件の判断の際には，当事者の置かれた関係・状況を踏まえる必要があり，これらを総合的に判断すべきとして，効果については，一般的に公序良俗違反は全部無効・絶対無効とされてきたのに対して，相対無効・一部無効を認める立場をとる[53]。

　そして，法令違反行為を無効とするに際しては，ただ法令違反というだけで無効とすることは少なく，当該違反行為に公序良俗違反といえる事情があるかどうかを考慮するという判例の傾向を分析して，結局のところ，法令違反行為の効力否定の根拠は公序良俗違反に求められるとする[54]。また，法令違反行為の効力に対する考え方も変化しつつあり，問題となる法令は，取引とは直接には関係しない価値を実現するための法令から，取引と密接な関係を有する法令へと変化しており，後者の経済法令のなかには，個々の取引において当事者の利益を保護することを目的とする法令と取引の環境となる市場秩序の維持を目的とする法令が含まれる点を指摘する[55]。

(3) 保険契約に対する公序良俗の適用 ―両学説の観点から―

　保険契約と同じく射倖契約の一種である賭博契約は，健全な勤労観念が麻痺することを防ぎ，社会の秩序を維持するために，刑法が賭博を禁止し，違反者を処罰するとしていることから（刑法185条以下），峻別論の立場からは法令型公序良俗違反になると考えられる[56]。また，契約正義＝経済的公序論の立場は，契約内容だけでなく契約締結の態様や法令違反の有無もあわせて総合的に判断するものであることから[57]，契約内容等の判断も必要になるが，賭博契約は法令違反の程度が高いと考えられ，公序良俗違反により賭博契約は無効になると考える。

　保険契約については，健全な勤労観念の麻痺の懸念は小さいといえ，刑法上の賭博罪における法益に抵触することはなく，この点での違法性はないといえる。

52　大村敦志「公序良俗―最近の議論状況」法学教室260号44頁（2002）。
53　大村敦志『公序良俗と契約正義』361-363頁（有斐閣，1995）。
54　大村敦志「取引と公序」同『契約法から消費者法へ』193頁（東京大学出版会，1999）。
55　大村・前掲注(54)201頁。
56　山本・前掲注(51)271頁。
57　大村・前掲注(52)44頁。

もっとも，保険契約に対する民法上の公序良俗などの一般原則の適用について
は，保険契約の特質ということが一般法規の適用に対してどのように反映される
かが問題であり，この点，保険契約が射倖契約性を有することから，保険契約者
には格別の信義が要請され，かかる信義誠実の要請は保険契約に特有の規定の立
法理由になるとともに，保険契約特有の解釈論上の法理の位置づけともなるとの
指摘があるところ[58]，両学説どちらの立場からも，このような保険契約の特質を
踏まえた公序良俗の適用が必要になると考えられる。また，両学説ともに相対無
効・一部無効の立場をとっていることは，保険契約に公序良俗またはこれを背景
に持つ利得禁止原則の適用方法に影響があると考えられる[59]。

3．裁判例における損害保険と公序良俗・利得禁止原則

　損害保険契約の分野で，保険制度の悪用を公序良俗違反と位置づけて保険契約
を無効とする法理を認めた裁判例は，保険金額が保険価額よりも著しく高額であ
る事実や，主張している保険事故について故意の事故招致を疑わせるさまざまな
間接事実が存在することがほぼ共通にみられる事情であり，これらの事情がある
場合に，保険契約が保険金の不正取得目的で締結されたものであることを理由と
して，公序良俗に反して無効との判断をおこなっているとの指摘がある[60]。

(1)　京都地裁平成6年1月31日判決 判タ847号274頁[61]（X：保険者，Y：保険契約者，　A：Yの夫）

　「右一連の認定事実を踏まえて本件各契約の効力について検討するのに，Y及
びAには，本件に類似したものも含め，数回の火災盗難保険の締結と事故の発生

58　山下友信「モラル・リスクに関する判例の展開と保険法理論の課題」入江正信ほか『三宅
一夫先生追悼論文集 保険法の現代的課題』172頁（法律文化社，1993）。
59　大村・前掲注(52)45頁は，両学説の共通点について，今日では，公序良俗違反は例外とし
ての適用を超えてその範囲を広げているという共通の事実認識を持ち，従来とは異なる原理の
援用が必要だとする理論認識も共有されているとした上で，要件面では法令違反を組み込み，
効果の面では相対無効・一部無効を認めるという法技術の面での方向性も共有され，ある一定
の価値を実現するために，国家が契約に対して積極的に介入すべきであるとの国家像において
も一致すると述べる。
60　山下・前掲注(2)374頁。
61　山下友信「判批」損害保険判例百選〔第2版〕10頁（1996），西島梅治「判批」私法判例リマー
クス1995〈下〉113頁（1995）。

歴があり，いずれも事故原因に疑問がありながら結局4億円に近い保険金を手中にしていること，本件各契約は，Xないしその代理店からは何の勧誘もないのに，Aから積極的に申し出て短期間に3回にわたって締結したものであること，Yは，6か月間に本件各保険料として約1000万円近くの保険料を支払いながら，その僅か3か月後には生活費に困って約40万円を借り受けており，保険料支払い能力に疑問が存在したこと，Aは本件火災の前日，必要もないのにX社員らに殊更に本件物件の確認を求めていること，本件火災は，火災時における家屋の状況によれば，内部の者による放火が原因と推測されること，本件火災は全焼ではなく，1階の一部を焼失し，2階の一部を焼損したに過ぎず，保険の目的物件であった高額な家財の多くが残存して然るべきであるのに，残存物にはY主張のように高額の毛皮，宝石類，書画骨董は一点もなく，これらの入手経路や入手資金に関しても全くその裏付けがないこと，残存物はいずれも損害報告に比して極めて低く，そもそも高額な家財が存在したこと自体が極めて疑わしいこと，その他火災発生前後や保険金請求過程でのAや関係者の不審な行動などを総合考慮すると，Y及びAは，物件の価額をことさら高額に申告することで保険金を得て実際の真実の被害額以上の保険金を取得しようとし，本件各契約を保険金の不正取得を目的として締結したものであることを優に推認できる。そして，保険会社がかかる目的で締結された本件各契約の支払いに応じることは，保険制度の悪用を許し，いたずらに保険事故によって利益を得ようという射幸心を助長することになるものであって，本件各契約は，公序良俗に反し無効であるというべきである。」

(2) **名古屋地裁平成9年3月26日判決 判時1609号144頁[62]（X：保険契約者，Y：保険者）**

「本件店舗総合保険契約の保険金額3481万円は被保険利益の評価額である保険価額45万4100円の約76倍であり，本件火災保険契約の保険金額1億2740万円は被保険利益の評価額である保険価額233万3100円の約54倍であって，いずれの保険も保険金額は保険価額を著しく超過する不合理なものである。さらに，本件店舗総合保険契約は，積立交通保険契約と同時に申し込まれたものであるが，積立交通保険契約の方は契約締結後2，3か月で引き落し不能で失効しており，また，

62　山野嘉朗「判批」判タ967号86頁（1998）。

本件火災保険契約は，特に必要がないのに締結された運送保険契約の締結の翌日に，運送保険契約の解約とともに2か月の期間に限って締結されたものであるばかりか，それらの保険はいずれもYあるいはその代理店からは何の勧誘もないのにXから積極的に申し出て締結されたものであり，本件保険契約の締結の経緯には不自然なものがある。しかも，本件火災は，本件火災保険契約の締結後約3週間で発生している上，全く火の気がないところから発生した不審火である。加えて，Xは，それまで洗浄剤等の販売に関係したことはないのに，極めて多量のアストルを入手していたものであり，果たして実際にこれらのすべてを売りさばこうとしていたのかどうか疑問が残る。また，Xは，過去にアストルを種にして，恐喝罪を犯したこともある。

　これらの事情を総合的に考慮すると，本件保険契約はXが被保険利益を大幅に超える保険金を不正に取得する目的で締結したものと推認するのが相当である。

　しかして，このような目的で締結された保険契約を有効として扱うことは，保険制度の悪用を是認することに他ならず，許されないから，本件保険契約は公序良俗に反し無効というべきである。」

⑶　**大阪高裁平成10年12月16日判決　判タ1001号213頁**[63]（**X：保険契約者，Y：保険者**）

　「本件車両購入価格が協定保険価額よりかなり低いことから，直ちに本件保険契約の締結が公序良俗に反するとはいえない。」さらに，「Xが盗難事故を偽装して保険金詐欺を企てたという事案でもあれば格別，本件保険契約は，通常の契約手続きに従って契約を結んだところ，購入価格よりかなり高い保険価額の保険契約を締結したことになったというのにすぎないものであって，右主張事実により本件契約が公序良俗違反としてその効力を否定されなければならないともいえない。」

　「Xは，本件保険は評価済保険と新価保険の混合したものであり，保険金額が保険の目的物，すなわち保険価額を超過することはあり得ないと主張するが，仮に本件保険がXの主張する趣旨のものであるとしても，損害填補という損害保険の本質上，利得禁止の原則は働くのであり，少なくとも本件保険が評価済保険で

ある以上，商法639条が適用され，協定保険価額が著しく過大であれば，保険者は損害填補額の減少を請求することができ，その結果，同法638条により協定保険価額を基準とせず，保険事故発生時の保険目的物の現実の価格を基準として保険金支払額を決定することになるというべきである。」

(4) 裁判例の分析

　平成6年京都地判は，損害保険契約について，判例集登載のものとしては，公序良俗違反を理由として保険契約を無効とする初めての判決とされる[64]。保険契約の有効性と公序良俗の適用については，射倖契約としての保険契約は，賭博などと共通の側面を有し，無条件で有効性を認められるものではなく，偶然な事故による経済的損害の回復という正当な目的のために利用されるかぎりで反公序良俗性を阻却されていると考えることができ，最初から不正な利得を得る目的で締結される保険契約は公序良俗に違反するということを認めて良いとする見解がある[65]。また，保険契約も契約である以上，民法の規定ないし判例・学説により確立された民事法上の一般原則が適用されうるところ，保険者も公序良俗違反を理由として保険契約の無効を主張することができ，モラル・リスクに対する法的な対抗措置として活用すべきとの見解もある[66]。この場合には，行為の反社会性も考慮すれば，仮に動機の不法ということであっても，これによる公序良俗違反を認めて，契約を無効とすべきとする[67]。そして，公序良俗違反などの一般条項を適用した保険分野の判決は，通例，保険事故の仮装や保険事故の故意の招致を相当高度に疑わせる事実関係を伴うような特殊な事案に限りこれらの法理が用いられていると指摘されるが[68]，本判決も，保険加入者側の不正な保険金取得の目的が，契約無効の判断の決め手となったことは注目されるべきとの見解がある[69]。

　平成9年名古屋地判も，契約者が被保険利益を大幅に超える保険金の不正取得を目的として保険契約を締結したものと推認されるとして公序良俗違反で無効とされた事例であるが，動機の不法による公序良俗違反が問題になった事案でもあ

64　山下・前掲注(61)10頁。
65　山下・前掲注(61)11頁。
66　山下・前掲注(58)161頁以下，西島・前掲注(61)116頁。
67　山下・前掲注(61)11頁。
68　西島・前掲注(61)116頁。
69　西島・前掲注(61)116頁。

る[70]。実際に，射倖契約においてはその契約の本質的内容たる「偶然の事実による不労利得発生の可能性」は，その獲得を目的とする行為者の主観的な行為目的・動機と結合することにより，その契約全体に反公序良俗性を与える傾向が甚だ強いので，当事者の行為目的・動機の如何は，他の契約におけるそれとは異なり，契約の有効性の問題と強く関わるといわれている[71]。そして本判決に対する評釈においても，動機の不法性を理由に契約の効力を否定することを一般に認めない民法学説に対して[72]，保険契約においては，取引の相手方たる保険者を取引の安全の観点から保護する実益は存在せず，不正請求の場合には，保険契約そのものが詐欺的行為による保険金取得の手段である関係であるから，動機が不法であることにより契約全体が公序良俗に反するものと解すべきとの見解がある[73]。

　平成10年大阪高判についても，公序良俗に関して，保険契約者の申込みの意思表示の動機が不当な利益を得るという，動機の不法に該当するかが問題になったものといるが[74]，本件に関しても，自ら無効主張する保険者について取引の安全を考慮する必要はないことから，表示の有無は問題にならないと指摘される[75]。そして，本判決では，価額協定保険と減額請求に関連して，利得禁止原則について言及されていることが注目される。旧商法639条は「当事者カ保険価額ヲ定メタルトキハ保険者ハ其価額ノ著シク過当ナルコトヲ証明スルニ非サレハ其塡補額ノ減少ヲ請求スルコトヲ得ス」と規定するが，価額協定保険が有効であることの根拠としては，①保険価額の協定により被保険者をはじめとする関係者の不安を除去し，かつ事故発生後の評価上の紛争を回避することができること，②保険価額の協定の拘束力は絶対的なものではなく，利得禁止原則が適用されることから，評価済保険は損害てん補原則の量的例外ではなく，保険金支払額の迅速な確定のための合理的処理制度であることが，一般的に挙げられる[76]。なお，現行保

70　山野・前掲注(62)87-88頁。

71　森忠夫「保険契約の射倖契約性」同『保険契約の法的構造』154頁（有斐閣，1952）。

72　川井健『民法概説〔第4版〕』143-144頁（有斐閣，2008）は，一般的に，動機の不法は，取引の安全の見地から，動機の表示または相手方の認識が必要とする。

73　山野・前掲注(62)88頁。

74　永井・前掲注(63)211頁。

75　永井・前掲注(63)211頁。

76　西島・前掲注(14)143頁，山野・前掲注(63)69頁。

険法18条2項は「約定保険価額があるときは，てん補損害額は，当該約定保険価額によって算定する。ただし，当該約定保険価額が保険価額を著しく超えるときは，てん補損害額は，当該保険価額によって算定する。」と規定する。これは旧商法639条を踏襲し，予めてん補損害額を約定することについては，その価額が著しく過当でない限りこれを認めることとし，約定保険価額が著しく過当なときには，当該保険価額により算定することによって，損害保険による利得を防止する趣旨であると説明される[77]。また，この保険価額を著しく超えるときに該当するか否かの基準となる保険価額は，損害発生地および損害発生時の保険価額となり，18条2項ただし書が絶対的強行規定であり[78]，その趣旨が利得禁止原則にあるとされることから，「著しく超えるとき」とは，当該約定保険価額によって保険者のてん補損害額が算定されることが利得禁止の観点から許されないような場合を判断基準にすると解される[79]。

第4節　保険と賭博の区別

1．保険と賭博との区別の必要性

　保険契約は，公序良俗論で問題となる賭博契約と同じく射倖契約の一種とされる。射倖契約とは，一方または双方の当事者が負う給付義務の存否または給付額が偶然の事由の発生により確定する契約であると定義できる。

　賭博に関しては，刑法185条が「賭博をした者は，50万円以下の罰金又は科料に処する。ただし，一時の娯楽に供する物を賭けたにとどまるときは，この限りでない。」と規定する。そして，賭博とは，偶然の勝敗によって，財物・財産上の利益の得喪を2人以上の者が争う行為であり，ここで勝敗の結果が偶然性によって決定されることが必要であるが，偶然性は賭博行為者にとって主観的に存在すれば足り，客観的に不確定であることは要しないとされる[80]。一方，民法90条は「公の秩序又は善良の風俗に反する事項を目的とする法律行為は，無効とする。」と規定しており，判例・通説においても，賭博行為そのものの反公序良俗

77　落合誠一監修・編著『保険法コンメンタール』56-57頁〔山下典孝〕（損害保険事業総合研究所，2009）。
78　萩本修ほか「保険法の解説（3）」NBL886号48頁（2008）。
79　落合・前掲注(77)〔山下〕57頁。
80　山口厚『刑法各論〔第2版〕』517頁（有斐閣，2010）。

性は自明であり，無効であることに異論はない[81]。

　もっとも，賭博行為が無効であることの理由については，必ずしも見解は一致しない。1つの見解は，一方に偶然の利を占める者があっても他の者も結局損を被らない契約なら有効だが，一方の偶然の利が他方の偶然の損失を特性とするものであるときは反社会性があり無効と考える。これは「著しい射倖性」の基準に照らし判断するものである[82]。この見解は，取引に参加する者の利益に注目するものといえる[83]。これに対して，刑法に違反することを理由に無効とする見解や[84]，あるいは賭博を犯罪行為に関連する行為であることを理由とする見解がある[85]。この理由付けに立てば，賭博の公序良俗違反は，類型としては国家秩序の侵害あるいは勤労による財産の取得という健全な経済的風俗の保護という公益を侵害するものとして分類されることになると指摘される[86]。

　以上の分類によれば，「著しい射倖性」を理由とする学説によると，契約が無効とされるか否かは，私法上，著しい射倖性が認められるかを検討することになるが，刑法に違反あるいは犯罪に関連することを公序良俗に反する理由とする学説によると，刑法上の賭博罪に該当するかどうかを，まず検討することになる[87]。

　保険についてみると，保険者の給付義務は偶然の事由の発生の如何により発生およびその内容が確定するので，保険契約も射倖契約に属するといえる[88]。そして，著しい射倖性を排して，保険契約が同じ射倖契約に属する賭博契約化することを防ぐというのが，被保険利益の要件と利得禁止原則のような強行法的規律の存在理由の1つとなっている。つまり，保険の賭博化防止とは，これらの規律により，賭博とは区別されるべき保険制度の適法性を一般的，技術的に担保するという意味に理解される[89]。

81　川島武宜＝平井宜雄編『新版注釈民法（3）総則（3）』204頁〔森田修〕（有斐閣，2003）。
82　我妻・前掲注(44)282頁。
83　弥永真生「クレジット・デリバティブと賭博」筑波39号13頁（2005）。
84　川島武宜編『注釈民法（3）総則（3）』67頁〔高津幸一〕（有斐閣，1973）。
85　四宮和夫＝能見善久『民法総則〔第9版〕』308頁（弘文堂，2018）。
86　川島＝平井編・前掲注(81)204頁〔森田〕，弥永・前掲注(83)13頁。
87　弥永・前掲注(83)13頁。
88　大森・前掲注(71)138頁，山下・前掲注(2)80頁。
89　大森忠夫「保険契約と賭博との関係」同『保険契約の法的構造』157-158頁（有斐閣，1952），山下・前掲注(2)81頁。

２．保険と賭博の間の存在

　以上のように，従来の学説は，保険と賭博の関係について，いずれも射倖契約であることからその本質は同じであると考えた上で，保険契約については，この契約に特有の強行法的規律が妥当することにより賭博性が阻却されるとしてきた。損害保険契約で損害を超える利得が生じる保険給付が行われるような場合は賭博であり，したがって利得禁止原則は賭博防止のための絶対的な強行法的規律であるとの発想はここからきているが，刑事上・私法上も違法とされる賭博と，適法なものと認められる保険との間には，いわばグレーゾーンの存在を認めるべきとの見解もある[90]。この場合，保険デリバティブは，直ちに賭博に該当するということはできないが，また無条件に適法とはいえない性質を持つといえ，グレーゾーンに該当すると考えられよう。

第２章　損害の評価

第１節　保険制度における損害てん補

１．損害てん補と保険価額

　保険制度における「損害のてん補」とは，被保険者の受けた損害の全額を無条件にてん補することを意味せず，約定した範囲内で保険金を支払うことを意味する[91]。すなわち損害のてん補には制度上の制限が付くことになるが，重要な制限として，損害の評価における限定があり，この損害てん補に量的基準を与える概念が保険価額であるといえる[92]。

　保険価額とは，被保険者が保険の目的物について有する利害関係であるところの被保険利益の評価額であり，損害保険契約においては利得禁止原則が適用されるため利得の有無を判定する基準が必要なところ，保険価額はその基準額として機能する[93]。そして，保険価額は保険金の支払額の決定基準ないし制限として重大な機能を持つことから，その評価は，被保険者の個人的・主観的な判断による

90　山下・前掲注(2)82頁。
91　西島・前掲注(14)118-119頁。
92　中出哲「損害てん補と定額給付は対立概念か」保険学555号73-74頁（1996）。
93　西島・前掲注(14)140頁。

べきではなく，損害保険契約の公序良俗適合性の確保および保険金支払額の正確な算定の観点から，一般的・客観的に行われなくてはならないことになる[94]。

２．損害てん補原則

　損害てん補原則とは，上で述べた「損害のてん補」をおこなうこと，つまり保険事故の発生により被保険利益に損害が生じた場合には，約定した保険金額の範囲内において，その損害をてん補するという原則をいう[95]。そして，保険者が損害をてん補する責任を負うためには，保険事故によって損害が生じたものでなければならない。一般的には，保険事故と損害との間の相当因果関係，すなわち，その事故が通常そのような損害を生ずるだろうと認められる関係がある限度で，保険者は損害をてん補する責任を負うことになる[96]。

　この損害てん補原則は利得禁止原則からの要請といえるが，この利得禁止原則と結びついた損害てん補原則を「広義の損害てん補」とし，損害てん補原則を損害額の算定や支払保険金額の算定における原則として位置づけるものを「狭義の損害てん補」に分ける見解がある。この見解は，利得禁止原則における３分説の見解から捉えて，「狭義の損害てん補原則と最狭義の利得禁止原則」，「広義の損害てん補原則と狭義の利得禁止原則」が対応関係にあると指摘する[97]。また，同学説は，損害てん補と定額給付の関係について，両者は給付方式として異なるが，保険の給付は健全な保険制度の枠組みの中で，保険技術の進捗を期待すべき領域の問題としつつ，多数の給付方式が検討されて良いとする[98]。

　また，保険制度における損害てん補の概念に関して，給付とくに損害の評価方法としてどの程度の幅が認められるかの検討が，利得禁止原則との関係でも重要になるとの指摘がある[99]。理由としては，損害の評価方法を柔軟に捉えることができるならば，利得禁止原則を維持し，適切な規律を保ちながらも，被保険者保

94　西島・前掲注(14)140-141頁。
95　田辺康平『保険契約の基本構造』121頁（有斐閣，1979）。
96　山下・前掲注(33)396頁。
97　中出哲「『損害てん補原則』とは何か」石田重森ほか編『保険学保険法学の課題と展望 大谷孝一博士古稀記念』428-429頁，444-445頁（成文堂，2011）。
98　中出・前掲注(92)86頁。
99　山下・前掲注(28)724頁。

護を図ることができるからであると説明される。そこで，損害の評価方法の検討を行うにあたって，損害保険の対概念である定額保険の側からの損害概念を検討することが有意義であると考え，次で検討を行う。

第2節　定額保険の性質

1．定額保険の意義

　定額保険とは，保険事故発生に際して，実損害の発生の有無またはその額の如何を問わず，当初定められた一定の金額を保険金として支払うべき保険をいう[100]。定額保険のうち代表的なものは，人の生存または死亡を保険事故として一定の保険金額を支払う，傷害疾病定額保険に該当するものを除く生命保険契約（保険法2条8号）と，人の傷害疾病に基づき一定の保険給付を行う保険契約である傷害疾病定額保険契約がある（保険法2条9号）。このような生命保険，傷害保険，疾病保険等の人保険では，被保険利益要件および利得禁止原則は妥当せず，保険給付は実際に生じる損害と切断した内容のものでも容認されるというのが現行法の立場と考えるのが支配的な見解である[101]。そして，定額保険においては，具体的な損害の有無または損害額とは無関係に約定した金額が支払われるものであり，その本質は保険事故の発生を停止条件とする金銭給付契約といわれる[102]。このように定額保険契約は定額の金銭給付契約であるといえるが，保険金額や保険契約者の負担する保険料の額を決定する際には，多数の者の生死・傷害・疾病あるいは介護状態を1つの危険団体として計算される保険事故の発生率を基にしていることから，保険制度を基礎とする契約といえる[103]。

2．定額保険が認められる理由

　人保険において定額保険が認められる理由は，保険契約の本来の目的は被保険者側の経済的不利益を救済することであることから，保険金の受領を正当化する事情の発生が必要であるが，人の死亡や後遺障害発生の場合には，それによる損

100　大森・前掲注(18)11頁，山下ほか・前掲注(9)27頁〔洲崎博史〕。
101　山下・前掲注(2)77頁，山下ほか・前掲注(9)236頁〔竹濵修〕。
102　田辺・前掲注(14)257頁，西島・前掲注(14)309頁，岡田・前掲注(15)278頁。
103　岡田・前掲注(15)278頁。

害額を金銭的・客観的に評価することは不可能または不適当であり，何をもって利得とするのか不確定であるからであるとされる[104]。そこで，人保険における定額保険においては，利得禁止原則の適用がなく，保険者と保険契約者との間で約定した金額（定額）を保険金として支払われることが認められる[105]。そして，物・財産保険においては，実損てん補方式だけが認められ，定額給付方式は認められないこととされてきたが，実務においては，損害額の評価の手数と費用を省略するために給付額の定額化をはかる場合には実損てん補方式が厳格には貫かれないことがあり，このような保険金支払いの方法も適法と解されている。このような例外は今後も増加すると予測されることから，定額保険と損害保険の峻別の原則は次第に崩れていくとの見解があるが[106]，この傾向を認めつつも，賭博化のおそれに対処しなくてはならないことから，物・財産保険の定額化には限度があるとの指摘もされる[107]。

　現在では，これらの理由に加えて，刑事上の制裁や倫理によるモラル・ハザードに対する歯止め，人間の自己保存本能による自殺・自傷の歯止め，保険契約者と被保険者とが異なる場合における被保険者の同意を要するとする保険法の手当て（38条・67条）及び保険者における保険給付内容の自主的制限や保険契約者における保険料負担の増加によりモラル・ハザードを防止できるということが，定額保険が認められる根拠として挙げられるようになっている[108]。

　他方，これらとともに，定額保険だとしても保険者は過大な保険金額の契約を引き受けないようにすべきであることなど[109]，事前に不適切な保険契約の締結を防止するための実務上の努力が必要となるとの指摘や[110]，定額保険により当事者間に無制限の契約の自由が許されるわけではなく，広義の利得禁止原則の具体化として，公序良俗に反すると認められるものは，たとえ定額保険に分類されるも

104　田辺・前掲注(14)257頁，岡田・前掲注(15)277頁。

105　山下友信＝米山高生編『保険法解説—生命保険・傷害疾病定額保険』410頁〔後藤元・三隅隆司〕（有斐閣，2010）。

106　西島・前掲注(14)310頁。

107　石田満『商法IV 保険法〔改訂版〕』274頁注(2)（青林書院，1997）。

108　山下・前掲注(2)78頁，洲崎・前掲注(16) 4 頁。

109　江頭・前掲注(1)496頁。

110　山下・前掲注(2)79頁。

のであっても賭博契約としてその効力を否定すべきとの見解がある[111]。

　また，定額保険をどこまで認めるかは，モラル・ハザードを抑止する有効な手段があるかどうかとの相関で決まるという考えをとれば，モラル・ハザードに対して十分な抑止の手段が別途あるのであれば，損害保険についてすらも，契約内容について被保険利益の要件や利得禁止原則などの強行法的な制約を設けるという事前抑制の必要も絶対的ではないとの発想が生まれるとの指摘もされるところである[112]。

3．物・財産保険における定額給付

　物・財産保険においても，火災保険の臨時費用保険金や失火見舞費用保険金などの各種費用保険金のように定額的に保険金を支払うものがある。かかる支払保険金額の決定方法は，火災発生後の状況で領収書の提出を求めるような損害査定をすることは実際には困難であり，被災者の実情にも合わないことから，実際にかかる費用とそれほど大きく乖離しない程度で画一的な基準によることとしたものといわれる[113]。その点，評価済保険における考え方に類似するものであり，各種費用保険金の支払いは，あくまで損害てん補の枠内にとどまるものと，一般的に理解されている[114]。

　また，保険契約の法的本質は，保険事故発生の場合に保険者が保険金としてある金額を給付することを約する契約である点にあると考え，損害てん補契約性や被保険利益の存在の要請の問題は，保険契約が射倖契約的な構造をもつことから生じる濫用の弊害を防止し，公序良俗に反する賭博的行為として法律的に否認されないための，いわば消極的・政策的・相対的要請にほかならないとの立場からは，物・財産保険についても，それが社会的要求に応え，反公序的効果を生じない限度において，損害てん補契約性や具体的な被保険利益の如何のみに拘泥する

111　洲崎博史「保険代位と利得禁止原則（2）・完」論叢129巻3号28頁（1991）。

112　山下・前掲注(2)78頁。

113　山下・前掲注(33)407頁。実務的には，臨時費用保険金の支払額は，支払われる火災保険金の額の30％かつ100万円限度，失火見舞費用保険金は1被災世帯あたり20万円で目的物の保険価額の20％を限度とするといったように，通常火災保険約款で規定されている。

114　山下・前掲注(33)407頁，東京海上火災保険編『損害保険実務講座 第5巻』57頁（有斐閣，1992）。

ことなく，定額保険としてこれを認めても構わないということになる[115]。ここで必要となるのは，定額保険契約を認めることによる社会・経済生活面への効用と，これを認めることによる濫用の危険等の弊害の危険性との比較考量であり，政策的な配慮の問題になるといえる[116]。

このほか，狭義の利得禁止原則は，任意法的原則であるとの前提をおけば，定額給付により利得が生じたとしても，広義の利得禁止原則に反するとまでいえなければ，適法と考える余地が出てくるとの見解がある[117]。

第3節　地震を担保する保険およびそれを組み込んだ金融商品

1．地震保険の概要と特徴

地震保険契約は，地震による物・財産損害に対して保険金を支払うことを目的として，通常火災保険契約に付帯して締結されることから，一般に，損害てん補契約である損害保険契約の一種と考えられている[118]。

地震保険は，①1回の保険事故（地震）による損害額が巨額にのぼり保険者の負担能力を超えるおそれが大きいこと，②地震の発生が特定の地方に集中する傾向があるため，地震の危険の高い地方の人だけが保険に加入するという逆選択がおこること，③地震の予知が極めて困難であることに加え，地震損害額が建物強度，発生時間帯などさまざまな条件に左右されその予測が困難であること，④発生頻度および1回あたりの損害額が平均的でなく，大数の法則が通用しないこと，といった理由のため，その必要性は認識されたものの，長く実現しなかったものであるが，家計地震保険については，1966年に，日本地震再保険会社の設立や政府による再保険の引受けなど技術的に極めて複雑な構造を持つ商品として創設された[119]。家計地震保険は，その後も改定を重ね，2020年1月1日現在の制度概要は以下のとおりとなっている。補償対象は，居住用建物と生活用動産（家財）で，火災保険とセットで契約し，火災保険の契約金額の30％～50％の範囲内で定

115　大森忠夫「損害保険契約と定額保険契約」同『保険契約法の研究』83-84頁（有斐閣，1969）。
116　大森・前掲注(115)87-88頁。
117　山下友信＝永沢徹編著『論点体系 保険1』53-54頁〔山本哲生〕（第一法規，2014）。
118　竹濵修「震災と地震保険契約」民商112巻4・5号734頁（1995）。
119　西島・前掲注(14)257-258頁。

め，建物は5,000万円，家財は1,000万円の加入限度額がある。また，居住用建物，家財について生じた損害の程度によって「全損」「大半損」「小半損」「一部損」に区別され，「全損」の場合は，契約金額の全額，「大半損」の場合は契約金額の60％，「小半損」の場合は契約金額の30％，「一部損」の場合は契約金額の5％が支払われるが，1回の地震による総支払限度額は11.7兆円となっている[120]。このように，家計地震保険が他の損害保険にはない特徴を持つ理由としては，現在も同保険創設時の事情と大きく変わりはなく，地震の危険度の測定が困難であること，地震損害が巨額になりうること，それを保険者が負担しきれないおそれがあること，さらには，被災地における損害査定の困難さを考慮して制度的に一定の支払保険金額に抑えることが要請されたためであり，一般的に損害てん補性を完全に放棄したものではないと理解されている[121]。

　なお，損害保険会社と政府の間では，地震保険に関する法律（以下「地震保険法」という。）に基づき，再保険契約が締結されており，総支払限度額11.7兆円のうち，民間責任負担額1,338億円，政府11兆5,662億円となっている[122]。この他，現在では，複数の保険会社が地震保険の上乗せ補償を提供しているが，合計でも火災保険契約の100％までの補償となっている。すなわち，物・財産保険としての地震保険は，利得禁止原則から損害額を超える支払いはできない仕組みとなっているといえる[123]。

　たしかに，家計地震保険は，料率算出上は物・財産保険である。しかし，地震保険法1条は地震保険について「地震等による被災者の生活の安定に寄与することを目的」と規定していることから，家の建て替えや家財の再購入のためだけの物・財産保険とは規定していないとの指摘がある[124]。とくに大規模地震は，われ

120　地震保険制度の概要は，日本損害保険協会 http://www.sonpo.or.jp/insurance/commentary/jishin/ を参照。

121　竹濱・前掲注(118)734頁。

122　地震再保険取引の仕組みは，損害保険会社から日本地震再保険会社への再保険，日本地震再保険会社から損害保険会社への再々保険，および日本地震再保険会社から政府への再々保険で成り立っている。

123　主要な損害保険会社の商品概要については，黒木松男「大規模自然災害に対する個人のリスクファイナンス」保険学645号29頁以下（2019）を参照。

124　栗山泰史「東日本大震災における損害保険業界の対応および地震保険制度の仕組みと今後の課題」保険学619号75頁（2012）。

われの生活が，普段・日常的な社会事情なり経済事情なりを基礎として組み立てられており，法律制度もそういうことを前提にできているところ，そうした生活に突如として根本的打撃を加えるものであるといえ[125]，家計地震保険は，このような災害時に生活の再建・安定に寄与するものといえる。このように，家計地震保険は，地震保険法が規定するように，被災者の生活の安定に寄与するための資金を供給するという，費用保険としての性質も併せ持つものといえる[126]。この他，災害リスクの管理という視点からも，災害リスクには，死者数や負傷者数，家屋の毀損などで表現される物理的リスクと金銭的に表現できる経済的リスクがあるところ，保険購入等による災害リスクの移転は，被災後の生活再建，復興を促し，経済的リスクを削減するとの見解がある[127]。

　他方，企業物件に対する地震危険の担保は家計分野より早く，1956年から火災保険の地震危険拡張担保として付保が始まったといわれている[128]。企業地震保険には，家計地震保険のような政府が関与する再保険スキームは存在しないが，一般的には火災保険に地震危険を補償する特約を付帯することにより，災害リスクを担保する。ここでも，利得禁止原則が働くことから，損害額を超える保険金の支払いはできない仕組みとなっている[129]。もっとも，大規模地震発生の場合には，商品・原材料の供給元が罹災したり，道路や橋梁が閉鎖されたりすることで供給が途絶えて休業損害が生じたり，電気やガス，通信などの途絶によって休業に至ることもある。利益保険は，保険の対象となる建物や機械設備が罹災したことによる損害を補償するものであるが，特約や専用の保険商品によって上で述べたような原因による休業損害を補償するものがある[130]。すなわち，企業地震保険では，建物・設備以外の利益や費用も担保することができる仕組みも可能なことから，物・財産保険でありながら，実質的には，費用保険の役割を果たすことができる

125　鴻常夫『保険法の諸問題』101頁（有斐閣，2002）。
126　栗山泰史＝五十嵐朗『地震保険の理論と実務』33-34頁（保険毎日新聞社，2018）。
127　堀江進也＝馬奈木俊介「災害リスクとリスク管理」経済セミナー706号35-39頁（2019）。
128　芥潤一『損害保険の実像』72頁（成文堂，1997）。
129　企業地震保険を，火災保険の特約ではなく独立の保険商品として販売する保険会社もあるが，特約で担保する場合と同じく，損害額を超える保険金の支払いはできない仕組みとなっている。
130　村田毅「伝統的な保険によるリスクファイナンス」保険学645号54頁（2019）。

ようになっている。

2. 費用保険における被保険利益

　何らかの原因により費用を支出しなければならない場合は消極財産が増加することになるため，費用支出の可能性があることを被保険利益と考えることができるが，このような費用利益を目的とする保険を費用保険という。このように費用保険は，消極財産の増加による財産状態の悪化に備えた保険であり，もともと被保険者が費用を支払うのに十分な財産を有しているかにかかわりなく，保険契約は有効に存在しうる。その点で，積極的利益を目的とする損害保険と費用保険を区別する意味があるといわれる[131]。

　ここで，この区別を前提として費用保険に被保険利益概念が認められるかにつき，消極利益も積極利益同様に被保険利益を観念することができ，また賭博との区別の必要性からも，費用保険にも消極利益を目的とした被保険利益概念が存在するという立場[132]と，消極利益も経済的な利益ではあり，被保険者の全財産あるいは被保険者の現在の財産状態を維持する消極利益は観念できるが，消極利益には保険価額を問題にする余地がなく，保険給付の決定に関しては被保険利益概念が具体的に機能する局面がないことから，消極利益を対象とする費用保険では被保険利益概念は存在しないとする説[133]が対立している。

3. 損害保険または保険デリバティブを利用した金融商品

　個人および法人に対する銀行の融資の特約として，地震リスクを担保する金融商品がある。たとえば，個人向けの住宅ローンの特約で，融資対象物件である住宅が，地震等を直接もしくは間接の原因とする火災・損壊等により全壊した場合，罹災日時点の建物ローン残高の50％を免除するという仕組みをとるものがある[134]。また，法人向けの事業ローンでは，一定震度以上の地震が発生した場合に，

131　山下・前掲注(2)317-318頁。

132　西島梅治「責任保険の被保険利益」保険学432号25頁（1966）。

133　田辺・前掲注(95)68頁，江頭・前掲注(1)436頁 注(2)。

134　複数の銀行が類似の商品を販売しているが，ここでは三井住友銀行の「自然災害時返済一部免除特約付住宅ローン（残高保障型）」https://www.smbc.co.jp/kojin/jutaku_loan/shinki/resources/pdf/shizen_pdf01.pdfを参照。

これに起因した契約者である企業の特別損失相当額の債務免除が受けられるという特約付きの融資商品がある[135]。これらのローンは，個人及び法人の地震損害に対する対応力強化を目的に，物的損失に限らず経済的損失をカバーする債務免除特約が付いた融資商品であり，契約時に借主が定めた地域において一定震度以上の地震が発生した場合に，個人の場合は罹災の程度に応じて，法人の場合は当該地震に起因した特別損失相当額に応じて債務免除が受けられるという特約付きの融資商品である。本商品は，大規模地震の発生時に，借主の二重ローン・債務問題の抑制および資金繰りの安定化を通じて，自然災害時のさまざまな出費に対応することを可能にし，また事業継続をサポートするものと説明される。以上のように，ローンの借主からみると，銀行に対するローン債務の免除は，損害てん補の性質を持つように思われるが，あくまで銀行ローンの特約であるため，保険法の適用はない。また，これらの商品については，銀行によるローン借主の債務免除を銀行の損害として，保険会社がかかる損害を新種保険の一種である費用利益保険でカバーしている。この商品については，保険なので保険法の適用があるものの，銀行の借主に対する債務免除額は明確であり，被保険利益や利得禁止原則が問題になることは考えづらい。このように，究極的に損害の補償を受ける個人・法人と最終的に損害を引き受ける保険会社の間には（保険）契約関係はないため，保険会社の側から直接に借主の被保険利益や利得禁止原則を考慮することはできない。もっとも，銀行は「罹災の程度に応じて」または「会計上の特別損失」に応じて債務を免除することからすると，公序良俗の観点から借主に不当な利益が生じないようにしているように思われる。

　しかし，事業ローンに関しては，大規模地震災害の際に物・財産の損害の有無とは関係なく借主の債務を免除するという特約が存在する。たとえば予め定めた震度観測点において震度６強以上の地震が確認できた場合には借入金の元本を免除するという特約を付した融資商品が多くの銀行において存在する[136]。この商品

135　個人向け商品と同じく三井住友銀行の商品「地震対応型ローン」https://www.smbc.co.jp/hojin/financing/jisin_taiou/ を参照。
136　たとえば，震災時元本免除特約のローンとして，京都銀行の「震災時元本免除特約付き融資」https://www.kyotobank.co.jp/houjin/bcp/index.html を参照。ここでは，あらかじめ指定した地震観測点において，震度６強以上の大規模地震が発生した場合，借入元本が免除される特約を付与する融資と説明されている。

は，直接損害・間接損害の有無を問わず，決められた震度を観測した地震の発生を要件に借入元本を免除するというものである。これにより，特別損失の計上を待たずに，すなわち，被害状況の把握を行う前に速やかに融資の免除を受けられるという利点が借主にはある。この場合の貸付元本の免除という銀行側の損失については，銀行が購入する地震デリバティブにより補てんされていると推測されるが，その理由は，地震デリバティブが銀行の特約と同じように，予め決められた観測点において，決められた震度が観測されることを要件に，予め定められた計算方式による金額を支払うという商品であることから，同商品を購入することにより，銀行融資とはいわばミラーの関係になり，銀行は免除額に見合う額を地震デリバティブにより回収できるからである。

　この銀行融資に付帯される返済（一部）免除特約の目的は，融資を受ける企業の地震リスク対策や事業継続計画の一環として利用することであり，融資を受ける企業にとっては元本免除により返済負担がなくなり，債務免除額が債務免除益となるため，大規模地震に伴う損失による財務状況の悪化を補填・緩和することができると一般的に説明される[137]。この説明からは大規模地震発生による損害を担保する目的がうかがわれるが，地震デリバティブにおける支払いに際しては，実際に借主である企業に損害が発生したか否かの確認は行われない。さらに，実際に購入者である銀行に損害が発生したかどうかにも関係がないので，理論上銀行が実際に融資を免除したかの確認さえ不要となる。

　以上のように，銀行の融資元本の免除の方法には2種類があるが，共通する規律としては，地震観測点の設定について，融資を受ける企業の工場や事務所がないような場所を指定することは，公序良俗の観点から許されないと考えられることである。また，設定震度の確認のみで融資元本を免除する企業向け事業ローンの特約は，確認できる範囲ではすべて震度6強以上が支払要件として設定されており，これは震度6強以上の大規模地震の際には，企業の損害発生に高い蓋然性が認められるという判断があるからではないかと考えるが，公序良俗の概念が根本にあるものと推測する。

137　前掲注(136)の京都銀行の商品説明を参照。

第3章　地震デリバティブ

　現在，世界的に地震をはじめとする自然災害が巨大化，頻発化するのに伴い，伝統的な元受保険・再保険のリスク引受能力にも限界が見えてくる中，保険デリバティブを代表として保険に代わるリスク移転の仕組みが発展してきている[138]。代替的リスク移転と呼ばれる制度がそれである。代替的リスク移転は，従来保険で引き受けられると考えられてきたリスク（ハリケーン等の大規模な自然災害あるいは異常気象による企業の売上減少リスク等）や保険での引受けに困難が伴うものと考えられてきたリスク（地震災害等）を保険以外の手段で移転するものであり[139]，代表的な商品として，金融デリバティブ技術を活用した保険デリバティブが存在する。保険デリバティブの一種である地震デリバティブは，予め当事者間で合意した地点（地震観測点）において，一定震度あるいはマグニチュード以上の地震が発生したことを支払条件として，一方当事者（保険会社）が受益者である企業に対して所定の計算式で求められる金銭の支払いを行う金融商品である[140]。また，地震デリバティブ以外の代替的リスク移転では，リスクを証券化して移転する「保険リスクの証券化」が存在する[141]。

138　山下友信「保険・保険デリバティブ・賭博—リスク移転のボーダー」江頭憲治郎＝増井良啓編『市場と組織「融ける境・超える法3』232頁（東京大学出版会，2005）。
139　古瀬政敏「保険業法上の保険業と保険デリバティブ」生命保険論集156号27頁（2006）。
140　鬼頭俊泰「地震デリバティブ取引と保険制度の相克」保険学645号112頁（2019）。
141　保険デリバティブ以外の代替的リスク移転では，カタストロフィ・ボンド（キャット・ボンド）が代表的な商品として存在する。この商品は，社債のうち，大規模災害（地震等）の発生があれば，一定の基準で元本の償還や利息の支払義務が免除されたり，時間的に猶予されたりするような約定を含んだものをいう。投資家にとっては，通常の社債よりも利率が高いこと，および景気循環と密接な関係のある投資リスクと相関関係の小さい災害リスクで価値が左右される社債をポートフォリオに加えることでリスクを分散できることから，かかる社債に投資する意味があるといわれる。社債の発行という資本市場における証券発行という手段をとるため，証券化によるリスク移転とよばれる。元受保険会社が特別目的会社として再保険会社を設立して，ここに出再を行い，この特別目的会社が収入再保険料を引当にしてキャット・ボンドを発行することが一般的といえるが，一般事業会社が地震リスクを証券化することも行われている（山下・前掲注(138)236-238頁）。

第1節　地震デリバティブと地震保険

　地震デリバティブが，わが国ではじめて発売されたのは2000年といわれているが[142]，日本企業の間でリスクファイナンス手法の1つとして広く認識され始めたのは，2001年9月11日のニューヨークで起きたテロ事件以降で，この事件（保険事故）により，多くの損害保険会社・再保険会社で巨額の支払いが発生し，その影響の一端として再保険会社の自然災害の引受けが縮小されたことによるといわれている[143]。すなわち，地震デリバティブは，まさに保険の補完，代替手段として普及が進んだものといえる。地震デリバティブの基本的構成として，地震保険における保険金請求のように地震による物的損害を証明する書類などの提出は必要なく，公に提供される地震データの確認により金銭を受領できる手続きが実務的に確立されている。また，地震規模の拡大につれて受領する補償額が増加する仕組みのものも存在する[144]。

　一般に，保険に比べた保険デリバティブの優位性として，①支払金額の決定の透明性と②決済の確実性が挙げられることが多い。この優位性の理由は，保険が実損てん補原則と，保険事故と損害の相当因果関係の存在の必要性などの制約を受ける一方，保険デリバティブにはこれらの規制がかからないことに求められる[145]。これにより，企業地震保険では利得禁止原則により，実損額を超えて保険金を支払うことができず，事故と損害との因果関係，実損額の損害調査・査定を行うため，支払額がいくらになるのか判明するまで時間がかかるが，保険デリバティブでは，このようなプロセスが不要になるため，迅速な支払いが可能になっているといえる。

　そして，地震デリバティブでは，地震という偶然の事実により実際にどれだけの損害が生じたかを確定することなく約定の基準で金銭の支払いがされることから，実際の損害よりも高額の金銭の支払いを受ける可能性があり，この実際の損害額との差額は，保険であれば利得禁止原則により許容されない利得になるもの

142　吉澤卓哉「保険商品と金融商品の交錯」保険学572号39頁（2001）。
143　藤田浩一『地震デリバティブと自然災害リスク投資』145頁（文芸社，2016）。
144　藤田・前掲注（143）20頁。
145　土方薫『総解説保険デリバティブ』36-37頁（日本経済新聞社，2001）。

があると考えられる[146]。

　地震デリバティブでは，給付義務の発生は，地震という事実の発生であって，この事実は，一般的にはデリバティブの一方当事者に損害を被らせる事実であり，その損害をてん補しようとする目的が濃厚にうかがわれることから保険との機能的同質性が認められる。しかし，金融実務においては，偶然の事実の発生による給付義務の発生は損害てん補にはあたらないということを理由として，保険デリバティブは保険ではないという理解が一般的であり，また，金融監督法の側面からも，保険デリバティブと保険とは異なる取引ないし事業であるという整理がされ，金融商品取引法では，デリバティブ取引を包括的に同法の規制対象として位置づけ，保険デリバティブも同法で規定する店頭デリバティブ取引の一種として位置づけられている[147]。

　保険における利得禁止原則の存在理由が，賭博禁止と保険契約者側のモラル・ハザードの事前防止にあると考えると，賭博に当たらないものであることを前提に，金銭の支払いを発生させる偶然の事由がモラル・ハザードを生じさせるおそれがなければ，利得禁止原則を適用する必要はなく，保険デリバティブにおけるトリガーとなる大規模地震の発生という事由は，まさにモラル・ハザードを生じさせない事由であり，かかる事由に関して金銭の支払いがなされる限りにおいては利得禁止原則を適用する必要がないとも考えられるとの指摘がある[148]。

第2節　保険デリバティブと賭博

　保険デリバティブは保険ではないため利得禁止原則の適用がないとすると，適法有効な取引か否かの限界を画する基準としては，他のデリバティブ商品と同様に，賭博であるかどうかという基準になると考えられる[149]。デリバティブ一般と賭博との関係については，金融商品取引法は，まず取引所金融商品市場に拠らないで，取引所金融市場における相場による差金の授受を目的とする行為を禁止し

146　山下・前掲注(2)27頁。
147　山下・前掲注(2)27-28頁。
148　山下・前掲注(2)29-30頁。
149　デリバティブ一般と賭博罪との関係については，金融法委員会「金融デリバティブ取引と賭博罪に関する論点整理」(1999年)(http://www.flb.gr.jp/jdoc/publication05-j.pdf)を参照。

て，刑罰の対象としている（202条1項本文）[150]。そして，取引所金融商品市場における原資産や金融指標の相場によらない店頭デリバティブ取引は，金融商品取引法202条1項本文ではそもそも禁止されていないが，正当な経済的目的もないのに行われれば，賭博に該当する可能性は否定されないと指摘される[151]。

　保険デリバティブにおいては，実際の損害とは関わりなく一定の基準により算出される金銭の支払いがなされるが，そうではあっても，基準の設定においては統計データ等に基づいて，保険デリバティブでリスクを移転しようとする側の当事者において実際に生じる損害との関連性はある程度は維持されるように考慮されるのが実務である。また，支払われる金銭についても上限を設定するなど著しい利得が生ずる余地が排除されている限りでは賭博という必要はなく，逆にこれらの諸条件が備わらず，著しい利得が生ずる可能性があるような限りでは，賭博とみるべきであるとの見解がある[152]。さらに，この学説は，保険デリバティブについて利得禁止原則のような強行法的な制約はなく，賭博にさえ該当しなければ契約内容自体は自由であるというのであれば，機能的には共通する保険においても，利得禁止原則のような強行法的な制約を課すことを疑問視するという考えがありうるはずとの指摘をする[153]。

第3節　地震デリバティブに関する裁判例

1．仙台高裁平成25年9月20日判決 金判1431号39頁[154]

　「Xは，地震等による契約者の早期救済という本件取引の目的及びXの危機的

150　山下友信＝神田秀樹編『金融商品取引法概説〔第2版〕』56頁（有斐閣，2017）は，例示として，学生同士で株価指数先物取引や天候デリバティブ取引に当たる契約をして金銭の授受をするような行為は賭博そのものであると指摘する。

151　山下＝神田・前掲注(150)56-57頁。

152　山下・前掲注(2)30頁。

153　山下・前掲注(138)242頁。

154　この判決の事案は，以下のようなものであった。

　X（原告・控訴人）は，平成22年10月27日，Y損害保険会社（被告・被控訴人）との間で，地震デリバティブ取引約定書（以下「本件約定書」という。）を取り交わし，地震デリバティブ取引（以下「本件取引」という。）を行う旨を合意した。本件取引は，XがYに対して予め定めたプレミアム金額30万4,000円を支払う一方で，平成22年11月1日から平成23年10月31日までの間に，対象となる地震が発生した場合には，YがXに対して，予め定めた計算式に基づき算出した金額（以下「オプション変動金額」という。）を支払うというものである。本件約定書

状況にかんがみれば，Xに有利な算定方法を用いることも許されるべきであると主張するが，本件取引は，予め約定した条件を充足した場合に約定金員を支払うデリバティブ取引であり，契約者の損害の填補や救済等を目的とするものではないから，Xの主張は，上記判断を左右するものとは認められない。」

「以上によると，本件震度読替規定によって読み替えられるべき震度発表名称における震度は……本件算定方法に従い，震度6弱と読み替えられるべきであり，これに反するXの主張は採用することができない。」

なお，本件訴訟では，本件約定書にある美里町北浦における震度を発表しない場合の震度読替規定に定める「各代替震度発表名称における震度」の解釈も争点になったが，地震デリバティブと保険との法的異同に関するものではなく，省略する。

2．本判決の検討

(1)　保険デリバティブの法的性質

地震デリバティブや天候デリバティブといった保険デリバティブは，金融資産からの派生商品というわけではなく，その意味でそもそもデリバティブといえるのかが問題であるとの指摘がある[155]。この点，保険デリバティブは，金融資産派生の純粋なデリバティブではないことを前提にしつつ，正確には，デリバティブ

によれば，対象となる地震とは，震度発表名称と呼ばれる場所において観測した地震をいい，本件の震度発表名称は，宮城県美里町北浦（以下「美里町北浦」という。）であった。また，オプション変動金額は，計算基礎金額の2,000万円に対象となる地震に対応するオプション変動レートを乗じることとされ，同レートは，震度6強以上は100％，6弱以下の場合は0％である。なお，気象庁が美里町北浦の震度を発表しない場合には，周辺3地域の代替震度発表名称における震度を全て用い，各代替震度発表名称からの距離をYが合理的に勘案した上で一定の重み付けを行って得た数値を合算した結果をもって震度発表名称における震度と読み替えることとなっていた（以下「本件震度読替規定」という。）。

その後，平成23年3月11日に東北地方太平洋沖地震（以下「本件地震」という。）が発生し，美里町北浦を含む周辺地域の一帯は，相当程度の揺れに見舞われた。Yは，本件震度読替規定によると，美里町北浦の震度は6弱となることからオプション変動金額の支払いはないと主張したのに対して，Xは，オプション変動金額として2000万円および遅延損害金の支払いをYに請求した。これに対して，原審（仙台地裁平成25年4月11日判決，金判1431号43頁）はXの請求を棄却したため，Xは控訴した。

155　山下・前掲注(138)235頁。

技術を用いた代替的リスク移転方法（ART‐Alternative Risk Transfer）であり，経済的にはリスクヘッジの手段として保険と同様の機能を持つが，その契約文言に損害てん補という概念は入っておらず，また収支相等の原則・給付反対給付均等の原則などの保険技術が内在していないことなどの理由から，保険とは異なるものであるとの理解ができるとの指摘がある[156]。この他，金融監督諸法の基礎には，保険デリバティブ取引は損害をてん補するものではないという考え方があるものと推測されるとの指摘があるところ[157]，法律上の区分も，保険デリバティブ取引は保険とは異なり，金融商品取引法において規定されている店頭デリバティブ取引に該当するとされる[158]。保険業法上も，保険の引受け（保険業法97条1項）ではなく，付随業務として位置づけられており（保険業法98条1項6号，同条8項，金融商品取引法2条20項，同条22項），店頭デリバティブ取引の定義から保険契約の締結は除かれている（金融商品取引法施行令1条の15第2号）ことから，保険デリバティブ取引は保険とはみなされていないといえる[159]。

　仙台高裁は，本件取引は，予め約定した条件を充足した場合に約定金員を支払うデリバティブ取引であり，契約者の損害の補償や救済等を目的とするものではないとして，Xの主張を認めなかった。すなわち，地震デリバティブは損害のてん補や被災者の救済といった目的を持つ保険には該当しないと判断したものといえる。実際に，地震デリバティブ取引は，契約において設定された支払条件を満たさない場合には，たとえ損害が生じていたとしても補償金が支払われることはないが，逆に，実際の損害よりも，あるいは損害の発生とは無関係に高額の支払いを受ける可能性があり，利得禁止原則が適用される保険とは異なる結果をもたらしうる[160]。

　この点，本判決に対して，保険デリバティブ取引に関して保険との形式的相違を強調する姿勢は適切さを欠き，妥当な結論が得られなくなる可能性があると指摘する見解がある[161]。たしかに，実務上，地震デリバティブ取引はリスクヘッジ

156　佐野誠「判批」損保76巻4号388-389頁（2015）。
157　山下・前掲注(138)240頁。
158　山下＝神田・前掲注(150)54頁。
159　佐野・前掲注(156)390-391頁。
160　鬼頭・前掲注(140)123頁。
161　土岐孝宏「判批」法学セミナー712号131頁（2014）。

が必要な者に対して，必要な範囲でのみ販売を行っているといわれており[162]，この点で保険販売と大きな差異はないといえるため，裁判などでの紛争解決の場において形式的差異を強調すると，結果の妥当性という観点からは適切ではない結果をもたらす場合もあるといえよう。

(2)　地震デリバティブと賭博との関係

　本件では問題とならなかったが，地震デリバティブ取引が内容次第では賭博に該当し，公序良俗違反により無効（民法90条）となる可能性があるとする見解がある[163]。この見解は，本判決は，本件地震デリバティブ取引は保険契約とは違い，実際の損害との関連性のない取引であると認識しているようにみえるが，地震デリバティブ取引において実際の損害との関連性や利得の生ずる余地の排除をどの程度求めるべきであるかは難しい問題であるとした上で，どのような基準で地震デリバティブ取引の契約条項の賭博該当性を判断するかは今後の課題であるとする[164]。

　この点については，地震デリバティブを含む店頭デリバティブ全体について，経済的にはリスクをヘッジする目的など正当な経済的行為として社会的経済的に有用かつ必要であるという面と，賭博という面が混在するおそれがあることを前提に，正当な経済的目的もないのに行われれば賭博に該当する可能性は否定されないとの見解がある[165]。

第4章　地震災害にかかる保険契約の強行的規定の考察

　現在，地震により個人及び法人に生じた損害を補償するためにさまざまな手段が考え出されている。本稿で述べたように，保険では地震保険が典型であるが，（大規模）地震時における銀行ローンの債務免除特約では，借主である個人及び法人の損害については，貸主である銀行による債務免除により補てんされ，その銀行の債務免除については，その免除額を損害として保険金が支払われる，また

162　吉澤卓哉「店頭デリバティブに関する法規制」損保64巻1号104頁（2002）。
163　嘉村雄司「判批」損保77巻1号190頁（2015）。
164　嘉村・前掲注(163)192頁。
165　山下＝神田・前掲注(150)56-57頁。

は地震デリバティブによる支払いが銀行になされることにより，銀行は債務免除による損害の補償を受けることができる。すなわち，新種保険（約定履行費用保険）や地震デリバティブが間接的に，地震災害時に個人または法人の損害をてん補する役割を果たすことになる。

　このような状況のなか，直接的に地震による損害をてん補する保険である地震保険や間接的に地震損害をてん補する新種保険（約定履行費用保険）等の保険商品にのみ，被保険利益の要件を求め，利得禁止原則を適用することの意義はどこにあるのかをこれまで検討してきた。そこで，最後に，損害の評価の観点，利得禁止原則の例外としての新価保険と定額保険及び地震デリバティブとの相違の観点からみえる課題について検討を行う。

第1節　損害の評価の観点からの示唆

　損害てん補原則については，これまで，被保険利益の要件と利得禁止原則は表裏一体のものとして，これらの原則と関連させて検討されてきたといえる。

　まず，被保険利益の位置づけに関する学説については，修正絶対説が適切と考える。この学説は，量的例外として，新価保険，評価済保険などには損害てん補原則を拡張的に適用することにより，時価を超えた部分についても被保険利益の存在を認め，責任保険のような質的例外といえるものについては，利得予防措置を講じる根拠を与えるものとするが，この見解は利得禁止原則との関係を適切に説明できる上に，実際の保険契約の内容にも対応でき，また実務上の取扱いに適切な根拠を与えるものとして妥当と考える。相対説においても被保険利益の要件自体は柔軟に解釈されているが，損害てん補にいう損害を，保険者の負う金銭給付の義務の範囲を外面的・政策的に調整する機能を有するに過ぎないとして狭く解釈する点で適切ではない。

　被保険利益の要件は，損害保険契約を賭博から峻別するとともに，保険事故が発生しても損害が生じる可能性がない者に保険給付を行うことは許容されないということから認められる。すなわち，被保険利益が存在しないということは，そもそも損害の発生する可能性がないということにほかならないことから，被保険利益が存在しない保険契約を無効とすることにより，損害が発生しないにもかかわらず保険給付を受けようとする試みを事前に排除できる。このような意味で，

被保険利益の要件は，賭博の禁止とともにモラル・ハザードの抑止が目的であるという見解は妥当である[166]。

そこで，地震保険は物・財産保険と費用保険の2つの保険の性質を持つという本稿の立場から被保険利益を捉えると，物・財産保険部分に被保険利益の要件が求められることを前提として，費用保険部分についても同じく被保険利益の要件が求められると考える。なぜならば，費用保険においても被保険利益が存在するという立場が根拠として挙げる賭博からの区別という理由はここでも妥当することから，物・財産部分を著しく超過し，費用保険部分を考慮しても，およそ損害の発生が考えられないような保険金額については，被保険利益は認められないと考えるからである。

次に，利得禁止原則に関連して費用保険についての保険価額を考えると，被保険利益は消極利益，すなわち被保険者の全財産あるいは被保険者の現在の財産状態を維持する利益ということになるところ[167]，物・財産の損害をてん補するものではないので，保険価額は観念できないと考えられる。そこで，この考えを前提に地震保険について考えると，物・財産保険と費用保険の性質を併せ持つものとして，物・財産の価額を超える部分については保険価額が存在しないと考えることができる。

そして，損害てん補原則の下で，保険事故の発生と因果関係のある損害について保険者が損害をてん補することになるが，支払うべき保険金の額を決定するために，損害を金銭的に評価することが必要となる。この損害額の評価は，保険価額のある積極保険においては，保険価額の評価ということでもある。これに対して，費用保険等の消極保険では，保険価額はないので，ストレートに損害額が算出されるが[168]，被保険利益とは違い保険法における明文の規定がない利得禁止原則については，利得が生じることが直ちに賭博とはいえず，すなわち両者は同義であるとはいえないため，賭博性が肯定されない限り利得禁止原則を柔軟に適用して損害を評価してよいとする学説[169]が適切であると考える。

166　山下・前掲注(2)307頁。

167　江頭・前掲注(1)436頁注(2)。

168　山下・前掲注(2)396頁。

169　山下ほか・前掲注(9)87頁〔山下〕。

地震保険についてみると，地震自体を意図的に発生させることはできないが，保険の対象の選択によっては賭博性，モラル・ハザードの危険が残ることから被保険利益の要件は必要と考えるところ，被保険利益の存在の有無に関しての検討の際に賭博性，モラル・ハザードの可能性が否定されれば，利得禁止原則に関しては柔軟に捉え，物保険部分には狭義の利得禁止原則，費用保険部分には広義の利得禁止原則を適用し，全体としては公序良俗の観点から広義の利得禁止原則の適用により，不当な利得の発生を防ぐことができると考える。

第2節　新価保険と定額保険の観点からの示唆

1．新価保険からの示唆

新価保険は，利得禁止原則の例外として認められている保険商品であるが，ここでは，新価保険が認められる理由から，地震災害にかかる保険契約の規律につき検討する。

通常，建物や家財についての保険価額は，再調達価額から減価控除額を差し引いて算定されるが，新価保険においては，再調達価額そのものを損害として保険金を支払う[170]。かかる取扱いが認められる理由に関係して，新価保険の被保険利益をどのように考えるかについて学説の対立があるが，時価額の限度において物（所有）利益であり，それを超えて再築又は再調達のために支出される費用損害については費用利益と考える結合利益説が，新価保険が開発された沿革や商品の持つ性質に適合するものであり，適切と考える。そして，利得禁止原則の適用については，賭博契約防止の観点からみても，新価保険は現実的な経済的ニーズに応えようとするものであるという合理性を持ったものであり，公序良俗に反するとはいえないとする見解[171]が妥当と考える。

また，新価保険において再調達価額を基準とすることにより，少なくとも耐用年数が延長する効果がもたらされるが，これについては，その物が廃棄されないで継続的に使用される限り，この利益は潜在的なものにとどまり，個人の現実の経済生活ないし法人の経営状態を改善するものではなく，また，このような将来の利得は，現在再調達を要する損害が生じていることを否定するものではない。

170　山下ほか・前掲注(9)116頁〔山本〕。
171　山下ほか・前掲注(9)87頁〔山下〕。

したがって，道徳的な危険を誘発するものでない限り，あえてこれを排除する必要はないとの見解[172]が妥当である。

地震保険についてみると，新価保険が利得禁止原則の例外として認められる理由が，同じように妥当すると考える。地震保険は，被保険利益について物利益と費用利益が結合されたと考える新価保険における結合利益説に親和性が認められ，また，地震災害による損害に対応するという現実的な経済的ニーズに応えようとする地震保険は，この点で新価保険同様に，原則的に賭博性が排除されると考える。そして，個人及び法人の経済生活ないし経営基盤が破壊される大規模な地震災害については，新価保険の議論でいう耐用年数の延長という利得が生じたとしても，現実の再調達費の支出は否定できず，道徳的危険を誘発する危険も地震災害の性質上否定されると考える。

さらに，地震保険においては，新価を超える保険金額が設定されたとしても，建物や動産の再築または再調達に加えた生活・経営基盤の復旧の困難さを考慮すれば，公序良俗の観点から許容されない程度の利得が生じない限りは認められると考える。

2．定額保険からの示唆

物・財産保険において定額保険は認められないというのが一般的な解釈といえるが，物・財産保険の一種である地震保険についてもこの規制は妥当するのかが問題となる。

定額保険といえども，保険制度の機能実現の手段・方法として行われるものであるから，賭博契約とは異なり，その本来のねらいは，何らかの経済的不利益を救済するという補正的なものでなければならないといわれる[173]。この点，物・財産保険の定額保険化の可能性を指摘しつつも，賭博化のおそれに対処するため，物・財産保険の定額化には限度があるとの指摘[174]は正しいと考える。そこで，その限度について考えると，定額保険には，被保険利益の要件及び利得禁止原則の適用はなく，実際の損害額とは関係なく保険給付がなされるが，このような定額

172　和久利昌男「新価保険の適法性について」損保23巻4号216-217頁（1961）。

173　田辺・前掲注(14)257頁。

174　石田・前掲注(107)274頁注(2)。

保険が認められる理由としては，本稿で既に検討したように，定額保険の典型といえる人の死亡や後遺障害については，損害額を金銭的・客観的に評価することは不可能または不適当であり，何をもって利得とするのか不確定であるからと一般的には説明される。さらには，モラル・ハザードの防止策や保険者における保険給付内容の自主規制等も挙げられるところである。これを地震保険にあてはめると，建物や動産部分を金銭的，客観的に評価することは可能であるが，個人の生活基盤の回復や，サプライチェーンや社員を含めた企業のインフラストラクチャーの復旧を算定するのは困難である。また，地震の発生自体にモラル・ハザードの危険はないといえる。

　さらに，物・財産保険の部分を超える保険金額設定の制約をどのように考えるべきかが問題となる。この点，給付額を社会通念上妥当と解される一定額に抑えるために著しい利得の発生の可能性を排除すべきであるが，現在の臨時費用保険金や残存物取片付け費用保険金のように物に対する保険金額の一定割合という設定は妥当ではないと考える。なぜならば，生活基盤の回復や事業活動の復旧費用は，保険の対象となる建物や動産価額に比例するものではないからであり，ここでは，広義の利得禁止原則は定額保険にも適用されるという，利得禁止原則における３分説が適切であると考えるところ，保険金給付時の広義の利得禁止原則を適用することにより，賭博性の排除を図ることになると考える。そして，物・財産保険部分は格別，費用保険部分についても被保険利益の要件を認める本稿の立場からは，地震保険にも被保険利益の要件を課すことを前提に，この被保険利益の要件を求めることにより賭博等の弊害が小さくなり，自然災害であることからモラル・ハザードの危険がないため，社会的にも容認されると考える。

　この点，損害てん補という観点から，保険の賭博化は容認されないことを前提にしても，これは損害保険契約について，賭博等のように公序良俗に反する利得が許されないという程度まで利得の範囲を広くみることは，まだ社会的に容認されているとはいえず，一定の限度で損害てん補性を維持することには意味があるとの見解がある[175]。

　たしかに，この見解は，火災保険や動産保険のような従来から存在する典型的

175　笹本・前掲注(19)597頁。

な物・財産保険には妥当する可能性もあるが，社会的な必要生の有無という視点
は，利得禁止原則の緩和を図る場合に，その緩和の限度を図る1つの規準として
用いることができるとする利得禁止原則の3分説の立場が適切であると考えると
ころ[176]，地震災害に対する十分な補償の必要性は社会的にも共有されていると考
える。ここで，被保険利益は，損害保険契約に必須の構成要素であるという点を
出発点とする場合，損害は利益の裏返しと考えることになるが，逆に利益は損害
の裏返しであることから考えると，端的に損害保険契約においては，いかなる保
険給付をすることができるかをまず検討することになる[177]。そして，この場合に
は，保険金の支払要件の検討が必要になると考える。たとえば震度6強であれば，
地震保険は物・財産保険と費用保険両方の性質を持つため，物・財産部分に関し
て，つまり建物や動産には損害がなく保険金を受け取れるという事態が生じる可
能性は極めて低いといえるが，震度が5強や5弱では建物や動産に損害が発生し
ない可能もあると考えられる。このため定額保険化するとしても，震度要件に加
えて一定規模の損害を支払要件とするなどの対応を行い，広義の利得禁止原則の
適用により著しい利得の取得を防止するような商品構成として，社会的な許容性
を確保する必要があると考える。

第3節　地震デリバティブとの相違点からの示唆

　大数の法則を利用した収支相等の原則の観点からすると，本来大数の法則が働
きづらく，リスク移転が困難とされた地震保険，特に家計地震保険は政府を介在
させる複雑な構造をとることにより成立しているものであり，収支相等の原則が
文字どおりには適用されていないといえる。また，企業地震保険においては，家
計地震保険以上に，自然災害リスクが集約・分散しないことから，収支相等の原
則は働きづらく，個々の保険加入者の危険に対応した保険料の算出を行うことに
なる個別加入者レベルの原則である給付反対給付均等の原則がより妥当すること
になる。

　地震デリバティブは，収支相等の原則及び給付反対給付均等の原則といった保
険技術を用いないことから保険とみなされないが，個別に地震リスクを評価して

176　山下・前掲注(28)723-724頁。
177　山下・前掲注(28)731頁注(33)。

プレミアムを算出していると思われるので，この点で企業地震保険と大きな差異はないように思われる。

また，前述したように，地震デリバティブは支払われる金額について上限を設定するなど著しい利得が生ずる余地が排除されている限りでは賭博に該当せず，この賭博にさえ該当しなければ契約内容自体は自由であるというのであれば，保険であってもモラル・ハザードが生じえないような事由の発生により保険給付をするものであれば，利得禁止原則を適用する必要はなく，賭博禁止というより大きな制約のもとで保険形成の自由を認めることができると考える学説[178]は妥当である。地震保険において，地震発生を保険事故と考えるならば，保険事故の発生に関する限りは保険加入者のモラル・ハザードは生じず，賭博に該当しない限りでは利得禁止原則を適用する必要はなくなる。また，地震保険に関して定額保険化も可能と考える本稿の立場からも，約定された保険金額が社会的に相当性を持つ範囲を著しく超えると判断されるならば，広義の利得禁止原則の適用により超過部分は無効とすることにより，著しい利得が生ずる余地は排除されているといえる。

他方，地震保険の側から地震デリバティブをみると，保険法の適用がないから賭博ではないとはいえ，地震デリバティブにも，広義の利得禁止原則の根拠となる公序良俗の適用により賭博性を排除する必要があると考える。また，銀行ローンの債務免除を損害として補償する新種保険（約定履行費用保険）についても，銀行の免除額自体は明確であり，銀行には利得は発生していないことから狭義の利得禁止原則違反にはあたらないとしても，銀行の債務免除が個人や法人に著しい利得をもたらすことがあれば，公序良俗の観点から広義の利得禁止原則を適用して，超過分の保険契約を無効にすべきであると考える。なお，銀行のローン債務免除特約をみると，保険金が支払われない場合には免除はできないと規定されており，保険の規律が銀行ローンの特約にも及ぶ商品構成となっている[179]。

このように考えると，利得禁止原則否定論からは，民法90条が存在する限り，広義の利得禁止原則を公序良俗とは別に観念する必要がないとの批判もあるが，

---

178 山下・前掲注(138)242-244頁。
179 三井住友銀行の「自然災害時返済一部免除特約付住宅ローン」の商品概要
https://www.smbc.co.jp/kojin/jutaku_loan/shinki/anshin/resources/pdf/shizen_pdf01.pdfを参照。

少なくとも地震保険及び地震による損害を間接的に補償する新種保険と地震デリバティブとの関係からは，広義の利得禁止原則と公序良俗が併存する意義はあると考える。近時の公序良俗論でいう峻別論の立場にたつと，賭博にあたれば法令型公序良俗違反となるが，特別な法令が存在しない場合でも，裁判型公序良俗違反の類型として裁判所が公序良俗違反を理由に保険契約を無効とする場面は存在する。また，契約正義＝経済的公序論の立場からも，保険制度の悪用は経済的公序に反するものとして，公序良俗違反になると考える。さらに，これとは別に射倖契約性を有する保険契約の特色を踏まえて，過剰といえる利得に利得禁止原則を適用する場面も存在すると考える。公序良俗と利得禁止原則に係る裁判例の検討からも分かるように，裁判所は公序良俗と利得禁止原則を使い分けて妥当な結論を導き出そうとしており，ここからも両概念の存在の必要性が認められる。

　以上のように，地震デリバティブとの比較からも，物・財産保険でありながら費用保険の性質も併せ持つ地震保険に関しては，物利益の部分には狭義の利得禁止原則を，費用利益の部分には広義の利得禁止原則を適用して商品の適法性を検討し，また，定額保険化に関しても，広義の利得禁止原則を適用して商品の適法性を検討することになると考える。

　さらに，地震災害を間接的に補償する新種保険については，銀行に発生する損害自体に問題は生じないとしても，究極的な受益者に対して広義の利得禁止原則を適用し，また，銀行ローンについては，直接に公序良俗の観点からその妥当性の検討が必要になると考える。なお，これらの保険について，共通して被保険利益の要件の存在が要求されるのは，本稿で検討したとおりである。

　そして，地震デリバティブについては，被保険利益の要件および利得禁止原則の適用はないが，公序良俗の観点から賭博性の排除は必要になると考える。

第4節　むすびにかえて

　現在，地震，とくに大規模地震リスクの移転には，いまだ困難があるとの指摘がある。その理由としては，まず大規模災害は，非常に広範囲にわたり経済全体に影響を及ぼすことから，損失が極端に大きくなることが挙げられる。たとえば，地震の影響を直接的に受けない企業でも，事業継続に欠かせないサプライチェーンの取引先に被害が生じれば，それにより間接的に損害を生じることがある。か

かる事実が認められる中，地震災害リスクの移転の大きな部分を担っているのが保険であるといえる。大規模な地震災害は，個別の経済主体が受ける被害とその確認については，大数の法則が機能するほどの事故数にはならないため，大数の法則を適用するのが困難であることからも，リスクの推定が難しく保険商品の開発が困難といわれてきたが，政府による再保険引受けの制度や地震再保険専門の再保険会社の設立，保険技術の進歩などにより，商品開発が行われてきた。

また，損害保険契約の本質的・究極的な機能は，契約者・被保険者の経済生活の不安定の除去・軽減にあり，損害のてん補により保険事故発生前と同一の経済生活を回復するのが目的といえることから[180]，その観点での商品開発が進められてきた結果ともいえる。保険購入によるリスクの移転は，被災後の生活再建・復興を促し，個人や企業の経済的リスクを削減することになり[181]，この点で大規模地震災害に備える保険の役割は大きい。

他方，保険市場は過剰に機能を発揮する傾向を持ち，保険の存在自体が損害発生の誘因となるというモラル・ハザードが存在するとの指摘[182]は，保険一般については正しい。このため，かかるモラル・ハザードの問題及び保険の賭博化を防ぐための被保険利益の要件及び利得禁止原則の機能が果たす役割は依然として重要といえる。

むしろ，保険に区分されない地震デリバティブについては損害の発生を要件としないため，賭博化の懸念が残る商品と考える。このため，事業ローンに組み込まれた地震デリバティブで検討したように，事業ローンの返済免除及びそれに併せて設定されていると推測されるデリバティブの支払要件は公序良俗違反の有無を判断するのに重要な考慮事項といえる。たとえば，震度６強であれば，企業における損害発生の蓋然性が認められるといえるが，これが震度５強または５弱であればどうであろうか。損害発生の高い蓋然性が認められるといえるか疑問が残る。さらに，震度を計測する場所を企業の事業運営と関係性がない又は低い場所に設定したらどうであろうか。たとえば，事情継続の観点とは関係なく，地震の発生確率が高いと考えた場所の震度計を計測場所として設定したとしたら，それ

---

180 大森・前掲注(18)56頁。
181 堀江＝馬奈木・前掲注(127)35-39頁。
182 髙尾厚『保険とオプション』210-211頁（千倉書房，1998）。

は賭博に近いといえよう。これらの問題に対しては，保険法の適用はないため，被保険利益の要件と利得禁止原則の適用はないが，民法上の公序良俗規範を地震デリバティブに適用することにより，賭博性の排除及びモラル・ハザードの防止に対処することになろう。

　このような地震デリバティブや先に検討した銀行ローンの債務免除特約に組み込まれた新種保険が登場しているところ，地震デリバティブやその他のリスク移転の方法・取引と保険との境界は益々曖昧なものとなりつつあり，このような状況下では，保険とされた取引の枠内でいくら利得禁止原則があるかどうかを精密に議論しても，その有用性は必ずしも大きいとはいえないという学説の指摘[183]は正しいと考える。そして，同学説は，保険という概念があることが，類似の経済的行為の自由をどれだけ規制できるかは疑問であり，また，保険の枠をいったん外れれば利得禁止原則は妥当しないというのであれば，経済的には同様の機能を持つことを保険外で行えばよいことになりそうであるがそれは妥当といえるか，との問題を提起する[184]。

　そこで，本稿では，地震保険に関しては，被保険利益の存在は要求する一方，利得禁止原則については，一般的な物・財産保険にとどまらない地震保険の持つ特徴から，柔軟にとらえることにより，定額保険まで認めるという立場をとった。また，銀行ローンの債務免除特約と結びつき，地震災害を間接的に補償する新種保険（約定履行費用保険）については広義の利得禁止原則を適用して，銀行ローン自体には公序良俗の観点から，究極的な受益者であるローン借主の利得発生について検討の必要性があると考える。そして，保険法適用外の地震デリバティブには公序良俗の観点からの制約を課すことにより，地震デリバティブが保険法の脱法行為の手段として使われないようにすべきであると考える。このような見解をとることにより，地震という限られたリスクの問題ではあるが，類似の経済的効果をもたらす保険と保険類似商品との間に存在する法的な問題は小さくなり，その中で，個人・企業は，それぞれが抱えるリスクの性質や大きさを考慮して，自らの経済的ニーズに沿ったリスクの移転について自由に判断できるようになると考える。

183　山下・前掲注(28)725頁。
184　山下・前掲注(28)725頁。

　最後に，地震国である我が国において，地震災害に備える手段が多く存在する方が社会的・経済的には有用であると考えるが，それと同時に，保険や保険デリバティブ，そして類似の機能を有する金融商品を規律する横断的な法制が，今後の課題であると考える。

クラウドワーカーの労働者性と法的保護の在り方に関する考察

佐藤　和義

序章

1．問題の所在

　ある者が他人のために労務を提供して報酬を得る関係について，労働法が規整対象とするのは，労働者が他人の指揮監督下で労働を行う関係とされるが，一般法である民法においては，「雇用」（民法第623条）として規定されている[1]。

　民法における基本的な考え方は，対等な個人が当事者の合意により自由に締結するもの（契約自由の原則）なので，その合意内容については当事者の自由な意思により行われたものとして相互に拘束されることになる。しかしながら，現実には企業と労働者との間には，情報の質・量および交渉力において歴然とした格差が存在し，そのために労働者は企業から一方的な労働条件を強いられる弱い立場に置かれがちである。

　そこで，労働保護法の基本法として，労働基準法（以下，労基法という。）を施行し，刑事罰と行政監督を伴う種々の規制（公法的規制）を規定した。また，労基法は，「労働契約[2]」という基本概念を創設し，「労働契約」概念には，実質的に不平等な組織的な労働関係の契約という性格づけが込められていると理解できる[3]。

1　菅野和夫『労働法〔第12版〕』147-148頁（弘文堂，2019）。
2　民法では「雇用契約」と表記しており，「雇用契約」と「労働契約」については，学説上，同一説と峻別説とで争いがあるところ，本稿では基本的に契約類型としては同一の概念と捉えることとする。同様の立場をとるものとして，菅野・前掲注(1)148頁，水町勇一郎『詳解労働法』63-65頁（東京大学出版会，2019），下井隆史『労働基準法〔第5版〕』86-87頁（有斐閣法学叢書，2019），野川忍『労働法』136-138頁（日本評論社，2018），荒木尚志『労働法〔第3版〕』45-49頁（有斐閣，2016），西谷敏『労働法〔第2版〕』13-14頁（日本評論社，2013）など。
3　菅野・前掲注(1)148頁。

61

したがって，労働保護法は，労使間の情報格差，交渉力の非対等性を是正し，労働者の使用者に対する従属的な関係について，実質的対等性を実現することを目的としていると考えるべきであろう[4]。

労基法は，この「労働契約」における契約締結の一方当事者として，「労働者」（同法第9条）を定義しているが，労働法においては，この「労働者」がその適用範囲を画定する概念として広く用いられており[5]，現在は，「労働者」か「非労働者」かによって，労働法の適用可否を二分法的（オール・オア・ナッシング）に決定する仕組みとなっている。

これは，工場労働者のように従来労働法が想定していた伝統的な「労働者」モデルの場合には上手く適合していたといえるが，近年では，就業形態の多様化に伴い，「労働者」性が争われるような自営業者[6]が増加し，「労働者」か否かを明確に区分できない限界的事例（いわゆる，グレーゾーン）が多くみられることから，現在の「労働者」像と乖離してきているため十分に適合しなくなっていると考えられる。

特に昨今は，クラウドソーシング[7]と呼ばれるインターネット上のプラットフォーム（クラウドソーシングサイト）を通じて不特定多数の人に業務を委託する仕組みを活用した新しい働き方が出現し，注目を集めている。そこでは，プラットフォーム事業者（PF：Platformer）が，情報通信技術（ICT：Information

---

4　表現の違いはあるが，同様の趣旨として，野川・前掲注(2)135-136頁。

5　労基法上の「労働者」概念が援用されている関連法規として，例えば，最低賃金法第2条1号，労働安全衛生法第2条2号，賃金支払確保法第2条2項。なお，労働者災害補償保険法には，「労働者」の定義規定は見られないが，法律の趣旨・目的等から，労基法上の「労働者」の定義と同一であると解されている（横浜南労基署長（旭紙業）事件・最一小判平成8・11・28労判714号14頁）。

6　労働者性が争われる自営業者の類型の詳細については，皆川宏之「労働法上の労働者」日本労働法学会編『講座労働法の再生 第1巻 労働法の基礎理論』83頁以下（日本評論社，2017）参照。

7　ランサーズ株式会社が発表した「【ランサーズ】フリーランス実態調査2019年版」によれば，フリーランス人口は，1,087万人（2015年は913万人）とされ，わが国の労働力人口の17%を占めるという割合になっているとされる。さらに，そのうち仕事を探す経路としてクラウドソーシングを利用している割合は15%（約163万人）とされ，増加傾向にあるとされる。また，矢野経済研究所の発表「国内クラウドソーシングの市場規模推移と予測」（2016年11月11日）によると，国内のクラウドソーシング市場は，2020年度には2,950億円に達すると予測しており，市場予測としても拡大傾向にあるといえる。なお，クラウドソーシングについては，第1章で詳細に触れる。

and Communication Technology）を基盤において，発注者（CS：Crowd-sourcer）と受注者（CW：Crowd-worker）をマッチング支援するサービスを提供しており，CSとCWとの契約関係は，通常，雇用（労働）契約ではなく，業務委託契約とされている。また，当該契約当事者の取引については，原則として，すべてオンライン上で取引の決済が完結するところ（非対面型サービス）に特徴がある。このような経済形態は，シェアリングエコノミー[8]などとも呼ばれ，現在，わが国でも急速な広がりをみせている[9]。

シェアリングエコノミーとは，「個人等が保有する活用可能な資産等（スキルや時間等の無形のものを含む。）を，インターネット上のマッチングプラットフォームを介して他の個人等も利用可能とする経済活性化活動[10]」と定義される。シェアリングエコノミーが普及してきた背景には，インターネット（とりわけスマートフォン）の普及により個人間の取引費用が低減したこと，個人間のニーズのマッチングや信頼性の担保の強化が可能になったこと[11]などがあるとされている。わが国では，スペース，モノ，スキル・時間，移動，カネの5つの類型に区分され，各分野内では複数の事業類型が存在している[12]。

8　このような経済活動については，論者によってもその名称に違いがあり，例えば，ギグエコノミーやプラットフォームエコノミーあるいはオンデマンドエコノミーと言われたりもしている。必ずしも統一的な定義があるわけではないが，本稿ではシェアリングエコノミーと称する。

9　株式会社情報通信総合研究所「シェアリングエコノミー関連調査結果」（2019年4月9日）によると，2018年度の市場規模は，1兆8,874億円となっており，現状のペースで成長した場合，2030年度には，5兆7,589億円に拡大すると予測している。さらに，シェアリングエコノミーの認知度が低いことやサービス利用への不安等の現状課題が解決された場合は，11兆1,275億円に拡大すると予測されている。

10　内閣官房情報通信技術（IT）総合戦略室「シェアリングエコノミー検討会議第2次報告書」（2019年5月）1頁。

11　総務省「平成28年版 情報通信白書」139頁。

12　内閣府経済社会総合研究所「2018年度シェアリング・エコノミー等新分野の経済活動計測に関する調査研究」報告書（2019年7月）8頁。例えば，「スペース」のシェアでは，個人の自宅や空き家等住宅のシェア（民泊）や空き地やテナント，駐車場，事業用スペース等のシェア（民泊以外），「モノ」のシェアでは，フリマアプリによる中古品の個人間売買，個人製造品（ハンドメイド品）の売買，服飾品，雑貨等個人資産の貸し借り（モノの賃貸），「スキル・時間」のシェアでは，家事サービスのマッチングやイラスト製作等のスキルのフリーマーケット，インターネットを介した，不特定多数の人への業務依頼（クラウドソーシング），「移動」のシェアでは，個人が行う旅客輸送サービスや相乗りマッチング（ライドシェア），「カネ」のシェアでは，個人・法人等が寄付を募る寄付型クラウドファンディング，個人・法人等が寄付を募り，

クラウドソーシングは，シェアリングエコノミーの一類型とされ，上記類型の中では，「スキル・時間」のシェアに分類されている。この「スキル・時間」のシェアサービスには，次のような特徴があると考えられる。まず，①シェアの対象となるものの性質から，労働力の提供が伴うものであること，次に，②サービスの提供者と利用者との関係性が，CtoC型（消費者対消費者）[13]あるいはBtoC型（事業者対消費者）のいずれかであること[14]，さらに，③サービスの提供方法が，対面型によるものあるいは非対面型によるものであること，といった特徴である。

このようにクラウドソーシングの仕組みを活用した就業形態は多様であるが，本稿で検討対象とするものは，上記の3つの特徴のうち，①を前提として，②に関しては，その関係性が，BtoC型であるもの，③に関しては，非対面型であるものとする。②について，BtoC型の関係性に限定する理由は，一般に，事業者と消費者との契約関係においては，情報の質・量や交渉力の格差が問題となることが多く[15]，それは雇用（労働）契約関係における使用者と労働者との関係にも類似する問題であるという認識に基づくからである。また，③について，非対面型に限定する理由は，対面型の多くは，家事代行サービスや配送サービスのようにCtoC型取引であり，労働法が対象とする主体としてはなじまないと考えるからである[16]。

このような働き方の登場は，これまで何らかの理由により職場に赴いて働くこ

寄付金を元手に製品開発等を行う購入型クラウドファンディング，事業者が発行する株式の購入や，事業者への融資等を行う投資型クラウドファンディングなどがあるとされる。

13　例えば，家事代行サービスであれば，代行業者等を介さず，家事を依頼したい個人（消費者）と家事を代行したい個人（消費者）とがマッチングサイトを通じて，直接取引をすることになる。

14　通常シェアリングエコノミーのビジネス形態は，PtoP型の取引と呼ばれるが，これは取引主体が提供者にもなり，利用者にもなり得るn対nの関係性が特徴とされるためである。しかし，実際の取引形態としては，CtoC型，BtoC型が複合的に混在する形態のように思われる。したがって，本稿では両者を区別して考えることとする。

15　このような状況を踏まえ消費者の利益を守るため，平成13年4月1日に消費者契約法が施行されている。ただし，労働契約については，労働契約法など他の法律により規定されていることから適用除外とされている（同法第48条）。

16　もっとも，クラウドソーシングの場合，契約主体としては，PF，CS，CWの三者が存在し，対面型の場合は，例えば，昨今，わが国でも普及しつつあるUber Eatsのような配送サービスなどがあるが，この場合，CSとCWとの契約関係というよりはむしろPFとCWとの間での契約関係が問題となりうる。しかし，本稿では業務の直接的な発注者であるCSとその受注者であるCWとの関係を検討対象とするためここでは検討対象とはしない。

とが困難であった人に対しても労働市場への参画を促す新たなプラットフォームとなりえるとともに，ワークライフバランス（仕事と家庭の調和）を実現し，より自分らしい働き方を求める人々にとっても魅力的なものとなりえる。また，少子高齢化に伴う労働力不足を補い，生産性を向上させるツールとしても期待されるところである。

しかしながら，PFが運営するウェブサイト上を通じて働くCWは，自営型（非雇用型）就労であることが前提として想定されている。すなわち，そこで働くCWは，雇用関係にあるならば保障されるはずの様々な労働法的保護が一切受けられないということを意味するのである[17]。

確かに，CWの就業状況をみると，一般にCSとの間の契約形式は，雇用（労働）契約ではなく，業務請負（委託）契約とされ，時間的・場所的拘束性が緩やかであり，仕事を依頼された際の諾否の自由についても概ねCW側に裁量がある[18]など，雇用労働者に比して使用従属性（人的従属性）は希薄であるといえる。

しかし，その一方で，特定の企業と取引している割合が多い傾向[19]があり，作業内容や範囲に関する指示を受けていたとする割合も半数程度存在する[20]。また，契約内容の決定パターンについては，取引先が一方的に決定する割合が一定程度あるのに加えて，クラウドソーシング事業者などの仲介組織が定めるルールに従って契約内容を決定するケースが多くなっている[21]。さらに，報酬の額については，年間の報酬が50万円未満の者がCW全体の8割を超えており，総じて報酬額が低い傾向にある[22]。

このように，CWの中には，労働法が想定している使用従属性を基底とした伝統的な「労働者」像とまでは言えないまでも，「労働者」に類似する働き方をし

17　もっとも，労働法の保護対象となる「労働者」に該当するか否かは，通常，契約形式の如何にかかわらず，実質的な「使用従属性」の有無により総合的に判断されることになるため，実態として「使用従属性」が認められる事情がある場合には「労働者」に該当し，労働法の保護対象となる可能性がある。

18　独立行政法人労働政策研究・研修機構「独立自営業者の就業実態」（2019年3月）［JILPT調査］（https://www.jil.go.jp/institute/research/2019/documents/187.pdf［2019.11.30］）158-161頁。

19　JILPT調査・前掲注(18)155頁。

20　JILPT調査・前掲注(18)158頁。

21　JILPT調査・前掲注(18)155-156頁。

22　JILPT調査・前掲注(18)163-164頁。

ている者も少なからず存在していることが窺われる。

　そうだとすれば，CWのような「労働者」類似の働き方をしている者に対しても，労働法的な観点から何らかの保護の必要性があるのではないだろうか。

　さらに，筆者が上記のような問題意識を抱くに至った背景には，「労働者」と「非労働者」との間における法規制の著しい不均衡，すなわち，「労働者」ではないと判断されたならば労働法の適用が一切受けられなくなるという二者択一的な法的処理が，労働市場における健全な人材（労働力）調達を阻害する要因になるのではないかという懸念がある。つまり，情報通信技術の進展等により今後クラウドワークのような就業形態が増加し，法的規制の不均衡が改善されないままとすると，人材（労働力）調達の在り方として，ますます意図的な非雇用化が助長されるのではないかと危惧しているのである。なぜなら，企業にとって，業務委託契約等の雇用（労働）契約以外の契約形態を選択することは，労働時間・賃金規制，解雇規制といった労働法の規制が及ばず，社会保険料や福利厚生費の負担が不要となること等から人件費を削減でき，必要に応じて業務を依頼することができるため人件費の変動費化が可能となるといったメリットがあるからである。

　したがって，今日，クラウドワーカーの労働者性と法的保護の在り方を検討する意味は十分にあると考える。

２．本稿の構成

　以上のような問題意識に基づき，本稿では，シェアリングエコノミーの普及に伴いクラウドソーシングを活用した新たな働き方（クラウドワーク）が拡大している状況を受け，労働法が前提とする伝統的な「労働者」像が，現在の「労働者」像に適合していないのではないかという課題認識を出発点として，その限界的事例の一つであるCWの「労働者」性を検討する。そのうえで，法的保護の在り方について考察する。具体的には，第1章では，クラウドソーシングの現状とCWの就業実態を把握したうえで，多様なCWの中から，「労働者」性を具体的に検討する際の指標となるCW就業者モデルを仮定する。第2章では，「労働者」概念をめぐる近時の裁判例及び学説の状況について概観し，「労働者」性を検討するうえでの視座を得る。そして，第3章では，CW類似の「労働者」モデルを仮定し，第1章で仮定したCW就業者モデルとの比較検討を行いながら，当該CW

就業者モデルへの現行労働法の適用可能性(「労働者」性)を検討する。その結果,「労働者」性が認められるとした場合はともかく,認められない場合であっても,「労働者」に類似する要素がないかどうかを検討し,その要素抽出を試みる。そして最後に,CWに対する法的保護の必要性とその在り方について若干の検討を加えることとする。

第1章　クラウドソーシングの現状とクラウドワーカーの就業実態について

　本章では,まず,クラウドソーシングの現状について,その仕組みや類型,契約内容を整理し,そこで就業しているクラウドワーカーの就業実態について2つの調査報告から整理すること,そして,クラウドワーカーの就業者像を把握し,その「労働者」性を検討するにあたり,典型的な就業者モデルを仮定することを目的とする。

1.1　クラウドソーシングの概念

　クラウドソーシングという言葉は,2006年に『WIRED』誌のジェフ・ハウが,「The Rise of Crowdsourcing」というブログ記事[23]の中で最初に使用したといわれている。ハウは,クラウドソーシングを「企業,組織が,自社もしくはアウトソースの人材により実施していた業務を,よりオープンかつ不特定多数の人的ネットワークから人材を集め,実施すること」と定義した[24]。彼によれば,そこでは,仕事そのものの質だけが問われる一種の完全な実力社会が形成されるが,そこに参加する人々の動機は,必ずしも金銭的な報酬によるものではなく,大規模なコミュニティのためになる何かを作りたいという欲求や,自分の得意なことをする純粋な楽しさがあり,いわば共同作業そのものが報酬になるとされる。そして,そのようなメカニズムを用いれば,使われていない才能や知識を,それらを必要

23　http://www.wired.com/wired/archive/14.06/crowds.html［2019.7.1］。
24　比嘉邦彦＝井川甲作『クラウドソーシングの衝撃―雇用流動化時代の働き方・雇い方革命』14頁（インプレスR&D, 2013）。なお,原文はCrowdsourcing: A Definition（https://crowdsourcing.typepad.com/CS/2006/06/crowdsourcing_a.html）［2019.7.1］。

とするところへ配分できるとしている[25]。つまり，クラウドソーシングにより人材活用の範囲が広がることで，使われていない才能や知識を適材適所に配分する効果が期待されるというのである。これは特に，企業においては内部の人的リソースだけではイノベーションが起きにくいといった課題に対し，広く外部に対して人的リソース（集合知）を求めることにより，オープンイノベーションを促進する1つの手段となり得ることを意味している。

　一方，わが国におけるクラウドソーシングの定義は必ずしも一様ではない[26]が，本稿においては，一般社団法人日本テレワーク協会が定義するものに倣い，「インターネット上の不特定多数の人々＝クラウド（群衆を表す「crowd」）に仕事を発注することにより，自社で不足する経営資源を補うことができる人材調達の仕組みの一種」とひとまず捉えることとする[27]。また，本稿では，これらの仕組みのもとで，仕事を発注する者は「クラウドソーサー（CS）」，それを受注する者は「クラウドワーカー（CW）」と呼び，両者を仲介するクラウドソーシング（プラットフォーム）事業者を「プラットフォーマー（PF）」と呼ぶこととする。

　なお，このような労働力を外部に委託する形態は，アウトソーシング（outsourcing）と呼ばれ，その仕組み自体は従来から存在していた。労働力を外

25　ジェフ・ハウ著（中島由華訳）『クラウドソーシング みんなのパワーが世界を動かす』20頁以下（早川書房，2009）。その後，ヴァレンシア工科大学の経営学者であるエンリケ・エステリュス・アローラスとフェルナンド・ゴンザレス・ラドロン・デ・ゲバラが，2012年に「クラウドソーシングは参加型のオンライン活動の一種である。そこでは，個人や組織，非営利団体，企業が，臨機応変なオープンコールを通じて，様々な知識を持つ種々混合で多数の個人からなる集団に対して，自発的に業務を請け負うことを提案している。」として，クラウドソーシングの定義の統合を図っている（中小企業庁「2014年版中小企業白書」374頁）。
26　例えば，平成26年（2014年）度情報通信白書では，クラウドソーシングとは「不特定の人（クラウド＝群衆）に業務を外部委託（アウトソーシング）するという意味の造語であり，発注者がインターネット上のウェブサイトで受注者を公募し，仕事を発注することができる働き方の仕組み」（www.soumu.go.jp/johotsusintokei/whitepaper/ja/h26/html/nc141240.html [2019.7.1]）と定義し，一般社団法人クラウドソーシング協会は中小企業のためのクラウドソーシング活用ガイドにおいて「インターネットを活用することで，世界中の企業と個人が直接につながり，仕事の受発注を行うことができるサービス」（https://crowdsourcing.jp/documents/2015-02-06_activity_guide.pdf [2019.7.1]）などと定義している。
27　なお，両者の定義の違いをみると，ハウの定義の背景には，企業等が抱える課題に対して，自発的な意思により参加する不特定多数の集合知により問題の解決を図ろうとする，いわば「三人寄れば文殊の知恵」的な理念が見て取れるが，わが国においては，そうした理念は影を潜め，単に新たな人材調達の一手段として位置づけられているように思われる。

部に委託するという点においては，クラウドソーシングもまたアウトソーシングの一形態といえるが，その特徴は，情報通信技術（ICT）を基盤として仲介業者が運営するウェブサイトを介在している点にある。すなわち，クラウドソーシングによって外部委託される仕事は，電子的方法で財やサービスの交換を行おうとする人々を結びつける「プラットフォーム（Platform）」を提供するPFの仲介により遂行されること[28]に特徴があるといえる。ただし，本稿において，CWの「労働者」性を検討するにあたり，PFの存在を必ずしも前提とするものではない。なぜなら，PFそれ自体は，契約の当事者となってはいないためである。

1.2　クラウドソーシングの現状

　クラウドソーシングの市場規模については，2016年11月11日，矢野経済研究所の発表（「国内クラウドソーシングの市場規模推移と予測」）によると，国内のクラウドソーシング市場は，2020年度には2,950億円に達すると予測しており，拡大傾向にあるといえる。

　また，CWの就業者数に関する公式の統計はないが，ランサーズ株式会社が発表したフリーランス実態調査2019年版[29]によれば，フリーランス[30]人口は，1,087万人（2015年は913万人）とされ，わが国の労働力人口の17%を占めるという割合になっているとされる。さらに，そのうち仕事を探す経路としてクラウドソーシングを利用している割合は15%（約163万人）とされ，増加傾向にあるとされている。

　なお，独立行政法人労働政策研究・研修機構「雇用類似の働き方の者に関する調査・試算結果等（速報）」[31]によれば，雇用類似の働き方の者を，「発注者から仕事の委託を受け，主として個人で役務を提供し，その対償として報酬を得る者」

28　石田眞「クラウドワークの歴史的位相」季刊労働法259号67頁以下。
29　「【ランサーズ】フリーランス実態調査2019年版」（https://www.lancers.co.jp/news/info/17876/）［2019.8.24］。
30　ここでいうフリーランスとは，日本における副業・兼業を含む業務委託で仕事をする広義のフリーランスとされ，調査対象は，過去12か月に仕事の対価として報酬を得た全国の20歳から69歳までの成人男女とされる。
31　https://www.mhlw.go.jp/content/11911500/000501194.pdf［2019.11.24］
調査対象は，「国内在住」の「20〜69歳」で「ふだん何か収入になる仕事をしている者」としており，「収入になる仕事」の内容を尋ね，その内容に応じて「雇用者等」（会社などに雇われている）か「自営業主（内職を含む）」（自身で事業等を営んでいる）のいずれかに振り分けている。

としたうえで，自身で事業等を営んでいる者であって，雇われない働き方をしている者は，約188万人と試算されている。この中には，CWも含まれている。また，自身で事業等を営んでいる者で，従業員を常時使用しておらず，発注者から「業務・作業の依頼（委託）」を受けて行う仕事であって，主に「事業者」を直接の取引先としている者は，約170万人[32]と試算されている。本稿の検討対象であるCWも基本的にはこのような要素を持つ者であるため，フリーランス実態調査における試算ともそれほど乖離はないように思われる。

　以上の調査結果より，クラウドソーシング市場の拡大とともに，CWの就業者数も今後増加することが予想される。

1.3　クラウドソーシングの仕組み

　次に，クラウドソーシングの仕組みについて概観する。クラウドソーシングでは，クラウドソーシング事業者[33]が，ワーカーが働きやすい環境を整備するため「仕事の募集管理」「受発注管理」「契約管理」「支払い管理」「実績・評価管理」などインターネット上で完結できる仕組み（プラットフォーム）を提供しており，特に，支払いについては，ワーカー保護の観点から，PFが発注者（CS）から事前に支払いを受け，仕事の完了時点で受注者（CW）に支払うという仕組みを取っていることに特徴がある。一方，CS側は，PFが運営するマッチングサイトを媒介として，アウトソーシングしたい業務を公募し，CW側は業務内容や得られる収入，求められるスキル等の条件を見ながら，自分が応募したい業務に応募するのが一般的である（図表1参照）。

1.4　クラウドソーシングの類型

　クラウドソーシングの発注方式の類型は，主に3つある。「プロジェクト型」，「コンペティション型」，「マイクロタスク型」（図表2参照）である。平成26年（2014年）版中小企業白書によれば次の通り整理することができる[34]。

32　このうち「本業」としている者は，約130万人，「副業」としている者は，約40万人とされている。
33　本稿では，プラットフォーム事業者（PF）と同義として扱う。
34　中小企業庁「平成26年（2014年）版中小企業白書」378頁以下。

[図表1]

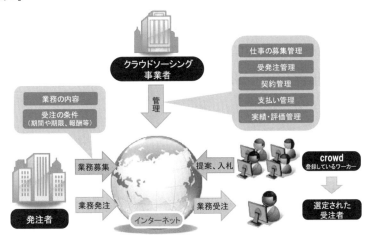

出典：総務省「ICTの進化がもたらす社会へのインパクトに関する調査研究」
　　　2014年／総務省「平成26年版情報通信白書」

[図表2]

類型	プロジェクト型	コンペティション型	マイクロタスク型
仕事の対象	制作期間や成果物が決まっているプロジェクト単位で行われる仕事	ある決まった成果物を提出する仕事	非常に簡単な作業による成果物を提出する仕事
仕事の例	・ウェブ開発 ・ホームページ制作	・ロゴ作成 ・チラシ作成	・簡単なデータ入力 ・データ収集等
1件当たりの報酬	数千円〜数百万円超	数千円〜数十万円超	数円〜数百円

出典：中小企業庁「平成26年（2014年）版中小企業白書」より筆者作成

　まず，「プロジェクト型」のクラウドソーシングは，制作期間や成果物が決まっているプロジェクト単位で行われる仕事を対象としており，ウェブ開発やホームページ制作がその代表例である。仕事に対する報酬は，固定報酬制と変動報酬制（時給制）の両方のタイプがある。受注者決定後，交渉により最終的な報酬額を決定することもある。報酬単価は，1件当たり数千円程度の仕事から，数百万円程度の仕事まで幅広くある。仕事の発注の流れは，CSが「プロジェクト型」の

仕事を受け付けているクラウドソーシングサイトに仕事を掲載する。掲載した仕事について受注の申込みを受けたら，申込みがあった中からクラウドソーシングサイト上での評価，過去の実績，プロフィール等を参考にして，CWを決定する。CWの決定後は，そのCWと仕事を進めていくことになる。一方，CWが「プロジェクト型」の仕事を受注するためには，「プロジェクト型」の仕事に申し込む必要があり，その際，CWは，クラウドソーシング上での評価，過去の実績，プロフィール等の情報をできるだけ正確に提供する必要がある。

　次に，「コンペティション型」のクラウドソーシングは，ある決まった成果物を提出する仕事を対象としており，ロゴ作成やチラシ作成等がその代表例である。仕事に対する報酬はあらかじめ決まっているものが多く，その支払いは固定報酬制のタイプのものが多い。報酬単価は，1件当たり数千円から数十万円程度と，プロジェクト型の仕事よりも低めの報酬額が設定されることが多い。CSが「コンペティション型」の仕事を発注するためには，まず「コンペティション型」の仕事を受け付けているクラウドソーシングサイトに仕事を掲載する必要がある。CSは，応募された成果物の中から理想とする成果物を1つ選び，その成果物を提示してきたCWを受注者として決定する。一方，CWが「コンペティション型」の仕事を受注するためには，「コンペティション型」の仕事に申し込む必要があり，CSが理想とする成果物を読み取り，その理想とする成果物を作り上げ，提出することが必要となる。

　最後に，「マイクロタスク型」のクラウドソーシングは，誰でもできるような非常に簡単な作業による成果物を提出する仕事を対象としており，1つの仕事単位が，数秒から数分で完結するような，簡単なデータ入力等が代表例である。仕事に対する報酬はあらかじめ決まっているものが多く，その支払いは，固定報酬制と変動報酬制（時給制）の両方のタイプがある。報酬単価は，1件当たり数円から数百円とプロジェクト型やコンペティション型と比べると極端に低くなる。CSが「マイクロタスク型」の仕事を発注する方法は主に2つのパターンが考えられる。1つは，一つ一つの小さな仕事をある程度の大きさにしたうえで，個人に対して発注するパターンである。もう1つは，仕事を，クラウドソーシングサイト運営者自体に発注したうえで，当該運営事業者がその仕事を小さな仕事に分割し，それらを多数のCWが実行するパターンである。前者の場合，CWの過

去の実績やプロフィール等から受注者を決定し仕事が進められるのに対し，後者の場合，CWが自由にクラウドソーシングサイト上の仕事に応募することにより仕事が進められる。マイクロタスク型の仕事においては，特別なスキルを必要としない仕事が中心であるため，学生，主婦，シニアなど幅広い個人が受注できる可能性がある一方，仕事を受注できる人が多い分，報酬単価は極端に低くなっており，それだけで一定の収入を上げるためには，相当の分量を受注する必要がある。

1.5　クラウドソーシングの契約関係

　クラウドソーシングを活用した場合における当事者の契約関係は具体的にどのように取り決められているのだろうか。本節では国内最大級のクラウドソーシング事業者である次の2社が運営するサイトにおける利用規約を参考に契約内容について整理したうえで，その問題点について指摘する。

1）A社[35]の場合

　A社利用規約によれば，A社サイトは，本サイトの情報提供を通じて，業務委託契約を行うためのツール及びプラットフォームの提供を行うとしている。また，本サービスは，CSとCWが直接業務委託契約を締結することを目的とするものであり，A社は当該取引の当事者とならない旨，宣言している。したがって，A社サービスを利用して契約を締結する場合，契約の形式は業務委託契約とし，CWが受託業務を行う際に，CSが業務内容及び遂行方法について具体的な指揮命令を行うことや，CWの業務の遂行場所及び時間を指定する等，CSの指揮命令及び監督権限を行使することができない旨[36]，明示している。

　また，A社の発注形式には，プロジェクト形式，コンペ形式，タスク形式の3つの形式があり，契約成立までのプロセスは各々次の通りとなっている。

35　A社ホームページによれば，ユーザー数約320万人，仕事依頼数289万件，仕事カテゴリは200以上とされている。

36　A社の仕事依頼ガイドラインによれば，業務委託以外の仕事や，勤務時間・勤務地を制限する仕事の依頼を禁止している。例えば，正社員採用・契約社員採用・派遣社員採用を目的とするもの，業務遂行の場所や時間を指定する内容や，常駐を求めるもの，「平日の10：00〜18：00まで，週3日の勤務です。」等の記載があるもの，「勤務地は恵比寿の弊社オフィスとなります。」等の記載があるものが挙げられている。

　プロジェクト形式は，CSの仕事依頼に対してCWが計画を提出し，双方合意の元に仕事を進めていくものと定義され，報酬の支払形式により時間単価制[37]と固定報酬制[38]に分かれる。契約の成立については，CSとCWの間で，業務内容，報酬制度（時間単価制又は固定報酬制）・期限等の契約内容が確定し，その内容にしたがって実施する意思が相互に確認された時点で，当事者間で業務委託契約が成立する。

　コンペ形式は，CSの依頼に対してCWが業務を行った成果を提案し，CSが採用した提案を行ったCWとCSとの間で業務委託契約が成立するものと定義される。契約の成立については，CSは，仕事の依頼に際して報酬金額を設定したうえで依頼内容を決定[39]し，募集期間が終了した日から14日以内に採用する提案を決定する必要がある。そしてCSが特定のCWの提案を採用した時点で，当該CWとCSとの間で業務委託契約が成立する[40]。

37　業務に費やした時間に応じた報酬がCSからCWに支払われる制度をいう。この方法の場合，CSがCWの時間単価及び週毎の想定稼働時間を定め，時間単価に想定稼働時間を乗じた金額（予想報酬額）について支払う義務を負う。毎週月曜日から日曜日までが1週間とされ，A社のタイムカードシステム（「業務開始・休憩・休憩終了・業務終了時間」及び，業務開始から業務終了時間（除く休憩時間）に「スクリーンショット，タイピング・クリックの回数など」が自動的に記録される）により1週間の稼働時間が集計される。CSが，毎週火曜日から木曜日までに前週分の稼働時間に関するCWのタイムカードを確認した段階で報酬額として確定する。このとき，PFは，CWに払い込まれた報酬からシステム利用料（具体的には，報酬額が20万円を超える部分については報酬額の5％，10万円超20万円以下の部分については報酬額の10％，報酬額が10万円以下の部分については報酬額の20％に相当する金額とされる。）を差し引いた金額をCWに支払うことになる。なお，報酬額が予想報酬額を超えていた場合，CSはCWに対し，その超える部分につき追加報酬額として支払う必要があり，逆に，既に支払った予想報酬額を確定した報酬額が下回った場合，その余剰金額は，原則としてCSに払い戻される。
38　業務に対して固定の報酬がCSからCWに支払われる制度をいう。この方法の場合，CSは業務に対する定額の報酬を定め，作業開始日の前日までにA社所定の方法で支払う必要がある。CWは，CSに対して指定期限までに成果物を納品し，CSは，納品された成果物を検収する。そして，CWに対して検収結果（合格・不合格）を通知する。検収の結果，合格とされた時点（成果物の納品の合意がない場合は，業務完了時）で業務が完了する。このとき，PFは，時間単価制の場合と同様，CWに払い込まれた報酬からシステム利用料を差し引いた金額をCWに支払うことになる。
39　通常，募集期間は14日以内の範囲で決定する必要がある。
40　契約成立後，CSは，CWに対して，報酬を支払う義務を負い，一方，CWは，CSに対し，成果物の引き渡し義務を負う。また，CSは，業務の成果物に瑕疵がないか検収し，CWに対して検収結果（合格・不合格）を通知する必要がある。検収の結果，CSによって合格とされた時点で業務は完了とされ，CSはPFに対して検収結果を通知する。このとき，PFは，CWに払い

　タスク形式は，CSによる複数の業務（以下，「タスク」という。）の依頼に対して，CWがそのタスクの全部又は一部を行った成果を提示し，CSが承認した部分について，CWとCSとの間で業務委託契約が成立するものと定義されている。契約の成立については，まず，CSは，タスクの依頼に際してタスクの総数とタスクごとの単価を設定[41]する。CWは，募集期間中，1つ又は複数のタスクに応募することができる。CWからのタスクの提示に対し，CSが承認[42]した時点で，当該CWとCSとの間で業務委託契約が成立し，これと同時に業務が完了する[43]。

2）B社[44]の場合

　B社利用規約によれば，B社サイトは，仕事をしたい会員[45]と仕事をお願いしたい会員に向けて，取引の機会と取引に関する各種の情報と機能を提供する事業者間の直接取引のマーケットプレイスであるとしている。また，会員がB社サイトを利用して行う他の会員との取引は，その種類を問わず，会員同士の直接の事業取引となり，B社は契約当事者とはならない旨宣言している。さらに，B社サービスを利用してCSとCW間に成立する契約をいかなる意味でも雇用契約又は類似の労働契約とはしないものとし，これがいかなる契約の形式による場合であっても，CSは当該契約に基づくCWによる業務遂行の場所及び時間について指定又は管理することによって拘束したり，業務内容及び遂行方法について業務委託に必要な限度を超えて指揮命令したりしてはならず，これらに反する内容での当事者間の定めは無効とする旨規定している。

　また，B社では会員間取引の種類として，プロジェクト方式，コンペ方式，タスク方式，時間報酬方式，スキルパッケージを提供している。

込まれた報酬からシステム利用料を差し引いた金額をCWに支払うことになる。
41　募集期間は14日以内の範囲で決定する必要がある。A社に対しては，タスクの単価の総数とタスクごとの単価を乗じた総額をタスク保証料として支払う必要がある。
42　募集期間終了後14日が経過するまでに，CSは，CWからのタスクの提示に対し，承認又は非承認の決定をする必要がある。ただし，非承認の総数については，3件もしくは提示されているタスクの総数の30％のどちらか大きい件数の範囲内とされている。
43　このとき，PFは，CWに払い込まれた報酬からシステム利用料（報酬額の20％に相当する額）を差し引いた金額をCWに支払うことになる。
44　B社ホームページによれば，登録者数50万人以上，クライアント数35万社，仕事カテゴリは277とされている。
45　B社によれば，「会員」とは，B社利用規約を承認し，B社サイトを利用するために所定の入会登録を行い，B社がその入会登録を承認した個人及び法人とされる。

　プロジェクト方式は，CSの仕事依頼に対してCWが計画を提出し，双方合意の元に仕事を進めていく機能と定義され，報酬の支払形式を，時間報酬[46]または固定報酬[47]のいずれか選択できる。契約の成立については，CSからCWへの依頼通知があり，かつ，当該依頼通知に対するCWからの承認通知がCSに到達したときに，個別のプロジェクト計画に関する依頼が確定し，会員間の契約[48]が成立する。

　コンペ方式は，CSの仕事の依頼に対してCWが無報酬で直接仕事提案を出して，CSが選んだ提案を行ったCW1人若しくは複数人に報酬を支払うものと定義されている[49]。契約の成立については，当選確定[50]の時点で，CSと当選したCW間に契約が成立する。この場合の契約は，当事者間で特別な合意がない限り，CSが選択した成果物の著作権等すべての譲渡可能な権利の譲渡契約とされる[51]。

46　週（月曜日から始まり日曜日において終了する連続した7日間）単位での精算となり，CSとCWは，前週の日曜日までに，翌週に予定される業務時間について合意する必要があり，CSは，業務に着手開始する週の前週の日曜日までに，業務時間に応じた報酬を支払予約する必要がある。一方，CWは，時間報酬の元となる時間計測に，タイムカード（作業中のCWのコンピュータに関するスクリーンショットやマウス及びキーボード入力の回数を記録し，一定時間毎にPFに送信される。また，CSは，CWによる業務時間を確認できるようこれらの情報，又はその他タイムカードによって記録された業務状況をB社サイトで閲覧することができる。）を利用する必要があり，業務に着手した週の，翌週月曜日までに，CSに対して業務時間を報告する必要がある。CSは，CWが業務に着手した週の翌週火曜日から金曜日までに，CWが行った業務時間の報告に対して，検収・承認作業を行う。なお，CWが行った業務時間の報告に対して，一定の場合（客観的合理的にみて明らかにプロジェクトの遂行と無関係である時間）は拒否することができる。ただし，業務を行った週の合計業務時間の30％を超える時間の拒否はできない。以上のプロセスを経て，業務時間の承認後，CSは支払いを確定する。このとき，PFは，CSからPFに支払われた報酬からシステム利用手数料（報酬金額の内，20万円を超える金額に対しては，5％の利用手数料，10万円超20万円以下の金額に対しては，10％の利用手数料，10万円以下の金額に対しては，20％の利用手数料）を差し引いた金額をCWのアカウントに支払うことになる。

47　CSは，CWが業務に着手する前に，契約に基づく報酬を支払予約する必要がある。CWは，個々のプロジェクトにかかる業務終了後，CSに対し，B社所定の手続きで完了報告をし，CSは，速やかにこれを検収する必要がある。検収完了後，CSは，B社所定の手続きにより支払確定する。このとき，PFは，時間報酬の場合と同様，CSからPFに支払われた報酬からシステム利用手数料を差し引いた金額をCWのアカウントに支払うことになる。

48　この時成立する契約は，業務委託基本契約であるとされ，報酬支払いが時間報酬による場合であっても当然に適用されるものとしている。

49　CSは，仕事の募集期間開始日までに依頼金額と同額について，支払予約が必要となる。

50　CSが仕事依頼時に定める依頼終了時刻から21日以内に行う必要がある。

51　譲渡契約成立時点で，その成果物の譲渡可能なすべての権利はCWからCSに譲渡され，同

　タスク方式は，CSの仕事依頼に対して，CW１人若しくは複数人が作業を行い，CSがこれに報酬を支払うものと定義されている[52]。契約の成立については，CSがCWの行った作業の承諾をし，支払確定[53]を送信した時点で，承諾したCW間との契約が成立する。この場合の契約は，当事者間で特別の合意がない限り，CSが選択した成果物の著作権等すべての譲渡可能な権利の譲渡契約とされる[54]。

　時間報酬方式は，CSとCWの間において合意された１時間当たりの報酬単価に基づきCWが作業を行い，業務時間に対して報酬を支払うものをいうと定義されている。契約の成立については，CS又はCWのいずれかより，Ｂ社が定める所定の事項を明示し，時間報酬方式によることの申込みを行い，これに対して相手方が承諾を行うことにより，CS及びCW間による業務委託契約が成立するものとされている[55]。

　スキルパッケージは，CWがCSに対し，その経験やスキルに基づいて役務を提供し，CSがこれに報酬を支払う機能と定義されている。契約の成立については，

時点で，CWからCSに対する報酬請求権が発生する。当該譲渡契約成立により，支払予約がされていた決済が実行される。このとき，PFは，プロジェクト方式の場合同様，受領した報酬からシステム利用手数料を差し引いた金額を，CWのアカウントに支払うことになる。

52　CSは，仕事の募集期間開始日までに依頼金額と同額について，支払予約が必要となる。

53　CSは，仕事依頼時に定める依頼終了時刻かすべての作業が完了した仕事完了時刻のどちらかの早い方の時刻から21日以内に作業承諾及び支払確定を行う必要がある。

54　譲渡契約成立時点で，その成果物の譲渡可能なすべての権利はCWからCSに譲渡され，同時点で，CWからCSに対する報酬請求権が発生する。CSは，CWが行った作業に対して，依頼内容との合致や作業の有無又は個数を個々に判断して承諾作業を行う。CS側において，合理的な理由がない作業拒否，又は作業内容の品質による作業拒否，又は作業承諾確定後に作業拒否はできない。また，理由のいかんにかかわらず，作業された全体個数の30％を超える数の作業拒否は行えない。CSが支払確定を行った時点で支払う報酬の総額は，CSが仕事依頼時に定める１件の作業当たりの単価と作業承諾した数を掛け合わせた金額となる。このとき，PFは，プロジェクト方式の場合同様，受領した報酬からシステム利用手数料を差し引いた金額を，CWのアカウントに支払うことになる。

55　契約成立後，CSは，CWが業務に着手するまでに，依頼内容に応じて必要とされる報酬について，支払予約を行う必要がある。CWは，報酬の計算の元となる時間の計測には，原則としてＢ社が定める方法によるものとし，業務を遂行した場合，CSに対して計測された時間と併せて業務した内容を報告し，報酬を請求するものとされる。CSは，CWより報酬の請求を受けた場合，当該請求内容を承諾するときは支払確定を行う必要がある。当該支払確定により，支払予約が確定し決済処理が実行される。このとき，PFは，CWに対して，報酬の金額に応じて5-20％又はＢ社が別途定める料率のシステム利用手数料を差し引いた金額をCWのアカウントに支払うことになる。

CWが提示する商品に関してCSが購入を申し込み，CSが承諾した時点で，CSとCWの間において，当該商品の内容で業務委託契約が成立するものとされている[56]。

　以上，PF 2 社の利用規約を参考に，CSとCWとの契約内容について整理したが，PF 自体はあくまで契約当事者ではなく，サービス提供事業者という位置づけを明確にしており，CSとCWの間の契約関係についても，雇用（労働）契約の性質を構成するものではないとしている[57]ことがわかった。この点，A社，B社いずれの場合においても，仕事依頼ガイドラインを作成しており，雇用（労働）契約となるような仕事依頼は禁止されている。

　しかしながら，このうち，タスク形式（方式）については，短納期で，簡単なデータ入力やデータ収集といったCW側が行った単発のタスク作業がCS側に承認（承諾）されてはじめて契約が成立する性質のものであること，コンペ形式（方式）についても，比較的短納期で，ロゴやデザイン制作などCW側が作成した成果物がCS側に採用（承認）されてはじめて契約が成立する性質のものであることから雇用（労働）契約関係が認められにくい[58]のに対し，プロジェクト形式（方式）については，作業開始前に，CSとCWとの間で契約内容を確定し，双方合意のうえで着手するプロセスを経ること，比較的継続的な取引関係となることが多いこと，報酬の支払方法について時間単価（報酬）制を選択することができることなどから，雇用（労働）契約関係が成立しうるような労務提供方法[59]となっている

56　CSは商品購入時に，CWが提示する商品の金額について，後払いによる支払予約を行うものとされる。CWは，受託した業務が完了した後，遅滞なく完了報告を行うものとされ，CSは業務を確認したうえで遅滞なく支払確定を行うものとされる。また，CWがCSの購入の申込みを承諾した後，30日以内にCWによる完了報告が行われなかった場合，業務委託契約は解除され，CWがCSの購入の申込みを承諾した後，30日以内にCSによる支払確定がなされなかった場合，支払確定がなされたとみなされる。なお，CWは独立した事業者として業務を受託するものとし，CSはCWに対する指揮命令権を有してはならず，また，CSとCWの間では雇用契約又はこれと類似する契約を締結してはならないと明記されている。
57　A社及びB社の仕事依頼ガイドラインにおいて，仕事の進行方法が不適切な依頼や業務委託契約以外の仕事（主に，雇用契約となるような仕事が想定されている）依頼は禁止している。
58　なお，タスク形式（方式）においては，PFがクライアントからタスクを一括受注したうえで，当該タスク作業を細分化してCWに発注する場合もあり，その場合は，PFとCWとの関係が問題となりうる。
59　B社における時間報酬方式やスキルパッケージによる役務提供も，プロジェクト形式（方式）と同様に雇用（労働）契約関係が成立しうる可能性がある。

ことは否定できない[60]。

　このように，クラウドソーシングを活用した当事者の契約関係は，仕事の依頼形式（方式）の違いにより，その内容は多少異なるものの，上述したプロジェクト形式（方式）のように労働法の適用，言い換えれば，「労働者」性が問題となり得るような契約形式も存在していることが分かる。

1.6　クラウドワーカーの就業実態とクラウドワーカー就業者モデル

　CWの就業実態については，２つの調査結果[61]から，次の通り把握することができた。

　まず，CWの属性については，年齢層は幅広いが，30代から40代が比較的多く，男女比はほぼ同数であまり差異は見られなかった。また，専業と兼業の別では，兼業者の割合が多いことから副業として従事している者が多いと見て取れた。取引先のCSも１社が半数で，２から４社が３割強となっており，特定のCS企業との取引が行われる傾向があった。

　仕事の内容については，事務関連の割合が半数を超え最も多く，続いて専門業務関連，現場作業関連，IT関連，デザイン・映像製作関連，生活関連サービス，理容・美容の順となっていた。

　契約内容の決定パターンについては，CW側が一方的に決定した，あるいは，双方協議のうえ決定したとする割合が，３割程度，取引先が一方的に決定したとする割合が，２割強程度となっている一方，第三者[62]の定めるルールに沿って決定したとする割合が３割弱あり特徴的といえる。

　仕事依頼の諾否については，問題なく断ることができるとする割合が５割程度，そのような依頼自体がないという割合も３割程度あり，比較的自由に仕事を受けることができる傾向にあった。

　仕事の進め方については，１人ですべての作業を実施している割合が高く，進

60　毛塚勝利「クラウドワークの労働法上の検討課題」季刊労働法259号61頁以下（2017）においても同様に指摘されている。

61　公益財団法人連合総合生活開発研究所「『曖昧な雇用関係』の実態と課題に関する調査研究報告書」［連合総研調査］（https://www.rengo-soken.or.jp/work/201712-01.pdf［2019.11.30]），JILPT調査・前掲注(18)。

62　ここでいう第三者とは，クラウドソーシングの会社や仲介会社を指す。

捗報告なども求められないことが多く，概ね自身の裁量で進めることができる傾向にあった。

作業内容・範囲の指示の頻度については，指示は受けていたとする割合は46％，受けていないとする割合は54％となっており，あまり顕著な差異は見られなかったが，約半数は作業内容・範囲の指示を受けていることが分かった。また，作業内容については，ほかの人でもできるようなものが多いことが分かった。

作業を行う日・時間に関する指示については，受けていないとする割合が7割を超えているが，作業を行う場所に関する指示については，受けていなかったとする割合が8割を超えており，作業に必要な一定の指示は見られる傾向があるが，時間的・場所的な拘束を伴う指示は低いことが分かった。

1か月の平均作業日数や1週間の平均作業時間については，作業日数は，2週間以内が全体の7割となっており，作業時間は，週10時間未満が全体の6割弱となっており，短い傾向があった。

年間の総報酬額については，50万円未満が全体の8割を超え，200万円未満の割合は，9割超となっており，CWの報酬額は総じて低いことが分かった。また，報酬の決定方法については，業務（仕事）の質や納品の量，業務から得られた売上の割合が多いが，業務に要した時間に応じて決定されている場合も一定程度見られた。報酬の形態も，出来高・歩合給が6割と多く，時給は1割強となっていた。

以上，2つの実態調査からCWの就業実態を大まかに把握することはできたが，これらのみからは個別具体的な就業者像まで捉えることはできなかった。

しかしながら，本稿でCWの「労働者」性を検討するにあたっては，少なくとも現行の「労働者」性の判断基準・判断要素との比較をする必要性があり，そのためには，個別具体的な就業者モデルを仮定しておくことが有益であると考えられる。

そこで，本稿では，次の要素に基づき，3つのクラウドワーカー就業者モデル（以下，「CW就業者モデル」という。）[63]を仮定することとした。すなわち，(1)年齢，

63　CW就業者モデルの仮定にあたっては，前掲注(29)11頁以下における，フリーランスの分類を参考にしている。同調査では，フリーランスの種類を，副業系すきまワーカー，複業系パラレルワーカー，自由業系フリーワーカー，自営業系独立オーナーの4種類に分類している。

⑵性別，⑶未既婚状況，⑷本人の就業状況，⑸世帯構成，⑹主たる生計者，⑺
PFの登録社数，⑻CWとしての就業年数，⑼PFに登録した動機，⑽就業状況（１
日・１週当たり），⑾主な受注形式，⑿ある１か月の報酬総額（作業内訳含む），
⒀年間収入見込額である。これらの要素に基づくCW就業者モデルがCSとの契約
関係に入った場合を具体的な検討対象とする。なお，本来であれば，類似の裁判
例があればそれとの比較が望ましいものといえるが，在宅就業者などCWに類似
する就業者の「労働者」性が争われた裁判例の素材に乏しいことから，本稿では，
前述の実態調査等を踏まえ，CW就業者モデルを仮定することとした。また，
CW就業者モデルを以下の３つとした理由は，前述の通り，仕事の類型がマイク
ロタスク型，コンペティション型，プロジェクト型に分かれていることから議論
を単純化するためである。

　⒜CW就業者モデルA（雇用なし／すきまCW）
　　年齢：30代後半，性別：女性，未既婚状況：既婚，本人の就業状況：専業主
　婦，世帯構成：配偶者と子１人（３歳），主たる生計者：配偶者，PFへの登録
　社数：１社，CWとしての就業年数：１年未満，PFに登録した動機：子育ての
　合間のスキマ時間でも収入を得られそうだったこと，何かしらの仕事を通じて
　社会との接点を持ちたかったことから，就業状況：１日１時間から２時間程度，
　１週10時間程度，主な受注形式：タスク型，ある１か月の報酬総額：10,000円，
　システム利用料：2,000円（報酬の20％），手取りの収入額：8,000円，作業内訳
　は次の通り。
　・アンケートへの回答　報酬総額：3,000円
　　作業時間：１分～10分程度／件，報酬単価：５円～100円／件，
　　作業件数：40件
　・レビュー，体験談・感想記事投稿　報酬総額：7,000円
　　作業時間：10分～２時間／件，報酬単価：50円～500円／件，
　　作業件数：30件
　　年間収入見込額は，10万円程度。
　⒝CW就業者モデルB（雇用あり／副業CW）
　　年齢：30代前半，性別：女性，未既婚状況：未婚，本人の就業状況：兼業
　CW，世帯構成：本人のみ，主たる生計者：本人，PFへの登録者数：１社，

CWとしての就業年数：2年，PFに登録した動機：本業でWeb・グラフィック デザイナーをしているが，今後独立も検討しており，開業するよりも敷居が低 く，実績を積むうえで手軽に始められること，就業状況：1日3時間から4時 間程度，月5日から6日程度，主な受注形式：コンペ形式，ある1か月の報酬 総額：50,000円，システム利用料：10,000円（報酬の20％），手取りの収入額： 40,000円，作業内訳は次の通り。

・会社のロゴデザイン依頼　報酬総額：30,000円

・名刺デザイン依頼　報酬総額：20,000円

　年収見込額は，60万円程度。

(c)CW就業者モデルC（雇用なし／専業CW）

　年齢：40代前半，性別：男性，未既婚状況：未婚，本人の就業状況：専業 CW，世帯構成：本人のみ，主たる生計者：本人，PFへの登録者数：2社， CWとしての就業年数：5年，PFに登録した動機：時間や場所に縛られず，自 由に働きたかったこと，自身のスキル・実績を不特定多数のクライアントに 手っ取り早く理解してもらうのに適したものだと考えたことから，就業状況： 1日8時間，週24時間から40時間程度，主な受注形式：プロジェクト形式，あ る1か月の報酬総額：400,000円，システム利用料：40,000円（10万円以下の金 額に対して20％，10万円超20万円以下の金額に対して10％，20万円を超える金 額部分については5％），手取りの収入額：360,000円，作業内訳は次の通り。

・タブレット学習のためのWebアプリ開発（作業期間2か月程度）

　年収見込額は，400万円程度。

以上，3つのCW就業者モデルを仮定し，CWの「労働者」性について検討を 行うこととする。

1.7　小括

　本章では，クラウドソーシングの現状とCWの就業実態を把握したうえで，そ の「労働者」性を検討するにあたり，CW就業者モデルを仮定した。以下，各節 で検討した内容を要約し，整理しておくこととする。

　1.1では，クラウドソーシングの概念について概観し，本稿で扱うクラウドソー シングに関連する用語の定義を確認した。そして，本稿では，クラウドソーシン

グを，「インターネット上の不特定多数の人々＝クラウド（群衆を表す「crowd」）に仕事を発注することにより，自社で不足する経営資源を補うことができる人材調達の仕組みの一種」と捉えることとしたうえで，これらの仕組みのもとで，仕事を発注する者は「クラウドソーサー（CS）」，それを受注する者は「クラウドワーカー（CW）」と呼び，両者を仲介するクラウドソーシング（プラットフォーム）事業者を「プラットフォーマー（PF）」と呼ぶこととした。

　1.2では，クラウドソーシングの現状について確認した。その結果，クラウドソーシング市場は拡大傾向にあり，CWの就業者数も今後増加することが予想されることが分かった。

　1.3, 1.4では，クラウドソーシングの仕組みと類型について整理した。その結果，クラウドソーシングでは，PFが，CWにとって働きやすい環境を整備するためインターネット上で取引がすべて完結できる仕組みを提供しており，特に，報酬支払いについては，CSがPFに事前に仮払いをすることで報酬支払いの保証を担保する仕組みに特徴があることが分かった。また，仕事の発注方式により，「プロジェクト型」，「コンペティション型」，「マイクロタスク型」の3類型に大きく整理されることが分かった。

　1.5では，クラウドソーシングを活用した場合における当事者の契約関係について，PF 2社の利用規約を参考に整理した。その結果，クラウドソーシングを活用した当事者の契約関係の中には，「労働者」性が問題となり得るような契約形式も一定程度存在していることが分かった。

　1.6では，1.5の調査結果から，CWの大まかな就業実態について把握することはできたが，個別具体的な就業者像まで把握することまではできなかった。しかし，CWの「労働者」性を検討するにあたっては，少なくとも現行の「労働者」性の判断基準・判断要素との比較が必要であるところ，CWの「労働者」性が争われた裁判例の素材に乏しいことから，本稿では，仕事の類型別に3つのCW就業者モデルを仮定することとした。

　以上，本章では，これら3つのCW就業者モデルがCSとの契約関係に入った場合を具体的な検討対象とし，CWの「労働者」性について検討を行うことを確認した。

第2章 「労働者」概念をめぐる裁判例・学説の状況について

本章では，CWの「労働者」性について検討を行うにあたり，主として個別的労働関係法における「労働者」の定義規定および行政実務上の判断基準を確認したうえで，近時の「労働者」概念をめぐる裁判例や学説の状況について整理することを通じて，CWの「労働者」性を検討するための視座を得ることを目的とする。

2.1 「労働者」概念をめぐる問題の諸相

「労働者」の概念は，労働法の適用対象を画定するうえで極めて重要な概念の1つである。労働法は，これまで同法の適用対象を画するにあたっては，「労働者」か「非労働者」かを二分法的に判断してきた。そこで，労働者でないと判断されることは，労働法的な保護が一切受けられないことを意味する。筆者自身も，このような二分法的なアプローチに対しては，「労働者」と「非労働者」との間における法的保護の著しい不均衡を生じさせるものであり是正されるべきであると考えている。しかし，その「労働者」概念をめぐっては，学説上も様々な議論が展開されており，近年では，産業構造の変化などに伴う就業形態の多様化により，従来の使用従属関係を基底とした「労働者」の判断枠組みに明確には当てはまらないような限界的事例が多く出現するようになってきた。CWもそのような限界的事例の1つといえ，こうした「労働者」と「非労働者」との中間形態に位置する就業者への法的対応が労働法上の重要な課題となっている。

このように，労働法上の「労働者」概念の意義は，その適用対象を画定する概念であるところに認められるものの，適用される法規の違いにより，大きく3つに分けられる[64]。すなわち，労働基準法（以下「労基法」という。）の「労働者」，労働契約法（以下「労契法」という。）の「労働者」，労働組合法（以下「労組法」という。）の「労働者」である。

労基法上の「労働者」は，同法第9条で「職業の種類を問わず，事業又は事務所（以下「事業」という。）に使用される者で，賃金を支払われる者」と定義さ

64　水町・前掲注(2)24頁以下。

れている。これは，労基法及びそれを基礎とした労働関係法規（労災保険法[65]，最低賃金法，じん肺法，労働施策総合推進法，労働安全衛生法，雇用保険法[66]，賃金支払確保法，男女雇用機会均等法，労働者派遣法，高年齢者雇用安定法，障害者雇用推進法，育児・介護休業法，パートタイム・有期雇用労働法，労働契約承継法など）の適用対象を画定する概念としての意義を持つ[67]。本条にいう「労働者」にあたるか否かは，事業に「使用され」，「賃金」を支払われる者か否かによって判断されることになるが，ここでいう「使用される」とは，使用者の指揮監督の下に労働すること，「賃金」とは，労働の対償として使用者が支払う報酬（同法第11条）を指す。

　労契法上の「労働者」は，同法第2条1項で，「使用者に使用されて労働し，賃金を支払われる者をいう。」と定義されている。この文言からも明らかなように，「使用され」，「賃金」を支払われる者という文言については，労基法の「労働者」の定義と同一と解される[68]。ただし，労基法上の「労働者」とは異なり，「事業」に使用されることは求められていないため，業として継続的に行われている「事業」でなくとも，「使用」性と「賃金」性が認められれば，労契法上の「労働者」に該当しうる[69]。また，労基法は，最低労働基準を，罰則をもって担保するものだが，労契法は，労働契約に関する民事的ルールを明らかにしているものであり，その締結当事者である労働者及び使用者の合理的な行動による円滑な労働条件の決定又は変更を促すものとされる。したがって，労働基準監督官による監督指導又は罰則による履行確保は行われないところに特徴がある。なお，労契法は，2007年に制定されたもので，それまで判例によって確立された法理（解雇権濫用法理，採用内定法理，配転・出向法理，懲戒権濫用法理，雇止め法理など）の一部を法律として明文化したものである。

　一方，労組法上の「労働者」は，同法第3条で，「職業の種類を問わず，賃金，

65　明文の規定はないが，労基法の労働者と一致するとされている（横浜南労基署長（旭紙業）事件・最一小判平8・11・28判タ927号85頁）。
66　東京高判昭59・2・29労民集35巻1号15頁。
67　水町・前掲注(2)31頁以下。
68　菅野・前掲注(1)174頁，水町・前掲注(2)31頁，荒木・前掲注(2)53頁，野川・前掲注(2)157頁，土田道夫『労働契約法〔第2版〕』52-53頁（有斐閣，2016）。
69　水町・前掲注(2)66頁以下。

給料その他これに準ずる収入によって生活する者をいう。」と定義されている。これは，団体交渉を中心とする集団的労使関係法を基礎づける概念として，憲法第28条の「勤労者」，および，労働関係調整法上の「労働者」とも，同一の射程を持つ概念と解される[70]。

　労基法上の「労働者」の概念と異なる点としては，第1に，使用者に使用されていることが問われていないこと，第2に，賃金について労務対償性が必ずしも厳密な意味で必要とされないことが挙げられる。これは，自らの指揮監督下に置く者に対して社会的公序に反する行為をすることを禁止し最低労働条件を保障しようとする労基法と，経済的に劣位に置かれる者に団結活動や団体交渉を行うことを認めてその地位を引き上げ労働条件の対等決定を促そうとする労組法の趣旨・性質の違いからくるものであり，労組法では，その前提として，広い意味での経済的従属性の存在が求められ，労基法のような使用従属性（指揮監督下での労働）は要求されていないものと理解されうる[71]。このような趣旨から，労組法上の労働者には，その時点では働いていない失業者も含まれると解釈され，労基法上の労働者性よりも広い概念として捉えられている[72]。

　このように，適用される法規によって「労働者」概念は異なっていることが分かるが，少なくとも現在は，労基法をはじめとする個別的労働関係法と労組法をはじめとする集団的労使関係法における「労働者」概念は相対的に異なっていると把握されるのが一般的となっている[73]。

　しかしながら，本稿は，CWの「労働者」性を検討するものであり，そこではCSとCWとの個別契約関係の一方当事者であるCWが労働法上の「労働者」に該当するか否かについて検討することを念頭に置いている。

　したがって，本章では，個別的労働関係法，中でも労基法と労契法（以下では，これらを総称して「個別労働法」という。）に焦点を当てて整理することとする。そして，CWのように「労働者」と「非労働者」との中間形態に位置する就業者への法的対応の在り方について，近時の裁判例や学説の状況を概観することで検

70　水町・前掲注(2)55頁。

71　水町・前掲注(2)56頁。

72　菅野・前掲注(1)829-831頁，水町・前掲注(2)56頁。

73　国・中労委（新国立劇場運営財団）事件・最三小判平23・4・12民集65巻3号943頁，国・中労委（INAXメンテナンス）事件・最三小判平23・4・12労判1026号27頁。

討の視座を得ることとしたい。

2.2 「労働者」性の判断基準・判断要素

　前節の通り，労基法上の「労働者」か否かの判断は，事業に「使用され」（＝指揮監督下の労働），「賃金」（＝労務に対する対償として使用者が支払う報酬）を支払われる者か否かの2つの基準によって判断されることになる。一般に，この2つの基準を総称して「使用従属性」と呼んでいる。

　しかしながら，実際には，指揮監督の程度や態様，報酬の性格なども不明確なことが多く，これら2つの基準のみでは，「労働者」性を判断することが困難な場合が少なくない。そこで，1985年，当時の労働大臣の私的諮問機関である労働基準法研究会により，それまで蓄積された多数の裁判例を整理・分析した結果として，「労働基準法研究会報告（労働基準法の「労働者」の判断基準について）」（昭和60年12月19日，以下「労基研報告」という。）が取りまとめられた。これが，その後の「労働者」性判断の在り方に大きな影響を与えている。

　以下では，労基研報告に挙げられている考慮要素について掲げる。

　まず，「労働者」性の判断にあたっては，雇用契約，請負契約といった形式的な契約形式のいかんにかかわらず，実質的な使用従属性を，労務提供の形態や報酬の労務対償性及びこれらに関連する諸要素をも勘案して総合的に判断する必要がある。そのうえで，次のように考えるべきとしている。

1）「使用従属性」に関する判断基準

i）「指揮監督下の労働」に関する基準

イ．仕事の依頼，業務従事の指示等に対する諾否の自由の有無

　これらに対して，諾否の自由を有していれば，他人に従属して労務を提供するとはいえず，指揮監督関係を否定する重要な要素となる。

　これに対して，諾否の自由を有していなければ，一応，指揮監督関係を推認させる重要な要素となる。なお，当事者間の契約によっては，一定の包括的な仕事の依頼を受諾した以上，当該包括的な仕事の一部である個々の具体的な仕事の依頼については拒否する自由が当然制限される場合があり，また，専属下請のように事実上，仕事の依頼を拒否することができないという場合もあり，このような場合には，直ちに指揮監督関係を肯定することはできず，契約内容

等も勘案する必要があると指摘されている。

ロ．業務遂行上の指揮監督の有無

（イ）業務の内容及び遂行方法に対する指揮命令の有無

　　業務の内容及び遂行方法について「使用者」の具体的な指揮命令を受けて　いることは，指揮監督関係の基本的かつ重要な要素である。しかしながら，　この点も指揮命令の程度が問題であり，通常注文者が行う程度の指示等に止　まる場合には，指揮監督を受けているとはいえない。なお，管弦楽団，バン　ドマンの場合のように，業務の性質上，放送局等「使用者」の具体的な指揮　命令になじまない業務については，それらの者が放送事業等当該事業の遂行　上不可欠なものとして事業組織に組み入れられている点をもって，「使用者」　の一般的な指揮監督を受けていると判断する裁判例があり，参考にすべきと　している。

（ロ）その他

　　「使用者」の命令，依頼等により通常予定されている業務以外の業務に従　事することがある場合には，「使用者」の一般的な指揮監督を受けていると　の判断を補強する重要な要素となるとしている。

ハ．拘束性の有無

　勤務場所及び勤務時間が指定され，管理されていることは，一般的には，指　揮監督関係の基本的な要素であるが，業務の性質上，安全を確保する必要上等　から必然的に勤務場所及び勤務時間が指定される場合があり，当該指定が業務　の性質等によるものか，業務の遂行を指揮命令する必要によるものかを見極め　る必要があるとしている。

ニ．代替性の有無 ―指揮監督関係の判断を補強する要素―

　本人に代わって他の者が労務を提供することが認められているか否か，ま　た，本人が自らの判断によって補助者を使うことが認められているか否か等労　務提供に代替性が認められているか否かは，指揮監督関係そのものに関する基　本的な判断基準ではないが，労務提供の代替性が認められている場合には，指　揮監督関係を否定する要素の１つになるとしている。

ⅱ）報酬の労務対償性に関する判断基準

　労基法第11条は，「賃金とは，賃金，給料，手当，賞与その他名称の如何を問

わず，労働の対償として使用者が労働者に支払うすべてのものをいう。」と規定
している。すなわち，使用者が労働者に対して支払うものであって，労働の対償
であれば，名称の如何を問わず「賃金」である。この場合の「労働の対償」とは，
結局「労働者が使用者の指揮監督の下で行う労働に対して支払うもの」というべ
きものであるから，報酬が「賃金」であるか否かによって逆に「使用従属性」を
判断することはできない。

　もっとも，報酬が時間給を基礎として計算される等労働の結果による較差が少
ない，欠勤した場合には応分の報酬が控除され，いわゆる残業をした場合には通
常の報酬とは別の手当が支給される等報酬の性格が使用者の指揮監督の下に一定
時間労務を提供していることへの対価と判断される場合には，「使用従属性」を
補強することになるとしている。

2）「労働者」性の判断を補強する要素

　前述の通り，「労働者」性が問題となる限界的事例については，「使用従属性」
の判断が困難な場合があり，その場合には，以下の要素をも勘案して，総合判断
する必要がある。

ｉ）事業者性の有無

　労働者は機械，器具，原材料等の生産手段を有しないのが通例であるが，最近
における備車運転手のように，相当高価なトラック等を所有して労務を提供する
例がある。このような事例については，前記１）の基準のみをもって「労働者」
性を判断することが適当でなく，その者の「事業者性」の有無を併せて，総合判
断することが適当な場合もある。

イ．機械，器具の負担関係

　本人が所有する機械，器具が安価な場合には問題ないが，著しく高価な場合
には自らの計算と危険負担に基づいて事業経営を行う「事業者」としての性格
が強く，「労働者」性を弱める要素となるものと考えられる。

ロ．報酬の額

　報酬の額が当該企業において同様の業務に従事している正規従業員に比して
著しく高額である場合には，一般的には，当該報酬は，労務提供に対する賃金
ではなく，自らの計算と危険負担に基づいて事業経営を行う「事業者」に対す
る代金の支払いと認められ，その結果，「労働者」性を弱める要素となるもの

と考えられる。

ハ．その他

　以上のほか，裁判例においては，業務遂行上の損害に対する責任を負う，独自の称号使用が認められている等の点を「事業者」としての性格を補強する要素としているものがあるとする。

ⅱ）専属性の程度

　特定の企業に対する専属性の有無は，直接に「使用従属性」の有無を左右するものではなく，特に専属性がないことをもって労働者性を弱めることとはならないが，「労働者」性の有無に関する判断を補強する要素の1つと考えられるとしている。

　そのうえで，イ）他社の業務に従事することが制度上制約され，また，時間的余裕がなく事実上困難である場合には，専属性の程度が高く，いわゆる経済的に当該企業に従事していると考えられ，「労働者」性を補強する要素の1つと考えて差し支えないとし，ロ）報酬に固定部分がある，業務の配分等に事実上固定給となっている，その額も生計を維持しうる程度のものである等報酬に生活保障的な要素が強いと認められる場合には，「労働者」性を補強するものと考えて差し支えないとしている。

ⅲ）その他

　以上のほか，裁判例においては，①採用，委託等の際の選考過程が正規従業員の採用の場合とほとんど同様であること，②報酬について給与所得としての源泉徴収を行っていること，③労働保険の適用対象としていること，④服務規律を適用していること，⑤退職金制度，福利厚生を適用していること等「使用者」がその者を自らの労働者と認識していると推認される点を，「労働者」性を肯定する判断の補強事由とするものがあるとする。

　以上のように，労基研報告においては，「使用従属性」の判断基準に沿い「労働者」性の有無が判断されることになるが，限界的事例においては，「労働者」性の判断を補強する要素（事業者性の有無，専属性の程度など）を含め，総合的に考慮されることになる。

2.3 「労働者」の解釈をめぐるわが国の裁判例の状況

前節では，労基法上の「労働者」性の判断基準・判断要素について，労基研報告を参考に整理した。本節では，個別的労働関係における「労働者」性の判断の具体的な在り方について，近時の裁判例をもとに概観することを目的とする。なお，「労働者」性が争われる事例の類型については，様々な検討がなされている[74]が，CWの「労働者」性が争われた事例は存在しない。しかしながら，CWの就業実態に照らすと，形式的には業務委託契約等の雇用（労働）契約以外の契約に基づき労務を提供する，いわゆる，個人請負・委託就業者と位置づけられることから，本節では，個人請負・委託就業者を1つの類型として整理する。

1) 最高裁判決

個人請負・委託就業者の事案における最高裁判決としては，傭車運転手の労災保険法上の「労働者」性が争われた横浜南労基署長（旭紙業）事件[75]，一人親方の労災保険法上の労働者性が争われた藤沢労基署長（大工負傷）事件[76]がある。

まず，横浜南労基署長（旭紙業）事件においては，特定の会社の製品の運送業務に従事していた傭車運転手が，自己の危険と計算の下に運送業務に従事していたとしたうえで，相手方が，運送という業務の性質上当然に必要とされる運送物品，運送先及び納入時刻の指示をしていた以外には特段の指揮監督を行っていたとはいえず，時間的，場所的な拘束の程度も，一般の従業員と比較してはるかに緩やかであり，相手方の指揮監督の下での労務を提供していたと評価するには足りず，また，報酬の支払方法，公租公課の負担等についてみても，労働者に該当すると解するのを相当とする事情はないとした。他方で，当該運転手が，専属的に相手方の運送業務に携わり，運送係の指示を拒否する自由がなく，毎日の始業時刻及び終業時刻は，運送係の指示内容のいかんによって事実上決定され，運賃が，トラック協会が定める運賃表による運賃額より低い額とされていたことなど

---

74 東京大学労働法研究会編『注釈労働基準法（上巻）』139頁以下［橋本陽子］（有斐閣，2003），菅野和夫＝安西愈＝野川忍編『論点体系・判例労働法I』5頁以下［川田琢之］（第一法規，2015），菅野・前掲注(1)178頁以下，水町・前掲注(2)40頁以下，野川・前掲注(2)161頁以下等。

75 最一小判平8・11・28・前掲注(65)。

76 藤沢労基署長（大工負傷）事件・最一小判平19・6・28労判940号11頁。

の事実関係を考慮しても，労基法（労災保険法）上の労働者には該当しないとして「労働者」性を否定した。

　次に，藤沢労基署長（大工負傷）事件においては，上告人は，相手方からの求めに応じて工事に従事していたものであるが，仕事の内容について，①相手方から寸法，仕様等につきある程度細かな指示を受けていたものの，具体的な工法や作業手順の指定を受けることなく，それらを自分の判断で選択できたこと，②作業の安全確保や近隣住民に対する騒音，振動等への配慮から所定の作業時間に従って作業することが求められていたものの，事前に相手方の現場監督に連絡すれば，工期に遅れない限り，仕事を休んだり，所定の時刻より後に作業を開始したり所定の時間前に作業を切り上げたりすることも自由であったこと，③上告人は，相手方以外の仕事はしていなかったが，相手方は上告人に対し，他の工務店等の仕事をすることを禁じていたわけではなかったこと，④報酬の取り決めは，完全な出来高払い方式が中心とされ，その報酬額は，相手方従業員の給与よりも相当高額であったこと，⑤上告人は，一般に必要な大工工具一式を自ら所有していたこと，⑥相手方の就業規則等の適用を受けず，労働保険や社会保険の被保険者ともなっておらず，報酬について給与等として所得税の源泉徴収をする取扱いもしていなかったこと，などの事実関係を踏まえ，上告人は，相手方の指揮監督の下に労務を提供していたものと評価することはできず，支払われた報酬も仕事の完成に対して支払われたものであって，労務の提供の対価として支払われたものとみることは困難であり，上告人の自己所有の道具の持ち込み状況，専属性の程度に照らしても，労基法（労災保険法）上の労働者には該当しないとして「労働者」性を否定した。

　いずれも一般論を述べたものではなく事例判断となっているが，共通しているのは，「指揮監督の下」で労務を提供していたと評価できるかが「労働者」性の肯定又は否定の判断に結び付いていることである。また，最高裁は「使用従属性」という用語は用いていないものの，基本的な判断枠組みとしては，労基法第9条における「使用される」ことを「指揮監督の下」での労務の提供と解して，関連する諸要素を総合的に考慮しており，この点は，労基研報告と同様の立場をとっているものと考えられる。

2）下級審裁判例の傾向

　また，個人請負・委託就業者における近時の下級審裁判例としては様々蓄積されてきているが，「労働者」性が肯定された事例としては，①チボリ・ジャパン事件（岡山地判平13・5・16労判821号54頁），②新宿労基署長（映画撮影技師）事件（東京高判平14・7・11労判832号13頁），③アサヒ急配事件（大阪地判平18・10・12労判928号24頁），④国・千葉労基署長（県民共済生協普及員）事件（東京地判平20・2・28労判962号24頁），⑤ジョブアクセスほか事件（東京高判平22・12・15労判1019号5頁），⑥J社ほか1社事件（東京地判平25・3・8労判1075号77頁），⑦東陽ガス事件（東京地判平25・10・24労判1084号5頁），⑧株式会社MID事件（大阪地判平25・10・25労判1087号44頁），⑨名古屋高判平26・5・29（Westlaw Japan文献番号2014WLJPCA05299008），⑩NHK神戸放送局事件（神戸地判平26・6・5労判1098号5頁），⑪大阪地判平28・2・4（Westlaw Japan文献番号2016WLJPCA02048001），⑫元アイドルほか（グループB）事件（東京地判平28・7・7労判1148号69頁），⑬大阪地判平29・3・7（Westlaw Japan文献番号2017WLJPCA03078001）などがある。

　一方，「労働者」性が否定された事例としては，⑭太平洋証券事件（大阪地決平7・6・19労判682号72頁），⑮NHK西東京営業センター事件（東京高判平15・8・27労判868号75頁），⑯NHK盛岡放送局（受信料集金等受託者）事件（仙台高判平16・9・29労判881号15頁），⑰ブレックス・ブレッディ事件（大阪地判平18・8・31労判925号66頁），⑱朝日新聞社事件（東京高判平19・11・29労判951号31頁），⑲磐田労基署長事件（東京高判平19・11・7労判955号32頁），⑳ソクハイ事件（東京地判平22・4・28労判1010号25頁），㉑日本相撲協会事件（東京地判平25・3・25労判1079号152頁），㉒ソクハイ（契約更新拒絶）事件（東京高判平26・5・21労判1123号83頁），㉓リバース東京事件（東京地判平27・1・16労経速2237号11頁），㉔NHK神戸放送局事件（大阪高判平27・9・11労判1130号22頁），㉕Mコーポレーション事件（東京地判平27・11・5労判1134号76頁），㉖元アイドルほか事件（東京地判平28・1・18労判1139号82頁），㉗NHK堺営業センター事件（大阪高判平28・7・29労判1154号67頁），㉘国・川越労基署長（C工務店）事件（大阪地判平28・11・21労判1157号50頁），㉙セブン-イレブン・ジャパン（共同加盟店主）事件（東京地判平30・11・21労判1204号83頁）などがある。

　これら下級審の判断において，「労働者」性を検討するにあたりその多くは，労基法第9条の「労働者」の定義から，同法にいう「労働者」を「使用者との使用従属関係の下に労務を提供し，その対価として使用者から賃金の支払いを受ける者」と解したうえで，同法上の「労働者」に当たるか否かは，雇用，請負等の法形式にかかわらず，その実態が使用従属関係の下における労務の提供と評価するにふさわしいものであるかどうかによって判断すべきとしている（②，④，⑨，⑩，⑲，⑳，㉔，㉘）。また，労契法上の「労働者」性（労契法第2条1項）が争点となった事案においては，基本的には労基法上の「労働者」と同一と解する立場をとっている（⑩，㉒，㉕，㉗，㉙）[77]。そして，実際の使用従属関係の有無の判断にあたっては，前記2.2で挙げた労基研報告における判断基準，判断要素を引用したり（④，⑩，⑲，㉔），その一部を考慮したり（②，③，⑨，⑫，⑬，⑳，⑰，㉒，㉓，㉕，㉗，㉘，㉙）したうえで具体的に検討している事案が多くみられる。なお，契約の法的性質（具体的には「雇用（労働）契約」性）が争点となった事案においても，労基研報告における判断基準，判断要素にみられる考慮要素をもとに検討が行われているものが多い（①，⑤，⑥，⑦，⑧，⑪，⑭，⑮，⑯，⑱，㉑，㉖）。

　さらに，上記下級審裁判例について類型別にみると，専門的職業従事者［芸能関係者，プロスポーツ選手，新聞記者，セラピストなど］（①，②，⑥，⑫，⑱，⑲，㉑，㉓，㉖），個人事業主に類似する者［運送・配送等の個人請負業者，一人親方，フランチャイズ店長など］（③，⑦，⑧，⑨，⑪，⑬，⑰，⑳，㉒，㉕，㉘，㉙），外勤従事者［集金人，外務員，調査員など］（④，⑤，⑩，⑭，⑮，⑯，㉔，㉗）に大まかに分けられるところ，いずれの場合もその判断の中核は，「使用従属関係の有無」とりわけ「指揮監督下の労働」といえるか否かという点に概ね集約されているといえる。

　しかし，その具体的な判断や結論は事案ごとに異なっており，同じ職種においても第一審と控訴審で結論が分かれているものもある（例えば，⑩［肯定］と㉔［否定］や㉗の第一審［肯定］と控訴審［否定］）。この場合において，「労働者」

77　もっとも，裁判例⑩においては，仮に，労契法上の労働者の方が労基法上の労働者よりも広いと解するとしても，少なくとも労基法上の労働者に該当すると認められる場合には，当然に労契法上の労働者に含まれることになると補足している。

性あるいは「労働契約」性が肯定されるか否定されるかの判断が分かれたのは，事実認定に対する裁判官の評価の違いによるところが大きいように思われる。もっとも，どこまでの指示や拘束が認められれば「指揮監督下」にあったと評価されるのか，その境界線を明確に引くことは非常に困難といえる[78]。

　例えば，前述の労基研報告においては，「仕事の依頼，業務従事の指示等に対する諾否の自由の有無」の判断にあたり，当事者間の契約によっては，一定の包括的な仕事の依頼を受諾した以上，当該包括的な仕事の一部である個々の具体的な仕事の依頼については拒否する自由が当然制限される場合があり，このような場合には，直ちに指揮監督関係を肯定することはできず，契約内容等も勘案する必要があるとしている[79]。

　また，「業務遂行上の指揮監督の有無」の判断にあたっては，指揮命令の程度が通常注文者が行う程度の指示等に止まる場合には，指揮監督を受けているとはいえず[80]，さらに，「拘束性の有無」の判断にあたっては，勤務場所及び勤務時間の指定が業務の性質上，安全を確保する必要上等から必然的に行われる場合があり，業務の遂行を指揮命令する必要によるものか否かを見極める必要があるとしている[81]。

　結局のところ，「指揮監督下の労働」といえるか否かの判断は，事案ごとにケース・バイ・ケースとならざるを得ないところがあるといえる[82]。

78　東京大学労働法研究会編・前掲注(74)147頁以下［橋本］。

79　この点，上記裁判例㉔，㉗においては，被告の具体的な仕事の依頼，業務従事地域の指示等は，委託業務を包括的に受託したことによるものであり，これをもって直ちに指揮監督関係を肯定することはできないとしている。

80　この点，上記裁判例②においては，指揮監督関係を否定する要素として，被控訴人は，監督の指示は「注文者」が行う程度の指示であったと主張したが，これを退けている。また，④においても，被告は，県民共済の普及員に対する指示の内容は，通常注文者が行う程度の指示等にとどまると主張したが，これを退けている。

81　この点，上記裁判例㉒においては，メッセンジャーの時間的場所的拘束性は，業務の性質によるところが大きく，使用従属性といった観点からすれば強い拘束性があるとは評価できないとしている。

82　白石哲編『労働関係訴訟の実務〔第2版〕』8頁［光岡弘志］（商事法務研究会，2018）においても，裁判実務上用いられている労働者性判断における考慮要素は，労基研報告の内容を基本として多岐にわたるものとなっており，その判断過程においてそれら考慮要素をどのように位置付け，どの点に重点を置き，どのように評価するかといった問題については，具体的事案に応じ，裁判例ごとに異なっていることから，結局は，個別具体的な事案に応じて重要となる

　そのような中，近時の下級審裁判例の中においては，次のような特徴がみられるものがある[83]。

i）経済的従属性に着目するもの

　原告と被告との間で締結された専属芸術家契約の法的性質が労働契約か準委任契約かが争われた上記裁判例⑥では，報酬の決定権限（被告が１年ごとに，原告の業績，知名度，稼働年数等を斟酌して変更することができるといった規定内容）は専ら被告にあり，原告が，被告を介することなく芸能活動を行なうことについては厳しい制約を受ける旨の契約内容に照らして，原告の被告に対する経済的従属性は極めて強いというべきであると判示し，結論として，労働契約としての法的性質が認められ，原告の「労働者」性が肯定されている。

　一方，NHKの受信料集金等受託者の労働契約性の有無が争われた上記裁判例⑯では，控訴人らが，同受託者の準労働者（「契約労働者」）性の有無についても争点とし，経済的従属性を重視する考え方を主張したが，裁判所は，経済的従属性を基礎づける要素も，必ずしも十分に認められるわけではないと判示している。また，控訴人らが主張する契約労働者性の基準等も曖昧であって，現行法の解釈論としては採用し難いとし，結論として，これを否定している。

　なお，上記裁判例と対象となる法規は異なるが，A会社との間で専門職スタッフ委任契約を締結し，同社で保給確認に従事していた控訴人らが，公共職業安定所長に対し，雇用保険法第８条に基づく確認請求を行ったところ，これを却下されたことに伴い，同控訴人が，本件処分の取消を求めた事案[84]がある。本件訴訟では，控訴人らが，雇用保険法第４条１項所定の労働者に該当するかが争いとなり，裁判所は，雇用保険法の趣旨（第１条）に立ち返った解釈を行い，次のように一般論を示している。すなわち，「雇用保険法は，事業主に対して自らの労務（労働力）を提供してその対価を得ることによって生計を維持する者が，労務提供の場，すなわち，職を失った場合を中心に，生活保護法と異なり，職を失った者の資力の多寡を問わず，新たな職に就くまでの生計の維持，新たな職に就くた

考慮要素を抽出したうえで，それらを総合考慮して労働者性を判断するほかないと指摘している。
83　近時の裁判例の傾向として詳細にまとめられたものに，國武英生『労働契約の基礎と法構造　労働契約と労働者概念をめぐる日英米比較法研究』50頁以下（日本評論社，2019）がある。本稿においてもそこで整理された内容を参考としている。
84　福岡高判平25・2・28判タ1395号123頁。

めの支援等をする仕組みを設けているのであり，上記のような事業主に対してその支配下で労務を提供して（労務提供の従属性），その対価を得ることによって生計を維持する者（労務対償性）が，雇用保険法にいう労働者に該当するということができる。したがって，同法における労働者というためには，事業主に対し，労務を提供し，賃金，給料，手当，賞与その他名称のいかんを問わず，その対償の支払を受ける関係があることを必要とするということができるが，そのような関係が存するというためには，事業主と労働者の間に，民法623条による雇用契約が締結されている場合にとどまらず，仕事の依頼や業務に従事すべき旨の指示等に対する諾否の自由の有無，業務遂行上の指揮命令の有無，場所的・時間的拘束性の有無，代替性の有無，報酬の性格，当該労務提供者の事業者性の有無，専属性の程度，その他の事情をも総合考慮して，上記雇用保険法の趣旨に照らして，上記の同法上の保護を与えるに相当な関係が存すれば足りると解するのが相当である。」と判示したうえで，控訴人らがA会社の組織に組み込まれた状態であって，同社に労務を提供し，同社との間に雇用関係と同視できる従属関係があり，同社から受ける対償としての報酬により生計を維持している者であり，同社との上記関係が失われた場合及びその継続が困難となる事由が生じた場合等に，雇用保険法上の保護を受けることが相当であるとした。

ⅱ）労働契約法を類推適用するもの

　この点について初めて認めたものとして上記裁判例㉗の第一審判決が挙げられよう。本件は，原告が被告との間で放送受信契約の取次等を業務内容とする有期の委託契約（本件契約）を締結し，15年余にわたり業務に従事していたところ，業績不良を理由として中途解約（本件中途解約）をされたことにつき，本件中途解約は，労契法第17条1項違反に当たるとして，労働契約上の地位確認等を求めたものである。本判決では，原告は，被告に対し，労契法上の労働者に準じる程度に従属して労務を提供していたと評価することができるから，契約の継続及び終了において原告を保護すべき必要性は，労契法上の労働者とさほど異なるところはないとし，その理由として，①個人であること，②民法上の労務供給契約（混合形態のものを含む。）にあたること，③被告の業務従事地域の指示（具体的な仕事の依頼）に対して諾否の自由を有しないこと，④典型的な請負や委任では見られないほどの手厚い報告・指導体制を敷いており，被告と地域スタッフとの間

に広い意味での指揮監督関係があること，⑤その報酬も一定時間労務を提供したことに対する対価と評価される側面があること，⑥再委託することを容認されているものの，再委託者の割合は2パーセント前後と少なく，原告は再委託を行っていないこと，⑦事業者性は弱いことを挙げている。

そして，労契法は，純然たる民事法であるから，刑事法の性質を有する労基法と異なり，これを類推適用することは可能であるとし，そうすると，本件中途解約については，労契法第17条1項を類推適用するのが相当であるとした。ただし，控訴審においては，労契法の類推適用は否定されている[85]。

本判決は，労契法の類推適用という新たな解釈を提示したという意味で注目に値するものの，その理由付けとして上記7項目を考慮要素として挙げた根拠については，必ずしも明確になってはいない点[86]などが課題として残されている。

iii）事業者性の判断を前提として「労働者」性を肯定する事情を考慮するもの

この点の判断手法については，前述の横浜南労基署長（旭紙業）事件・最高裁判決[87]において見られる。同判決は，傭車運転手がトラックという事業用の資産を所有し，自己の危険と計算の下に運送業務に従事していた点で一定の事業者性を有することを前提として，同事業者性を減殺して，その「労働者」性を積極的に肯定させるような事情があるかどうかという観点から検討を進めているものと評価されており，少なくとも，自己の所有する事業用資産を用いて自己の危険と計算の下に労務に従事するなど一定の事業者性が肯定される者については，労働者側において，同事業者性を減殺して，その「労働者」性を積極的に肯定させるような事情を主張立証しない限り，「労働者」性を認めることはできないものと解される[88]。

また，上記裁判例㉙においても，裁判所は，原告は，被告との間で，フランチャイズ契約等に基づき，独立の事業者として，各店舗を経営していたものであって，

85　なお，控訴審において労契法の類推適用について理由もなく否定したことに対しては学説上の批判もある。後藤究「NHK地域スタッフの労契法上の労働者性及び労契法17条1項の類推適用」日本労働法学会誌130号191頁以下（2017），國武英生「NHK地域スタッフの労働契約法上の労働者性と労働契約の類推適用の可否」季刊労働法261号192頁以下（2018）。
86　後藤・前掲注(85)192頁。
87　最一小判平8・11・28・前掲注(65)。
88　白石・前掲注(82)8頁。

このことは，原告が労働者であることと本質的に相容れないものであるとしたうえで，原告の主張に対して，原告の事業者性を減殺して，「労働者」性を積極的に肯定できるまでの事情があるとはいえず，原告は労働者に該当しないというべきであると判示している。

　しかしながら，このように事業者性を前提として，それを減殺し，「労働者」性を肯定する事情を考慮していく判断手法を取ると，「労働者」性の判断においては抑制的になるものと考えられ，慎重になるべきと考える。

iv）当事者間の契約形式や契約意思に着目するもの

　当事者間の契約形式に着目したものとして，まず，NHK受信料等の集金受託者の労働契約該当性が問題となった上記裁判例⑯がある。本判決では，労働契約の性質の有無については，「契約の内容を実態に即して合理的に解釈した場合，契約当事者間に指揮監督を中核とする使用従属関係が認められるか否かによって判断するのが相当である。この場合，形式的な文言も重要であるが，それのみによって判断するものでないことは当然である。このように合理的に解釈される契約内容に基づき，当事者間にどのような権利義務が発生するのかを検討することになる。」としたものの，具体的な判断においては，労働関係を規律する根本規範ともいうべき就業規則の適用がないことや，報酬に関しては，職員給与規程の適用がないこと，出来高方式が基本とされていること，報酬の税法上の区分も事業所得とされており，その区分に従って，経費の控除をしたうえで確定申告をしていることなどといった形式的な事情にウエイトが置かれているように見られる。その後の「労働者」性を肯定する事情（控訴人の主張）についても十分な根拠とは言えないとし，結論として，労働契約性は否定されている。

　次に，フリーランスの記者の契約の性質が問題となった上記裁判例⑱においては，採用時において，正社員ではないこと，正社員に登用される可能性もないこと，その身分から社会保険がないこと（雇用契約ではないこと）を説明し，その了解を得たうえで採用し，原稿料として報酬を支払う旨の契約，記事原稿の作成業務を委託する契約を締結し，就業規則の適用がなく，勤務時間の制約，職場専念義務もない，正社員とは異なる扱いをしていたものであるとしたうえで，原告らがこれらの説明を受け，これを理解して業務に就き，原稿料として報酬を受領し，個人事業者として所得を申告していたこと等を理由として，原告らの業務が

雇用契約によるものとはいえないとした。

　また，当事者の契約意思に着目したものとしては，横浜南労基署長（旭紙業）事件高裁判決[89]が挙げられる。本判決では，傭車運転手が，労働者と事業者との中間形態にあると認めざるを得ないとしたうえで，産業構造，就業構造の変化等に伴い，就業形態，雇用形態が複雑多様化しており，業務に就いて働いている者を，労基法上の労働者であるか，そうでないかという区分をすることが相当に困難な事例が増加しており，法令に違反していたり，一方ないしは双方の当事者（殊に，働く側の者）の真意に沿うと認められない事情がある場合は格別，そうでない限り，これを無理に単純化することなく，できるだけ当事者の意図を尊重する方向で判断するのが相当であるというべきであると判示し，結論として，「労働者」性を否定している。ただし，上告審では，この点については特に言及しないまま，前述の通り，「労働者」性が否定されている。

　このように，当事者の契約意思や，「労働者」性の判断にあたって，就業規則の適用や，労働・社会保険の適用，源泉徴収の有無や確定申告の有無など，当事者が容易に操作し得る形式的な事情を，強行法規である労基法上の「労働者」性判断基準において考慮することは，法の潜脱・形骸化をもたらしかねないなどとして学説上も批判[90]があり，適切ではないと考えられる。

2.4　「労働者」概念をめぐるわが国の学説の状況

　「労働者」概念をめぐるわが国の学説の状況は様々であり，未だ統一的な見解には至っていない。しかし，「労働者」概念は，個別労働法の対象を画定するうえで，中核的な概念であるため，この点を整理し，現在の状況を明らかにすることは重要である。そこで，本節では，近時の学説の状況を整理することを目的とする[91]。

　まず，「労働者」性の判断が困難な事例の場合，要保護性等の観点から，法的にどのように対応するかについて，学説上見解が分かれている。そのアプローチ

89　横浜南労基署長（旭紙業）事件・東京高判平6・11・24労判714号16頁。
90　東京大学労働法研究会編・前掲注(74)146頁［橋本］，水町・前掲注(2)37頁。
91　なお，わが国の労働者概念をめぐる学説の展開過程について整理されたものとして，労働政策研究・研修機構「『労働者』の法的概念に関する比較法研究」労働政策研究報告書No.67，27-39頁［皆川宏之］（2006）がある。

の方法から大まかに区分すると次のように分けられる。解釈論的アプローチと立法論的アプローチである。

　以下では，解釈論的アプローチと立法論的アプローチに分けて概観することとする[92]。

1）解釈論的アプローチ

　解釈論的アプローチは，「労働者」概念を解釈論的に拡張して保護を及ぼそうとする立場とされ，同概念をめぐる学説の解釈論は，大きく3つに分けられる。すなわち，経済的従属性に着目するもの，事業組織的従属性に着目するもの，当事者意思に着目するものである。

i）経済的従属性に着目するもの

　西谷教授[93]は，労基法上の「労働者」性の判断基準のメルクマールは「労働の従属性」としたうえで，労基法の解釈例規や裁判例が用いる「使用従属関係」は「人的従属性」と同義とされるが，「使用従属関係」においては「経済的従属性」も考慮され，「経済的従属性」とは，「労働者の経済的地位に起因する契約締結時の不利な地位」であるとする。また，典型的な「労働者」以外の労務供給従事者のいずれを「労働者」とみるかは，労働法の中心的理念である生存権理念に照らし，いかなる範囲の者に労働法の保護を及ぼすべきかという目的論的観点から決せられるべきであるとする。そして，労基法においては，労働関係の存在を前提として現実の使用従属関係における人間らしい生活を配慮するための規定（狭義の労働条件保護）と，労働関係の存続そのものを保障することによって失業による生活困難から労働者を守るための規定（解雇制限）があることに着目し，これらは，労働者の生存権保障という究極の目的で一致するが，その機能する局面は異なり，それを従属性との関係で説明すれば，労働条件保護は人的従属性の存在を考慮したものであり，解雇からの保護は経済的従属性を考慮したものであると

92　なお，「労働者」概念をめぐる学説の整理にあたっては，労働政策研究・研修機構・前掲注(91) 28-46頁［皆川宏之・岩永昌晃］，池添弘邦「労働保護法の『労働者』概念をめぐる解釈論と立法論─労働法学に突きつけられている重い課題」日本労働研究雑誌566号48頁以下，本庄淳志「労働法が対象とする『労働者』概念」季刊労働法255号196頁以下（2016）に記載の学説紹介を参考としている。
93　西谷敏「労基法上の労働者と使用者」沼田稲次郎ほか編『シンポジューム労働者保護法』 9頁以下（青林書院，1984）。

する。そのうえで，労基法上の労働者でないと判断された者でも，経済的従属性が認められる限り，いわば準労働者として，学説・判例上確立された解雇権濫用法理はその趣旨から当然に適用され，また，労基法における解雇制限規定は，少なくともその私法的効果につき類推適用すべきと主張する。

橋本教授[94]は，現行の裁判実務では，労基法の労働者概念が狭く解されており，もっと緩やかに労働者性を認めるべきであるとし，労働者概念の統一性を維持しながら，法律の目的に応じた概念の相対性は認めつつも，原則として，労基法上の労働者概念を労組法と同様の範囲にまで広げるべきとする。そして，経済的従属性の認められる自営業者に対して，労働法のすべての保護を及ぼす必要はないのではないかという点については，適用除外で対応すべきとする。

川口教授[95]は，労働法は，労働力以外の商品を持たない人間の生存権保障を，その労働権保障という観点から実現することを目的とする法分野であるとしたうえで，労働力以外の商品を持たない人間は，それ故に，他人の下で働く以外に生活することができず，労働力の買い手と対等な立場で交渉することができないことなどから，経済的従属性を有する者と理解する。そして，労働権保障の対象は，労働力以外の商品を持たないか否か，また，自ら他人に有償で労務を供給することによってしか生活することができないか否かにかかわらず，原則として，労働市場に参入する人間全て，すなわち「自ら他人に有償で労務を供給する者（自然人）」全てであるとする[96]。そこから，労働法が対象とする「労働者」とは，「自ら他人に有償で労務を供給する自然人で，労務の供給を受ける者との関係で独立事業者又は独立労働者でない者」であると定義する。そして，具体的な判断基準

94　橋本陽子「「労働者」と「準労働者」─労働者概念の総論として」野川忍ほか編『変容する雇用・就労モデルと労働法の課題』101頁以下（商事法務研究会，2015）。

95　川口美貴『労働法〔第3版〕』3頁以下（信山社，2019）。

96　川口教授によれば，このような包括的な定義とする理由として「自ら他人に有償で労務を供給する者」は，①その報酬によって生活を維持又は補助しているのが通常であり，その雇用・労働条件を保障する必要がある。また，②その労働力を人格から切り離すことができないが故に，人権保障を内包した雇用・労働条件保障が必要である。しかし，③労務の供給を受ける者と実質的に対等に交渉できない立場にあるので，個別に自由に交渉していたのでは人間らしい雇用・労働条件を獲得することが困難である。そして，④その全ての者を労働法の対象としなければ，自ら他人に有償で労務を供給する者相互間と労務の供給を受ける事業者相互間の公正競争の基盤を確立し，その労働権と生存権を保障することはできないためとする。

としては，(a)「自ら他人に有償で労務を提供する自然人」であること，及び(b)労
務の供給を受ける者と実質的に対等に交渉できない立場にあるという「交渉の非
対等性」がある[97]ことが基本的判断基準であるとする。

ⅱ）事業組織的従属性に着目するもの

吉田教授[98]は，指揮命令の希薄化という事情の変化を前にして，「労務提供者
に大幅な裁量を許容しつつも，全体としてその労働力を事業運営の中に機構的に
組み入れている事態」に注目して，「事業組織的従属性」，すなわち，「他人の労
働力を利用するに当たって，たとえ労働そのものに対する指示はなく，業務の性
質上，当然の指示を及ぼしているにすぎなくとも，その労働力が事業運営上，不
可欠である場合に認められる従属性」を提起する。そして，その存否の判断につ
いては，統一的基準を立てることは困難であるとし，具体的事案ごとで判断して
いかざるを得ないとするが，少なくとも，一定の継続的な契約関係を前提とする
こと，および，不可欠であるか否かは厳格にみる必要はなく，事業運営上，恒常
的に必要な労働力といえれば十分であるとする。結局のところ，事業組織的従属
性に経済的従属性[99]を加えて総合的に判断することにより，「労働者」性を判断
することになるとする。

ⅲ）当事者意思に着目するもの

柳屋教授[100]は，労働法等による保護の適切性の点から，就業実態からみて客観
的に労働者性が認められ，保護の必要性が肯定されるとしても，労働法による保
護がその者にとって現実に必要でない場合には，法的規制によるパターナリス
ティックな介入を当事者意思によって回避できてもよいとする。ただし，このよ
うな当事者意思は，就業者の真意を反映しない可能性があることから，就業者の

---

97 なお，「交渉の非対等性」があるというのは，①締結しようとする労務供給契約の内容（自
ら他人に有償で労務を提供する契約）と，②労務の供給を受ける者との関係（独立事業者又は
独立労働者でないこと）という客観的基準によって，労務供給契約の締結前に決定されるとし
ている。
98 吉田美喜夫「雇用・就業形態の多様化と労働者概念」日本労働法学会誌68号30頁以下
（1986）。
99 なお，経済的従属性については，伝統的理解でよいとするが，具体的判断基準としては，
（イ）生産手段・材料の所有関係，（ロ）他人労働の利用の有無，（ハ）事実上の専属性の有無，
（ニ）契約内容の決定の対等性の有無を挙げている。
100 柳屋孝安『現代労働法と労働者概念』410頁以下（信山社，2005）。

真意に基づく当事者意思かどうかを判断する必要があるとする。その判断基準については，労働法の適用を回避する当事者意思が形成されるに至ったことに客観的に合理的理由が認められる等，一定の客観的条件が満たされなければならないとする。そのうえで，これを満たすべき条件として，①自由意思（真意）が，特定の法規定の適用のみに関わるものではなく，雇用関係法の適用全般に関わるものであることを客観的に示す事情があること（自営業的就業を希望していることを示す事情），②自由意思（真意）に基づいてされたものであると認めるに足る合理的理由が客観的に存在していること（労働法の適用を外れることが就業者側に利益をもたらす事情や，就業者側が労務給付とは異なる活動目的（ボランティア等）を持っていることを示す事情），③自由意思に基づく取扱が法令違反や法の趣旨に反する脱法的効果を持たないこと（労働法の適用から外れることで他の立法や法規定の適用を免れる効果を持たないこと）という，3点を挙げる。なお，柳屋教授によれば，労働者に不利な内容を定める当事者意思については，その同意に合理的な理由がない限り真意性を認めないとし，当事者意思を完全に尊重するところまで踏みだしていないとする。

　大内教授[101]は，労働保護法の保護主体については，従来の人的従属性に結びつけた「労働者」概念に固執する必要はないとし，個人で労働を行っている者は，自営か否か，有償か否かにかかわらず，保護の視野に入れるべきとする。特定の形態の労働のみを保護することはこれと逆行し，労働形態ごとの保護の格差をなくすことが，「労働者」と非「労働者」との間の不公平な取扱をなくすことになるとする。そして，労働保護法の規制対象には，労働契約において契約当事者間の実質的対等性の欠如に着目して契約内容の適正化を直接的な目的としたルール（「労働契約」の規制を主たる目的とするルール）と，労務遂行過程において支配従属関係にある「労働者」の人的保護を目的としたルール，あるいは不適正な契約内容で労務を提供することになる「労働者」の人格的利益の保護を目的としたルール（「労働者」の保護を目的とするルール）があるとしたうえで，「労働者」の保護を主たる目的とするルール（労働安全衛生，災害補償，年少者の保護，母

101　大内伸哉「従属的労働者と自営労働者の均衡を求めて―労働保護法の再構成のための一つの試み」中嶋士元也先生還暦記念論集刊行委員会編『労働関係法の現代的展開』47頁以下（信山社，2004）。

性保護等）については，他人のためにその何らかのコントロールを受けながら労務を提供している者に広く及ぼされるのが適切であるとし，他方，「労働契約」の規制を主たる目的とするルール（労基法第2章の規定，最低賃金法，解雇規制等）は，労働契約関係における経済的従属性に着目したものであり，同種の状況にある労務提供契約（請負なども含む）にも拡大されるべきであると主張する。さらに，労働保護法上の規制手法については，労働保護法と刑事罰や行政監督を結びつける規制を見直すという基本的スタンスを前提に，私法上の効力については，「労働者」の保護を目的とするルールについては（非労働者との関係でも）強行性を維持すべきであるが，労働契約における実質的非対等性に着目したルールについては，強行的な規制をかぶせたうえで，労働者（および非労働者）の真意による同意[102]がある場合には，その規制からの個別的適用除外も認めるべきとする。

2）立法論的アプローチ

　立法論的アプローチは，多様化する就業形態への対処の方向性として，立法により問題解決を図ろうとする立場とされ，その手法や考えは論者によって異なっている。以下では代表的な学説を取り上げる。

　まず，鎌田教授[103]は，労働契約以外の契約に基づいて自ら労務を供給する就業者を契約労働者といい，契約労働者から労務の供給を受ける者をユーザーと定義したうえで，契約労働者が拡大するに伴い，被用者と比較して契約労働者の法的地位は著しく不利と認識され，その法的保護の必要性が高まっていることを指摘する。そして，契約労働者にも必要な範囲で労働法上の保護の一部を及ぼすべきであるとし，その保護を考える場合，ユーザーが労働法規の適用を回避する意図をもって契約労働者を用いた場合（「偽装された雇用関係」）と，使用従属関係があるかどうか客観的にあいまいな場合（「客観的にあいまいな雇用関係」）の2つ

102　大内教授によれば，同意の真意性の判断は，真意性を担保できるような事前の手段により確認するという手法を採るべきであるとし，具体的には，①当該個人が任意に加入した労働組合（ユニオン・ショップ協定締結組合の場合には組合員からの明示の授権が必要），もしくは当該個人が任意に代理権を付与した労働組合の立ち合いの下において，または，②所轄の労働基準監督署などの労働行政機関の関与の下において，当該個人が書面による同意を行うという手続がふまれた場合には，真意による同意があったと解すべきとする。

103　鎌田耕一「契約労働者の概念と法的課題」日本労働法学会誌102号128頁以下（2003）。

の状況に分けて考える必要があるとする。前者の場合は，当事者が労働契約以外
の契約形式を選択したことにつき，労働法の趣旨・目的に照らして合理性が存在
しない場合，当該契約を労働契約として推定すべきだとし，後者の場合は，ユー
ザーに経済的に従属している者（経済的従属就業者[104]）である場合には保護をす
べきであるとする。そしてその理由として，「労働者に類似した就業者間の比較
均衡の原則」と「企業間の不公正競争の抑止」の２つを挙げる。前者の理由につ
いては，労働市場において機能的に等価な就業形態の間で保護に格差を設けるこ
とは，最も保護の薄い就業形態のリスクを極大化することになることから，労働
者に類似した就業実態にある者を労働者と「機能的に等価にある者」ととらえ，
労働法上の保護規範の趣旨・目的に照らして必要な範囲で平等に取り扱われるべ
きと述べる。また，後者の理由については，就業関係に常に伴うコスト（労災，
安全衛生，報酬確保）は「社会的コスト」であって，これについては，できるだ
け社会に広く分散する方策を政策的にとるべきであるとし，社会的コストを含め
て商品の価格が決定されるべきであり，そのためには，その事業目的を達成する
ために他人の労働を利用するユーザーがこれを負担し，生産物の価格に転嫁した
り，あるいは保険制度を利用したりして，社会に広く分散できるようにすべきで
あると述べる。そして，立法論として，「契約労働者」を伝統的な労働者と自営業
者の中間に位置する第三のカテゴリと位置付けて，必要な範囲で労働法上の保護
の一部を適用していくことを主張する。さらに，「契約労働者」の保護に必要な領
域として，最低限，「労災補償，安全衛生，報酬支払確保，男女差別禁止」を挙げ，
検討すべき課題として，「解約規制，団体交渉，社会保険など」を挙げている。

　次に，島田教授[105]は，雇用・就業形態が多様化するなかで，労働者と自営業者
の区別が以前にも増して相対化・流動化すると，従来の単純な二分法的な解決が
妥当しない状況に直面することになったとして，労働者概念の拡大という手法だ
けに頼るのではなく，労働法の部分的な適用という柔軟な措置の必要性が高まっ

104　鎌田教授によれば，経済的従属就業者とは，使用従属性はないが自己の計算と危険負担の
　下に活動しているともいえない者であるとし，具体的には，①その収入を主として１人のユー
　ザーに依存しているか，または，②ユーザーの企業組織に組み入れられるか，もしくはユーザー
　の従業員が行っている業務と同種の業務を行う者とされる。
105　島田陽一「雇用類似の労務供給契約と労働法に関する覚書」西村健一郎ほか編『新時代の
　労働契約法理論―下井隆史先生古希記念』27頁以下（信山社，2003）。

ていると認識する。そこで，労働法規は，もともと労使の非対等な関係から生じる弊害を除去し，労使の対等な労働条件の確保を目的とするものであることから，雇用労働に類似する状況があるならば，立法による支援措置が検討されなければならないとする。その手掛かりとして，シュピオ教授が構想する「社会法の四つの同心円」を参照する。この考えは，有償労働としての雇用労働と自営労働ならびに無償労働を包括的にとらえて，社会法を構想すべきとする。そして，さまざまな社会的諸権利を，対象としているリスクおよび労働関係における従属の程度に応じて，①就業状態にあるか否かにかかわらず普遍的に保障される権利の領域（医療保障，家族手当，職業訓練資格といった最低生活保障），②無償労働においても保障される権利の領域（労災補償など），③有償労働（雇用労働及び自営業）を対象とする権利の領域（安全衛生など），④従属労働に固有の権利の領域の4つに区分する。この考え方を基に，人的従属性および経済的従属性の程度に応じた立法政策を構想することが必要と説く。具体的には，a）労務供給者に共通する課題として，生命・身体の安全の確保，人格的な自由および平等原則の確保，教育訓練ないし能力開発があり，b）自営業者に関する課題として，集団的な権利，特に団体交渉制度の確立，個別的契約紛争に係る解決制度，契約締結に関して十分な情報を得ることができるような支援措置が重要であるとし，さらに，c）自営業者と労働者との中間領域に属する従属的就業者に固有の課題として，契約の解除に関する規制，報酬の支払いの確保に関する措置，社会保険の取扱いがあると整理する。このc）の課題を検討する際には，立法の趣旨・目的に照らして立法ごとにその適用範囲を定めるという手法を採るのが当面妥当であると考えられるとし，また，このように考えたとしても，従属的就業者と自営業者とを区別する判断指標が必要となるが，この点，簡易な推定規定をおき，かつ，その判定を簡易迅速に行いうる行政機構を整備することが求められると述べる。

　最後に，柳屋教授[106]は，雇用・就業形態の多様化の進行に伴う労働者と自営業者のグレーゾーンにある「中間形態の就業者」の増加への法的対応の在り方として，当該就業者が，特定の職種・領域を超えて一般化する状況が生まれた場合は，立法上の対応が必要であるとする。そしてその検討に際しては，法適用の明

106　柳屋・前掲注(100)412頁以下。

確性・予測可能性の確保の要請との関係で，基本的には「中間形態の就業者」を，労働者，自営業者に続く第三のカテゴリとして定立して，これを明文の規定により適用対象に付加していく立法政策上の手当が妥当であると説く。ただし，その場合にも，法適用の明確性や実効性という実務上の問題に配慮して，可能な限り適用を拡大する立法や法規定に統一的なものとすべきであるとする。そして，どの範囲で適用対象とするかについては，「中間形態の就業者」の最大公約数的な特徴とされるもののうちから，それぞれの法規定の適用要件となる特徴を法定するといった手法が考えられてよいとする。具体的には，①特定された労務給付ないし委託を自らの手で履行していること，②家族従業者以外に，常態として労働者を雇用していないこと，③一人の委託者に対して，排他的に主として労務を提供していること，④自己資本がないか，あっても取るに足らないこと，⑤同種の業務に従事する労働者に比し，相当高額な収入のないことを挙げている。また，これら「中間形態の就業者」に対して規制を検討すべき事項として，就業者の健康・安全，平等取扱い，契約解消の予告，労働保険，職業訓練その他の積極的雇用政策，労働組合としての諸権利などを挙げている。

2.5　小括

　以上のように，本章では，CWの「労働者」性について検討を行うにあたり，近時の「労働者」概念をめぐる裁判例や学説の状況について整理することができた。以下，各節で検討した内容を要約し，整理しておくこととする。

　2.1では，労働法上の「労働者」の定義を，法律ごとにその法文上の解釈から再確認したうえで，本稿は，CWが個別的労働関係法上の「労働者」に該当するか否かについて検討することを念頭に置いているため，労基法と労契法に焦点を当てて整理することを確認した。

　2.2では，労基法上の「労働者」性の判断基準として，現行の行政実務上参照され，裁判実務においても影響を与えている1985年の労基研報告を概観した。同報告では，「労働者」性の判断にあたっては，雇用契約，請負契約といった形式的な契約形式のいかんにかかわらず，実質的な使用従属性を，労務提供の形態や報酬の労務対償性及びこれらに関連する諸要素をも勘案して総合的に判断する必要があるとしたうえで，前述した通り種々の考慮要素を挙げ，整理されているこ

とを確認した。

2.3では，CWと契約形式が類似する個人請負・委託就業者の「労働者」性が争われた裁判例を概観した。最高裁判決は，いずれも事例判断となっているが，「労働者」性の判断で重視されている要素としては，「指揮監督の下」で労務を提供していたと評価できるか否かであることが分かった。

また，下級審裁判例は，概ね，労基研報告において挙げられている要素の全部あるいは一部分を選択的に挙げながら，それらを総合考慮して判断していることが分かった。

一方，近時の下級審裁判例に特徴的なものとして，①経済的従属性に着目するもの，②労働契約法を類推適用するもの，③事業者性の判断を前提として「労働者」性を肯定する事情を考慮するもの，④当事者間の契約形式や契約意思に着目するものがあることが分かった。

この中では，特に②については，労契法が，純然たる民事法であることから，刑事法の性質を有する労基法と異なり，これを類推適用することは可能であるとして認めたものであり，注目に値することを指摘した。学説においても，労働者類似の者に，労契法を類推適用することは十分に可能であるとする見解[107]もあり，CWの「労働者」性の検討にあたっても傾聴に値するものといえよう。

2.4では，「労働者」概念をめぐる近時の学説の状況を概観した。「労働者」と「非労働者」との中間形態に位置する就業者に対する労働法的対応の方向性には，解釈論的アプローチと立法論的アプローチがあることが分かった。

解釈論的アプローチについては，さらに①経済的従属性に着目するもの，②事業組織的従属性に着目するもの，③当事者意思に着目するものがあり，立法論的アプローチについては，契約労働者を伝統的な労働者と自営業者の中間に位置する第三のカテゴリと位置付けて，必要な範囲で労働法上の保護の一部を適用していくべきとするものや，さまざまな社会的諸権利を，対象としているリスクおよび労働関係における従属の程度に応じて，区分することを提唱し，人的従属性および経済的従属性の程度に応じた立法政策を構想することが必要だとするものなどが挙げられていることを確認した。

107　荒木尚志＝菅野和夫＝山川隆一『詳説労働契約法〔第2版〕』81頁（弘文堂，2014），土田・前掲注(68)57頁。

　これら,「労働者」概念をめぐる近時の裁判例および学説の状況から,CWの「労働者」性を検討するうえで,次のような検討の視座を得ることができた。

　すなわち,CWと「労働者」との類似性から,労契法の類推適用の可能性を検討することである。この点,労契法については,刑事法の性質を有する労基法とは異なり,純然たる民事法であることから,これを類推適用することは理論上も可能であり,裁判例や学説においても同法の類推適用の可能性を認める判示や見解があることは前述した通りである。

　ただし,いかなる点で「労働者」との類似性(要保護性)が認められれば,類推適用が認められるのかについては十分に検討することが必要であるため,この点については,交渉力の非対等性や情報の非対称性,組織的・経済的従属性などを考慮要素として検討することも考えられることを指摘した。

　以上を踏まえ,次章では,CWに対し,個別労働法上の「労働者」性が認められる余地があるか否かを検討したうえで,当該「労働者」性が認められる余地がある場合にはともかく,その余地がない場合でも,労契法の類推適用の可能性を視野に入れ検討することとする。

第3章　クラウドワーカーの「労働者」性と法的保護の在り方

　これまで見てきたように,CWの中には,個別労働法が想定する使用従属性を基底とした伝統的な「労働者」とまではいえないまでも,「労働者」に類似する働き方をしている者も少なからず存在していることが明らかになった。そうすると,現行法上の「労働者」性の通説的な判断基準に基づいた場合,「労働者」類似の者であって,「労働者」ではない者は,個別労働法の適用が一切ないということになる。このような二分法的な取扱いは,「労働者」と「非労働者」との間に著しい法的規制の不均衡を生じさせ,「労働者」への個別労働法的保護規制が一層強まっている今日においては,非雇用化を助長する要因となりかねないことが容易に想像される。したがって,CWのような「労働者」類似の者においても,その類似性(要保護性)を明らかにし,個別労働法的な観点から何らかの法的保護の在り方を検討することが必要と考える。

　本章では,CWの「労働者」性を検討するにあたり,次のようなステップで検

討を行うこととする。すなわち，まず，第1章で仮定した3つのCW就業者モデルごとに，現行法上の「労働者」性の通説的な判断基準を用いて，現行法の枠組みの中で「労働者」性が認められる余地があるか否かを検討する。その際，CWと類似する「労働者」として，雇用労働において主に情報通信機器を利用して事業場外で勤務をする労働者(以下，「雇用型テレワーカー」という。)を想定し，「労働者」との類似性を必要に応じて比較検討する。そしてその結果，現行法上「労働者」性が認められる余地がある場合はともかく，その余地がない場合であっても，「労働者」と類似する要素がある場合には，それらの要素に応じた法的保護の在り方を検討する。

3.1 クラウドワーカーの「労働者」性

　本節では，CWの「労働者」性について，現行の労働法における「労働者」性の通説的な判断基準において3つのCW就業者モデルが同法における「労働者」と認められる余地があるか否かについて検討を試みる。その際の比較対象としては，CWに類似する「労働者」モデルを仮定し検討する。

1) CW類似の「労働者」モデル

　一般に，情報通信技術を活用した場所や時間にとらわれない柔軟な働き方[108]を「テレワーク[109]」といい，そのような働き方をする者を「テレワーカー」と呼ぶ。このような働き方は，2011年3月の東日本大震災を契機に，首都圏での公共交通機関の運休や計画停電等の実施時などにおいて，BCP（事業継続性計画）の観点から関心が寄せられるようになった。その後，政府の働き方改革実行計画（2017年3月28日）[110]においても，柔軟な働き方がしやすい環境整備としてテレワークの推進が掲げられ注目を集めている。雇用契約を結んだ労働者が自宅等で働くテレワークを「雇用型テレワーク」と呼ぶが，本稿では，CWとの「労働者」性の比較検討のため，便宜上，雇用労働において主に情報通信機器を利用して事業場外で勤務をする「労働者」を「雇用型テレワーカー」と呼ぶことにする。

108　一般社団法人日本テレワーク協会ホームページより（https://japan-telework.or.jp/tw_about-2/）[2020.1.11]
109　「tele＝離れた所」と「work＝働く」をあわせた造語。
110　働き方改革実現会議決定「働き方改革実行計画」（http://www.kantei.go.jp/jp/singi/hatarakikata/pdf/honbun_h290328.pdf）15頁以下 [2020.1.11]。

　そして，雇用型テレワーカーの「労働者」モデルについては，労基研報告において一事例として掲げられている在宅勤務者を参考に，次のようなモデルを考えることとする。

ⅰ）事業等の概要

　事業の内容は，ソフトウェアの設計，開発であり，在宅勤務者の業務の種類，内容は，会社よりメール等で送信される仕様書等に基づき，プログラムの設計，コーディング，机上でのデバッグを行うことである。

ⅱ）雇用型テレワーカーの契約内容及び就業の実態

　契約関係は，期間の定めのない雇用契約により，正社員として採用されたものであり，会社から指示された業務を拒否することは，病気等特別な理由がない限り，認められていない。また，業務内容は仕様書等に従ってプログラムの設計等を行うことであり，定型化しており，通常，細かな指示等は必要ない。なお，10日に1回の出社の義務があり，その際，細かい打合せ等をすることもある。勤務時間は，一般従業員と同じく午前9時から午後5時（休憩1時間）と決められており，労働時間の管理，計算は本人に委ねている。報酬は，一般従業員と同じく月給制（固定給）である。他社への就業は原則禁止されている。末端機器及び電話代は，会社が全額負担している。

ⅲ）「労働者」性の判断

　①「使用従属性」について

　　［1］業務の具体的内容について，仕様書等により業務の性質上必要な指示がなされていること，［2］労働時間の管理は，本人に委ねられているが，勤務時間が定められていること，［3］会社から指示された業務を拒否することはできないことに加えて，［4］報酬が固定給の月給であることから，「使用従属性」があるものと考えられる。

　②「労働者」性の判断を補強する要素について

　　［1］業務の遂行に必要な末端機器及び電話代が会社負担であること，［2］報酬の額が他の一般従業員と同等であること，［3］正社員として他社の業務に従事することが禁止されていること，［4］採用過程，税金の取扱い，労働保険の適用等についても一般従業員と同じ取扱いであることは，「労働者」性を補強する要素である。

　以上のことから，本事例における雇用型テレワーカーは，労基法上の「労働者」であると考えられる[111]。

　本事例の雇用型テレワーカーの「労働者」モデルの特徴として，一般の従業員と比べると，勤務場所が在宅である点，労働時間の管理が本人に委ねられている点，定型化された業務であるがゆえに，細かな業務指示等がない点において，時間的・場所的拘束性，指揮命令の程度が緩やかであることが挙げられる。その一方で，業務の指示等に対する諾否の自由がなく，勤務時間は一般従業員と同じに定められており，報酬の性質も一般従業員と同じく月給制（固定給）である点が「使用従属性」が認められる要素として重視されているように思われる。また，機械，器具の負担関係が，全額会社負担であること，報酬の額が一般従業員と比べて同等であることが事業者性を否定する要素と解され，さらに，他社での就業が禁止されていることが専属性の程度が強く「労働者」性を肯定する要素として補強されているように思われる。

　また，雇用型テレワーカーの場合は，一般に労働時間の算定・管理が一般の従業員に比べて困難なことが多いことから，事業場外みなし労働時間制（労基法第38条の2）を適用することも認められる。この制度は，一定の要件を満たせば，労働者が業務の全部または一部を事業場外で従事し，使用者の指揮監督が及ばないために，当該業務に係る労働時間の算定が困難な場合に，使用者のその労働時間に係る算定義務を免除し，当該事業場外においては特定の時間を労働したものとみなす制度[112]である。

　この一定の要件とは，情報通信技術を利用した事業場外勤務の適切な導入及び実施のためのガイドライン[113]（以下，「ガイドライン」という。）によれば，①情報通信機器が，使用者の指示により常時通信可能な状態におくこととされていないこと[114]，②随時使用者の具体的な指示に基づいて業務を行っていない

111　https://www.mhlw.go.jp/stf/shingi/2r9852000000xgbw-att/2r9852000000xgi8.pdf［2020.1.26］11-12頁における，（事例3）在宅勤務者Aを参考にしている。
112　このほか，労働時間規制を緩和した規定として専門業務型裁量労働制（労基法第38条の3）や企画業務型裁量労働制（労基法第38条の4）などがある。
113　厚生労働省「情報通信技術を利用した事業場外勤務の適切な導入及び実施のためのガイドライン」（2018年2月22日）5頁以下。
114　「情報通信機器が，使用者の指示により常時通信可能な状態におくこととされていないこ

こと[115]とされている。

　以上のことから，使用者の指揮監督が及ばず，それゆえ労働時間の算定が困難な場合であっても，「労働者」性が否定されることはなく，当該労働時間管理の規制以外については，個別労働法上の保護規制が及ぶことになる。

　そのように考えると，少なくとも，テレワークのような場所や時間にとらわれない柔軟な働き方をする就業者の「労働者」性判断にあたっては，時間的場所的拘束性の有無（とりわけ，時間的場所的拘束性が希薄であること）というのは，指揮監督下の労働であるかを判断するうえでは必ずしも重視すべきではないように考えられる[116]。また，業務内容及び遂行方法に対する指揮命令の有無についても，ガイドラインに照らせば，業務の目的，目標，期限等の基本的事項を指示すること等に留まるものであれば，具体的な指示には当たらないとしており，裏を返せば，指揮命令がそのような基本的事項の指示のみであっても「労働者」に適用される法規制の枠内での処理に納まっているとも考えられる[117]。

　したがって，雇用型テレワーカーの「労働者」性を判断するにあたって最も重視される要素，言い換えれば，「労働者」性を根拠づける重要な要素は，労働契約に基づく，使用者の仕事の依頼や業務従事の指示等に対して，諾否の自

と」とは，情報通信機器を通じた使用者の指示に即応する義務がない状態であることを指し，この使用者の指示には黙示の指示を含むとされる。また，「使用者の指示に即応する義務がない状態」とは，使用者が労働者に対して情報通信機器を用いて随時具体的指示を行うことが可能であり，かつ，使用者からの具体的な指示に備えて待機しつつ実作業を行っている状態又は手待ち状態で待機している状態にはないことを指すとされる。例えば，回線が接続されているだけで，労働者が自由に情報通信機器から離れることや通信可能な状態を切断することが認められている場合，会社支給の携帯電話等を所持していても，労働者の即応の義務が課されていないことが明らかである場合等は「使用者の指示に即応する義務がない」場合に当たるとされている。
115 「具体的な指示」には，例えば，当該業務の目的，目標，期限等の基本的事項を指示することや，これら基本的事項について所要の変更の指示をすることは含まれない。
116 もっとも，本事例のように勤務時間が一般従業員と同じように定められているような事実がある場合には，「労働者」性を肯定する要素として当然に考慮されるべきであろう。
117 土田・前掲注(68)55頁以下では，労基法，労契法上の「労働者」性の判断に際しては，「指揮監督下の労働」を中心的要素に位置づけるべきであるとしたうえで，裁量労働制の適用者［労基法第38条の3・第38条の4］の場合は，業務遂行上の具体的指揮監督としては後退するが，その場合も，業務の基本的目標・内容等に関する指示を受けている場合は，基本的・包括的指揮監督関係が存在することから労働契約性・労働者性が肯定される，としている。

由がない点にあると考えられる。すなわち，それは，労務を提供するか否かを自ら選択することができず，他人に従属して労務を提供しなければならない点（労務提供の他人従属性）にあるのである。それゆえ，対等な当事者関係とはいえず，個別労働法上の保護の必要性が認められるといえる。もっとも現行法上の「労働者」性の判断にあたっては，その他の諸要素を総合的に考慮し判断すべきことはいうまでもない。

２）個別労働法におけるCWの「労働者」性

前節では，CW類似の「労働者」モデルを仮定したが，本節では，それを踏まえ，現行の個別労働法における「労働者」性の通説的な判断基準に基づき，３つのCW就業者モデルごとに「労働者」性が認められる余地があるか否かを検討する。

ｉ）CW就業者モデルＡ（雇用なし／すきまCW）の「労働者」性について

CW就業者モデルＡ（以下，「Ａ」という。）は，いわゆる専業主婦であり，少しでも家計の補助になればという思いで，子育ての合間のスキマ時間を活用し，自宅に居ながら収入を得ることなどを目的としてPFのサイトにアカウント登録をしたものである。ＡがPFサイトを通じて仕事を開始してからは３か月程経過している。Ａは，毎日，PFサイトにおける自身専用アカウントページにログインを行い，当該サイトに公開されているCSからの仕事依頼の一覧を確認し，主にアンケートへの回答や体験談等の投稿，レビュー記事の投稿など比較的単純な依頼（タスク型）に対して作業を行っている。仕事の概要や詳細は，CSの依頼ページに細かく記載されていることが多く，ときには成果物に対する参考例などが掲載されていることもある。例えば，アンケートへの回答については，アンケートの目的や概要，設問数や所要時間，アンケート回答が無効となり報酬の支払が行えなくなる条件などの注意事項が記載されている。体験談やレビューの投稿については，実際に体験したことや対象となる商品やサービスを購入または利用したことがあることといった条件，特定のキーワードや内容を含めた記事にすべきこと，見出しや段落ごとの改行，文体などの形式的な決まり事，他の記事の流用の禁止等の注意事項等が記載されている。また，作業にあたって不明な事項等があれば，事前にCSに対して質問をすることもできる。なお，タスクの発注者であるCSは毎回異なることがほとんどである。Ａがタスクについて作業を開始した場合，あらかじめ決められた時間（概ね１時間）内に成果物を提出する必要があ

り，成果物が時間内に提出された場合，当該成果物についてCSの承認があれば作業が完了する。当該作業が完了すればPFを通じて報酬額が支払われるが，その際は，PFによりシステム利用料が控除された残額が支払われることになる。なお，その他，就業の状況，報酬額の詳細等は，第1章1.6(a)に記載の通りである。

以下，Aの「労働者」性について検討する。

① 「指揮監督下の労働」に関する判断基準

イ）仕事の依頼，業務従事の指示等に対する諾否の自由の有無について

Aは，PFが運営するサイトにおける自身専用アカウントページにおいて，CSの依頼詳細画面より，作業指示の詳細を確認したうえで，自ら作業の開始を選択していたこと，また，必要があれば事前にCSに不明事項等を質問することもできる状況にあったことが窺える。そのような状況下で作業を行っていたことを考慮すると，Aには，仕事の依頼，業務従事の指示等に対する諾否の自由があったといえる。

ロ）業務遂行上の指揮監督の有無について

Aが主に作業をしているタスクについて，その業務の内容や遂行方法については，作業開始前に依頼ページより確認することができ，ほとんどの場合，当該ページに記載されている仕事の詳細を確認することで作業が行える簡単なものばかりである。それ以外にはCSからの具体的指示等は基本的にない。したがって，これらは業務の性質上必要な範囲の指示に留まるものといえる。

ハ）時間的場所的拘束性の有無について

Aは，タスクについては，子育ての合間のスキマ時間を活用し，主に自宅に居ながらパソコンを利用して作業を行っている。つまり，パソコンがありインターネットに接続できる環境がありさえすれば，どこでも作業が可能である。また，1件当たりのタスクの作業時間についても，数分程度のものから長くても2時間程度の単発の作業であることから，これらの事情を考慮すると，時間的場所的拘束性は極めて緩やかであるといえる。

なお，タスクの作業開始から概ね1時間以内という時間制限があるが，これはPFのシステム上，作業開始ボタンをクリックして作業開始となってから1時間以内に成果物の提出をする必要があるというものである。しかしながら，アンケート回答については，長くても所要時間が10分程度のものであり，

制限時間を超えることは通常はない。また，体験談やレビューの投稿について
も，仕事の詳細が依頼ページで事前に確認ができるため，記事自体は，作業開
始ボタンをクリックする前にあらかじめ書き上げておくことも可能である。

ニ）代替性の有無について

　Aの仕事内容は，タスク型の仕事であり，複数の者に大量の作業を一括で依
頼する形式のものであるため，労務提供に代替性が認められる仕事であるとい
える。しかしながら，1件当たりの単価が低いこと，作業時間も短時間である
ことなどから，現実にはA自ら補助者を使用して労務を提供することはしてい
ない。

　以上，イ）からニ）の諸要素に照らすと，Aには，仕事の依頼，業務従事の
指示等に対する諾否の自由があり，業務遂行上の指揮監督の程度は，業務の性
質上必要な範囲の指示であり，時間的場所的拘束性は極めて緩いものである。
また，Aの仕事の内容からして労務提供を他人に代替させる必要性があるかは
別として，他人に仕事を委託することは特段禁止されていない。これらの事情
を総合的に考慮すると，Aが指揮監督下の労働にあるとは言えないというべき
である。

②報酬の労務対償性に関する判断基準

　Aの仕事に対する報酬は，タスク1件当たりの単価があらかじめ決められて
おり，当該タスクが完了した件数に応じた額が支払われるものであり，これは
いわゆる出来高方式といえる。したがって，労務対償性が比較的弱い賃金決定
方法であること及び上記①の通りAは指揮監督下の労働にあるとは言えないこ
とをも併せ考慮すると，Aの報酬が労務の対償とは言えないというべきである。

　よって，上記①及び②から，Aには，使用従属性があるとは認められず，CW
類似の「労働者」モデルと比較検討するまでもなく，個別労働法上の「労働者」
ということはできない。

ⅱ）CW就業者モデルB（雇用あり／副業CW）の「労働者」性について

　CW就業者モデルB（以下，「B」という。）は，本業でWeb・グラフィックデ
ザイナーをしている30代前半の女性である。Bは，今後独立を視野に入れており，
それに先立ち，自身のスキルアップと実績を積み重ねることを目的として，開業
するよりも敷居が低いPFが運営するサイトに自身専用のアカウントを登録し，

副業として仕事を始めることとしたものである。当該仕事は，基本的には本業が休みの日に行うこととしており，主に自宅でB所有のPCで行っている。仕事を開始してから2年程経過し，徐々に実績も蓄積され，自己紹介やスキル，作品実績などを盛り込んだポートフォリオを作成するなど工夫したことで月に1件ほどPFサイトを通じて特定のCSから直接依頼を受けるようになり，自らもコンペ形式の募集に対し応募するようにして月に1～2件ほどは受注できるようになった。

CSからの直接依頼（固定報酬制のプロジェクト型）の場合は，PFサイトにおけるBのアカウントページに直接依頼通知が届くため，依頼内容を確認し仕事を受けるかどうかを決定している。また，コンペ形式の募集案件については，事前に募集一覧で内容を確認し，提案している。

直接依頼の場合も，コンペ型の場合も，基本的には，案件ごとに予算が決まっているが，直接依頼の場合は，CSの要望に応じて見積提示を行い，価格について交渉することがある。また，仕事内容の詳細は，例えば，ロゴ作成であれば，依頼概要，ロゴの文字列，ロゴイメージ，希望イメージ，希望する色，参考例，利用用途，納品形式，応募期限等，名刺デザインであれば，依頼概要，表面，裏面の記載事項，縦・横の形式，希望イメージ，希望する色，納品形式，応募期限等が依頼時または募集時に知ることができる。直接依頼の場合は，依頼を受ける前に不明点等は直接CSと協議することができ，コンペ形式の場合も，不明事項等について事前に質問することができる。また，提案の際には，デザインパターンを2案は用意するようにし，修正対応も2回ないしは3回までは無料とするなど提案方法を工夫するようにしていた。なお，CSからBに対して仕事の進め方に関する具体的指示はない。

コンペ形式の場合は，作品を作成したらそれを提案（納品）したうえで，当該提案がCSに選ばれ承認・検収（合格）されると作業が完了し，報酬が支払われる。そして，その際は報酬からシステム手数料を控除した額がPFからBに支払われる。一方，直接依頼の場合は，依頼内容を承諾し，CSからの仮払い入金後に仕事を開始し，納品が完了し，CSによる承認・検収が行われたら報酬が支払われる。そして，その際は報酬からシステム手数料を控除した額がPFからBに支払われる。なお，その他，就業の状況，報酬額の詳細等は，第1章1.6(b)に記載の通りである。

以下，Bの「労働者」性について検討する。

① 「指揮監督下の労働」に関する判断基準

イ）仕事の依頼，業務従事の指示等に対する諾否の自由の有無について

　Bは，PFが運営するサイトにおける自身専用アカウントページにおいて，コンペ形式の場合は，CSの依頼詳細画面より，募集内容の詳細を確認したうえで，自ら当該募集内容に応募していたこと，他方，CSからの直接依頼の場合は，依頼内容を確認したうえで当該依頼を受けるか否かを決定していたことから，Bには，仕事の依頼，業務従事の指示等に対する諾否の自由はあったといえる。

ロ）業務遂行上の指揮監督の有無について

　Bの仕事に対するCSからの指示内容は，コンペ形式の場合は，募集するデザインの目的や利用用途，希望イメージや希望の色といったコンセプト，納品形式や納期限といった形式的な指示に留まり，それ以外に業務の遂行方法等については具体的な指示はない。直接依頼の場合であっても，基本的には同様であるが，コンペ形式よりも細かな要望が入ることが多く，その場合は，要望に応じて報酬額の交渉をするようにしている。しかし，仕事の進め方に対する具体的な指示はない。以上のことから，CSのBに対する指揮監督の程度は低いといえる。

ハ）時間的場所的拘束性の有無について

　Bは，基本的に本業が休みの日に1日3〜4時間程度（月に5〜6日程度）の時間を副業に当てている。仕事も専ら自宅で行っていることなどから，時間的場所的拘束性は緩やかであるといえる。

ニ）代替性の有無について

　Bの仕事内容について，特に第三者に委託することは禁止されていないが，Bは独立することを視野に自らの実績を積むことを目的として副業を始めたことから，本業の傍らにできる範囲で当該仕事をしており，第三者に委託することはしていなかった。

　以上，イ）からニ）の諸要素に照らすと，Bには，仕事の依頼，業務従事の指示等に対する諾否の自由があり，業務遂行上の指揮監督の程度は低く，時間的場所的拘束性も緩いものである。以上の事情を総合的に考慮すると，Bが指

揮監督下の労働にあるとはいえない。

②報酬の労務対償性に関する判断基準

　Bの仕事に対する報酬は，依頼または募集時に提示された条件に従って作品を完成させ，当該作品をCSに納品し，CSがこれを採用（承認）した時に報酬が支払われるものであるため，成果物の品質や出来栄えに対する報酬といえることから，労務対償性が希薄である。

　したがって，上記①より，Bは，指揮監督下の労働にあるとはいえず，また，上記②より労務対償性が希薄であることから，使用従属性があるとは認められず，CW類似の「労働者」モデルと比較検討するまでもなく，個別労働法上の「労働者」ということはできない。

ⅲ）CW就業者モデルC（雇用なし／専業CW）の「労働者」性について

　CW就業者モデルC（以下，「C」という。）は，40代後半の男性で，時間や場所に縛られず，自由に働きたかったことから，それまで勤めていた会社を辞め，2社のPFの運営サイトに自身専用のアカウントを登録し，専業で仕事を行っている。PFを介しての仕事を始めてから5年ほど経過しており，現在は特定のCS1社と継続的に取引を行っている。現在の主な取引先は，X社で，その他はスポットで依頼があって，その時に対応が可能な場合には仕事を受けている状況である。作業場所は，主に自宅であるが，自宅以外では，コワーキングスペースを利用することもある。

　X社は，いわゆるシステムインテグレーター（SIer）であり，要件定義から実装までの開発案件を継続的に受けている。X社からの主な仕事内容は，プログラム設計書に基づくコーディング，単体テスト仕様書の作成，単体テストの実施である。報酬の支払方法は時給単価制，稼働時間は週30〜40時間程度，1つのプロジェクトの稼働期間は，概ね1か月から3か月程度である。Cは，PFの運営サイトを通じて，時給希望単価を2,500円とし，これまでの実績や自己紹介などを併せて提示してX社に応募し，業務委託契約を締結するに至っている。具体的な仕事の依頼は，個別案件ごとに，PFを通じて直接仕事の依頼（プロジェクト型）があり，Cは，X社からの依頼があれば，優先的に受けるようにしている。また，X社も，Cの仕事の品質の高さを評価しており，Cへの信頼から，新たな案件がある場合には，Cに対し優先的に依頼をするようにしている。ただし，Cは，X

社と取引を開始して3年程の間に，他の案件状況との兼ね合いから数回程度断っ
たことがある。

　時間単価制の場合，報酬の支払は，週毎に行われる。具体的には，取引開始前
に，CSが，CWの時間単価と週毎の想定作業時間を基に予想報酬額を仮払いし，
CWは仮払いの完了確認後，作業を開始する。CWの作業時間は，PF提供のタイ
ムカード機能により記録される。CSは，CWの作業時間を週毎に確認し，承認す
る。当該作業時間が承認されると，確定した報酬額からPFのシステム利用料を
控除した額がCWに支払われることになる。なお，その他の事情は，第1章1.6(c)
に記載の通りである。

　以下，Cの「労働者」性についてX社との関係で検討する。

①「指揮監督下の労働」に関する判断基準

イ）仕事の依頼，業務従事の指示等に対する諾否の自由の有無について

　Cは，X社からの仕事の依頼に対しては，基本的に優先して受けるようにし
ており，X社もまた仕事の案件があれば，Cに優先的に依頼をするようにして
いる。ただし，X社からの仕事の依頼は，必ず引き受けなければならないわけ
ではなく，断ることもできる。そして，実際に，Cは，他の案件との兼ね合い
により数回程度断ったこともあった。以上の事実から，Cは，X社からの仕事
の依頼に対しては，事実上ほぼ断ることなく受けていた事情が窺える。しかし，
X社からの仕事依頼をCが断ろうと思えば断ることができたのであり，X社が
それを強制しているような事実もみられない。そうすると，X社からの仕事の
依頼に対しては，C自らの意思で優先的に引き受けていたと推認することがで
きる。したがって，Cには，仕事の依頼，業務従事の指示等に対する諾否の自
由はあったものと認めるのが相当である。

ロ）業務遂行上の指揮監督の有無について

　Cの仕事に対するX社からの指示内容は，基本的にはプログラム設計書に記
載されている事項のほか，コーディング規約がある。なお，仕事を進めるうえ
での不明点等があれば，随時，X社に確認することが認められている。また，
週1回の進捗報告が義務付けられており，その際ウェブ会議（1時間程度）へ
の参加も必要とされている。このほか，Web会議でのコードレビューやテスト
レビューの実施が必要とされるが，その他の仕事の遂行方法についてはCにす

べて任されている。以上のことから，X社のCに対する指揮監督は一定程度あるといえるが，これらは業務の性質上必要な範囲内に留まるものといえる。

ハ）時間的場所的拘束性の有無について

Cは，基本的に週30時間から40時間程度X社の仕事をしており，なるべくX社の営業日（平日9時から18時，土日祝休み）に合わせて，平日9時から18時を目安に行うこととしているが，必ずしもこの通りである必要はなく，これと異なる時間になることもしばしばある。作業時間の管理は，PFが用意しているタイムカード機能により管理することとされており，作業開始時にタイムカードを起動し，作業開始ボタンをクリックすることで開始する。ただし，作業開始は，X社からの週の想定作業時間に対する仮払いが完了後に行うこととされ，作業が終了したら作業終了ボタンをクリックして終了する。なお，作業中は，一定の間隔でスクリーンショットがとられ，キータッチやクリックした回数も自動的に記録されPFに送信されるようになっている。X社は1週間ごとにPFのサイトでCの作業時間等を確認し，承認を行うこととされる。そして，X社の承認後に報酬が確定する。また，想定作業時間を超える作業時間が発生した場合は，X社の確認期間内に承認されれば超過分が支払われ，想定作業時間を下回った場合は，差額がX社に払い戻される。想定作業時間に超過がある場合の作業時間の確定にあたっては，X社の確認期間内に双方で協議のうえ決定している。これまで，想定作業時間を超えることは度々あったが，その理由を説明することで問題なく承認されている。また，X社の担当者と週1回の進捗報告と工程ごとのレビュー実施が行われており，X社の営業時間内であったものの，基本的に事前に日程を調整のうえ実施している。

また，作業場所については，セキュリティ上の留意事項のほかは特に指定はなく，Cは主に自宅で作業をしているが，自宅以外ではコワーキングスペースなどを利用している。以上のことから，Cは場所的な拘束は比較的緩やかであるといえるが，時間的な拘束については，作業時間帯の指定まではないもののタイムカードによる作業時間の記録が徹底されており，作業時間に対するX社の承認を要することなどから相当程度時間的な拘束性があることが認められる。

ニ）代替性の有無について

Cの仕事内容について，特に第三者に委託することは禁止されていないが，

再委託する場合には，事前にX社へ通知を行い，その承認が必要とされている。しかし，CはこれまでX社からの仕事の依頼につき，第三者に再委託することはしていない。

　以上，イ）からニ）の諸要素に照らすと，Cには，仕事の依頼，業務従事の指示等に対する諾否の自由があり，業務遂行上の指揮監督の程度は，業務の性質上必要な範囲に留まるものであり，時間的場所的拘束性も比較的緩やかなものであるといえる。しかし，その一方で，実際には，X社からの依頼をほぼ断ることなく，なおかつ，第三者に再委託することもなく受けていること，作業時間についても，タイムカードによる管理が徹底され，X社の承認が必要とされていることなどから，Cが直ちに指揮監督下の労働にあるとはいえないまでも，相当程度X社の監督の下にあることが窺える。

②報酬の労務対償性に関する判断基準

　Cの仕事に対する報酬は，上記①より直ちに指揮監督下の労働とはいえないが，Cの作業時間すなわち労務提供時間に応じた報酬額となっていることから，賃金の性格に類似するものといえる。

③「労働者」性の判断を補強する要素

イ）事業者性の有無について

　Cは，自ら所有するPCを使用し作業に従事しており，そのほか，X社とのWeb会議のためWebカメラを設置している。これらの費用や光熱費等はすべてCが負担している。また，Cの報酬額は，同種の業務に従事しているX社の正規従業員[118]と比べて著しく高額とまではいえない。

ロ）専属性の程度について

　Cは，事実上X社からの仕事の依頼を優先的に受けるようにしていた事情はあるが，一方で，PF 2社に登録しており，X社以外の仕事の依頼についても，対応可能な場合は受けていることが窺える。また，X社も，仕事があれば，Cに優先的に依頼をすることはあっても，同社以外からの仕事の依頼を受けない

---

[118]　厚生労働省「平成30年賃金構造基本統計調査」における一般労働者の産業中分類より，産業分類：情報サービス業，企業規模：10人以上，年齢：40代前半，性別：男性，学歴：大卒の場合の，所定内実労働時間数：159時間，所定内給与額：42万3千円を，X社の正規従業員の月額給与と仮定した場合。

よう指示することまではしていない。なお，Cの総収入のおよそ4分の3はX社からの収入となっており経済的に依存している状況がみてとれる。以上のことを考慮すると，X社との関係においてCの専属性の程度は比較的高いものといえる。

ハ）その他について

Cは，PFを通じて行った仕事の報酬について，毎年事業所得として確定申告をしている。また，X社において一般の従業員に適用されるような，労働保険，社会保険の適用，就業規則や服務規律の適用はない。

以上，上記①及び②に加え，③の事情をも総合的に考慮すると，上記①及び②から，Cには，一定程度の時間的拘束性があり，報酬も作業時間に応じたもので，賃金の性格に類似するところがあるが，その一方で，X社のCに対する指揮監督の程度は低く，これらの事情から直ちに使用従属性があるとまでは認められない。また，上記③から，Cの収入の割合が，事実上X社からのもので大半を占めており，CはX社に対し経済的に依存している状況がみられるものの，Cは，機械や器具の負担を自らしていること，X社から得られた収入についても事業所得として確定申告していることなどから，自己の計算と危険負担の下に業務に従事していることが窺われる。そうすると，Cは，X社の指揮監督の下に労働していたとはいえず，また，X社からの報酬が労務提供の対価に類似する性質を有することは否定できないが，そのほかの事情を考慮しても，使用従属性を認めることはできない。したがって，Cは，個別労働法上の「労働者」ということはできない。

3）検討

以上のように，3つのCW就業者モデルについて，現行の個別労働法における「労働者」性について検討を行ったが，いずれのモデルケースにおいても，「労働者」性が認められる可能性は低いことが分かった。

まず，Aは，タスク型の仕事に従事する就業者を想定しているが，タスク型の仕事の場合は，CSにとっては，大量の作業を細分化して不特定多数のCWに発注することで目的の作業を効率的に完了できるというメリットがある。そのため，1件当たりの作業内容は単純となり，作業時間も短時間で完了するものがほとんどである。さらに，成果物1件当たりの報酬単価（総じて低額）が定められ，出来高に応じて報酬が支払われている。また，特定のCSと継続的な取引関係とな

ることも通常考えにくいことが窺える。したがって，Aについては，現行の個別労働法において「労働者」性を認めることは困難といえる。

　次に，Bは，PFの運営サイトを通じた直接依頼による仕事（固定報酬制のプロジェクト型）とコンペ型の仕事に従事する就業者を想定している。コンペ型の場合は，不特定多数のCWがあらかじめ成果物（作品）を作成し，当該納品した成果物（作品）に対し，CSが気に入った成果物（作品）を採用することで報酬が支払われる。そのため，労務提供そのものに対する報酬の支払いとはいえないことから，「労働者」性を認めることは困難であろう。他方，直接依頼による仕事の場合は，CWの専門性や過去の実績，評価等に対する期待や信頼に基づいて行われるものである。そのため，CSは，通常，成果物の概要や目的，イメージ，形式等の指示以外は仕事の遂行方法等に関して具体的な指示をすることはなく，報酬の性格も成果物の品質や出来栄えに対するものといえるため，現行の個別労働法の枠組みでは，「労働者」性は認められにくいであろう。

　最後に，Cは，作業時間に応じた報酬を支払うプロジェクト型の仕事に従事している就業者を想定している。プロジェクト型の場合は，一般に，長期にわたるもの，CWと相談のうえ成果物の作成を進めていく必要があるもの，修正対応が必要なものなどの場合に適している。Cは，特定のCSとの継続的な取引関係があること，報酬が作業時間に応じて支払われることから，労務の対価としての性格に類似する点がみられること，総報酬に占める当該CSからの報酬の割合が高く経済的に依存している関係があることなどが認められる一方で，当該CSからの仕事依頼等を断ることも可能で，業務に必要な範囲の指示以外で具体的な指示はなく，場所的拘束性も緩いことなどから指揮命令の程度は低いことが窺われる。さらに，機械や器具の負担を自らしていること，当該CSから得られた収入についても事業所得として確定申告していることなどから，自己の計算と危険負担の下に業務に従事していることが認められる。したがって，当該CSの指揮監督下の労働にあるとまではいえず，現行の個別労働法において「労働者」性が認められる可能性は低いものといえる。

　それでは，いかなる点が認められればCWにも現行法上の「労働者」性が認められ得るだろうか。以下，「労働者」性の判断要素を取り上げ簡単に触れておく。

　まず，指揮監督下の労働にあるか否かについては，例えば，CS側が毎月の具

体的な業務内容や業務量について決定しておりCW側には交渉の余地がないといった事情，作業の進め方や手順について子細なマニュアルが用意され，CWにはそれらに従って業務を遂行することが義務付けられるといった事情，日々の進捗レポートや週1回の定例ミーティングへの出席などを義務付けるといった事情等が認められるようであれば，「労働者」性を肯定する要素として評価されると考えられる。

　次に，時間的拘束性の有無については，現在は，情報通信技術の発達により，在宅でも，勤怠管理システム等を使用して常時勤務状況を把握することが可能になっているし，実際に時間単価制の場合は，かなり徹底した勤怠管理が行われている。このような勤怠管理が，通常の労働者の勤怠管理と同様に行われている事情（例えば，始業・終業時刻が通常の労働者と同様に指定されるなど）があれば，時間的拘束性が強いものとして「労働者」性を肯定する要素として評価されるものと考えられる。また，場所的拘束性の有無については，例えば，会議への出席や進捗報告等のため，CSが指定した事業所への出社を一定頻度で求められたり，通常の労働者と同じように常駐させたりといった事情があれば，場所的拘束性が強いものとして「労働者」性を肯定する要素として評価されるものと考えられる。

　最後に，報酬の労務対償性については，報酬が一定時間労務を提供していることに対する対価（例えば，時間に応じた報酬が支払われるなど）といえる場合には，使用従属性を補強するものと考えられる。

　以上の観点から「労働者」性が判断できない場合には，事業者性の有無（機械・器具の負担関係，報酬の額等）や専属性の程度等についても考慮することになる。

　例えば，機械・器具の負担関係については，CWの場合は，専ら，自ら所有するPC等の情報通信機器端末を利用することが多いと考えられるが，専門的な職種で必要とされる専用機器やソフト等を除けばそれほど高額なものを揃える必要もなく始められることや，光熱費についても日常生活に係る程度以上に過度に高額となることは通常考えにくいことなどから，これらを自己負担しているからといって直ちに事業者性を肯定することは妥当ではないと考えられる。一方，報酬の額については，例えば，CSにおいて同種の業務に従事する労働者と比べて著しく高額な場合には，事業者性を肯定する要素として評価されることが考えられる。また，専属性の程度については，CS側において，CWが他社の仕事に従事す

ることを制約したり，又は，事実上困難な場合には，専属性の程度が高いものとして，「労働者」性を肯定する補強要素として評価されると考えられる。

このように，CWにおいても，客観的な判断に基づき「労働者」性が認められる可能性は十分にあることは指摘しておきたい。

しかし，以上3つのCW就業者モデルを比較しても，その働き方は三者三様であり，仕事の形式によっても違いがあることが分かる。そのため，CWを一括りにして統一的な就業者像を把握することは実際には難しい。

特に，Aのようなタスク型の仕事や，Bのようなコンペ型の仕事については，「労働者」に類似する要素を見出すことは困難であった。他方，Cのようなプロジェクト型の場合は，「労働者」に類似する要素も少なからず認められることから，以下ではCW類似の「労働者」モデルと比較し検討する。

前述のCW類似の「労働者」モデルは，雇用型テレワーカーを想定したものであり，一般の労働者と比較すると，時間的場所的拘束性が緩やかで，業務遂行における使用者の指揮命令の程度も希薄といえる事情があった。しかし，その一方で，「労働者」性を肯定する要素として，使用従属性の判断基準の要素としては，(a)業務指示等に対する諾否の自由がない点，(b)勤務時間帯が一般従業員と同じである点，「労働者」性を補強する要素としては，(c)機械，器具の負担が全額会社負担である点，(d)他社での就業が原則禁止されている点が挙げられた。

CとCW類似の「労働者」モデルとの主な類似点は，まず，［①］時間的場所的拘束性の程度が比較的緩く，労働時間管理は基本的に本人に裁量がある点，作業場所に関しても特段の指示がない点で共通している。次に，［②］業務内容に関する指示についても仕様書等によりあらかじめ決まっているものであり，それら以外には細かい指示等はなく，具体的な遂行方法については本人の裁量に任されている点も共通している。なお，［③］時間的拘束性については，CW類似の「労働者」モデルの場合は，勤務時間帯が一般の従業員と同じであること，Cの場合は，タイムカードにより作業開始から作業終了までの作業状況が事細かに記録されることといった点で，一定の拘束性があることも共通している。

他方で，主な相違点は，［④］CW類似の「労働者」モデルの場合は，業務指示等に対する諾否の自由はないが，Cにはある点，［⑤］CW類似の「労働者」モデルの場合は，機械，器具の負担が全額会社負担であるが，Cは全額自己負担

である点，［⑥］CW類似の「労働者」モデルの場合は，他社での就業が原則禁止されているが，Cは禁止されていない点，［⑦］CW類似の「労働者」モデルの場合は，採用過程，税金の取扱い，労働保険の適用等についても一般従業員と同じ取扱いであるが，Cは，PFを通じて直接仕事依頼を受け個別に業務委託契約を締結し，労働保険の適用等もなく，自ら確定申告を行っている点，にある。

以上，CとCW類似の「労働者」モデルとの比較から，両者に限定していうならば「労働者」性を肯定する要素は，④から⑦の点にあるといえそうである。

このうち，④は，「労働者」性の判断にあたり，指揮監督下の労働であるかの重要な判断要素といえ，⑤及び⑥は，それぞれ，事業者性の有無の判断要素，専属性の程度に関する判断要素といえ，「労働者」性の判断を補強する要素と位置付けられる。なお，⑦に関しても，「労働者」性の判断を補強する要素ではあるが，当事者が容易に操作し得る形式的な事情といえるため，その判断にあたっては，重視すべきではないと考えられる。

このように考えると，Cのような時間的場所的拘束性が緩やかで，指揮命令の程度も通常の「労働者」に比べて希薄な就業者においても，「労働者」か否かを決定付ける重要な判断要素は，労務を提供するか否かを自ら選択することができず，他人に従属して労務を提供しなければならないという「労務提供の他人従属性」[119]にあるといえる。そして，「労務提供の他人従属性」がないことが，Cの「労働者」性を否定する決定的な要素になっているものと考えられる。

それでは，Cは，個別労働法上の「労働者」といえないため，その保護の必要性は一切ないといえるのだろうか。

前述の通り，Cは事実上X社からの仕事の依頼に対してはほぼ断ることなく受けていたこと，報酬が作業時間に応じたものとなっており，Cの作業時間につい

---

119 このような特徴は，労働契約関係にみられる特徴といえ，土田・前掲注(68)55頁は，労働契約は，労働それ自体の提供を目的とする契約であるため，労働義務の基本的要素を決定する権限（労務指揮権）は使用者に帰属し，労働者は自己の労働力を自由に利用する地位を失う点（労働の他人決定性）に基本的特質があるとする。また，水町・前掲注(2)227頁は，労働者は労働をするにあたって他者（使用者）から指示や命令（指揮命令）を受けることが多く，労働契約の履行過程で具体的な労働義務の内容が使用者のその都度の指揮命令によって決定されることがある点（労働内容の「他人決定性」），労働者は，その点で，個人の自由（自らの判断で行動する自由）を事実上奪われている点（「人的従属性」）を特徴として挙げる。

てはX社の承認を要すること，CはX社からの収入に経済的に依存しており，事実上X社の仕事を専属的に受けている状況にあること，Cの報酬額がX社の正規従業員と比べて著しく高額とはいえないことなどから，「労働者」に類似する実態が窺われることは否定できない。

　そうだとすると，その類似性に着目した保護の必要性を検討する必要があるのではないだろうか。したがって，次節では，「労働者」に類似するCWの保護の必要性について検討を行う。

3.2　クラウドワーカーの保護の必要性

　これまで，現行の個別労働法におけるCWの「労働者」性について3つのCW就業者モデルを対象として検討したが，いずれの場合においても「労働者」性が認められないか，または，認められる可能性が低いという結論に至った。しかしながら，CWの中にはCのようなプロジェクト型の就業者の場合は，「労働者」に類似する要素も少なからず認められることから，本節では，その類似性を手掛かりにCWの保護の必要性について検討する。

　前節では，CとCW類似の「労働者」モデルにおいて，「労働者」か否かを分ける重要な要素が「労務提供の他人従属性」にあることを示した。

　しかし，そもそも，なぜ「労務提供の他人従属性」が「労働者」性の判断にあたって重要とされるのだろうか。筆者は，それは，組織がその事業目的を達成するために継続的に労務提供してくれる者を必要としているからだと考える。それゆえ，「労務提供の他人従属性」という性質が導かれ，労働契約に基づきさまざまな統制を当該労務提供者に強いるのである[120]。

　このように解すると，ある組織がその事業目的を達成するために恒常的に労務提供してくれる者を必要とするために，当該組織の中にその者を組み込むような事情が認められるのであれば，それが「労務提供の他人従属性」といった事情を伴わない場合であっても，すなわち，現行の労働法における「労働者」という枠

120　労働契約関係にみられるこのような特色について，菅野・前掲注(1)149頁は，「組織的労働性」と呼んでおり，事業の経営主体としての使用者は，労働契約によって多数の労働者を雇い入れて，彼らを事業目的のために有機的に組織づけ，その労働力を相乗的に活用していこうとするとし，このような組織的労働においては，労働条件その他の待遇の統一的で公平な取扱いや規律が必要となり，就業規則が必要となるとしている。

組みには当てはまらないとしても，「労働者」に類似する者として，何らかの保護の可能性を見出すことができるのではないだろうか。

　そこで，筆者が着目する視点として，吉田教授が提唱する「事業組織的従属性」がある。吉田教授は，前述の通り，「他人の労働力を利用するに当たって，たとえ労働そのものに対する指示はなく，業務の性質上，当然の指示を及ぼしているにすぎなくとも，その労働力が事業運営上，不可欠である場合」に「事業組織的従属性」が認められるとする。筆者もこの考えに与するところがあり，ある組織がその事業目的を達成するために特定の者から恒常的に労務提供を受けている場合であって，当該労務提供者が，当該組織の中に組み込まれているような事情が認められる場合であれば，「事業の運営上，恒常的に必要な労働力として組織の中に組み込まれている者[121]」として一定の保護を与えるべきだと考える。なぜなら，事業の運営上，恒常的に必要な労働力として組織の中に組み込まれているということは，組織が自らの事業で何らかの利益を得るために行う生産的行為に対し，労働力そのものを生産手段として恒常的に利用することを意味するのであり，そこには本来自らの労働力を自由に利用できる個人の権利を制約する力が内在していると考えられるからである。そして，それを制約するための手段が，「労働契約」であり，その実効性を確保するために労務提供が他人従属のもとに置かれることになるのである。したがって，労働契約に基づく一方当事者としての「労働者」に該当しなくても，労働力利用の自由を制約する力の程度が「労働者」に類似する程度に存在すれば，そのような者に対して一定の保護を与えるべきとする根拠が導かれるのである。

　しかしながら，現行の個別労働法の判断基準においては，「事業の運営上，恒常的に必要な労働力として組織の中に組み込まれている者」という判断要素は掲げられていない。そのため，CWへの個別労働法的保護の在り方については，多

121　吉田・前掲注(98)46頁以下は，労働者概念の再構成の試みとして，「事業組織的従属性」に注目しているが，「事業組織的従属性」は，人的従属性と重なり合うことも避けがたいために，実際には，統一的基準を立てることは困難であるとし，結局，具体的事案ごとで判断していく以外にないとする。ただ，少なくとも，一定の継続的な契約関係を前提とすること，および，不可欠であるか否かは厳格にみる必要はなく，事業運営上，恒常的に必要な労働力といえれば十分であるとする。しかし，筆者は，「労働者」に類似する要素としての抽出を試みている点で異なる。

くの学説が示すように，現行法の「労働者」概念を解釈により拡張する方向で考えるのか，あるいは，立法的な対応を考えるのかに大きく分かれている。

　この点について筆者は，現行の個別労働法における「労働者」概念については，そのまま維持しつつ，CWと「労働者」との類似性に着目して，現行の個別労働法（とりわけ労契法）を類推適用することにより一定の保護を与えるべきであると考える[122]。つまり，現行法上の「労働者」性判断のメルクマールとされる使用従属性があるとはいえなくとも，「事業の運営上，恒常的に必要な労働力として組織の中に組み込まれている者」であれば「労働者」に類似する者として，労契法を類推適用することで，一定の保護を与えようというのである。なお，「労働者」概念を現行のまま維持すべきとしたのは，CWの就業実態が多種多様であり，現時点ではマクロの視点でしか把握することができなかったことから，解釈論的アプローチにより現行の「労働者」概念を拡張してそれに組み込むことや立法論的なアプローチとして第三のカテゴリを創設することなどは時期尚早ではないかと判断したためである。むしろ，限られた情報の中からCWの「労働者」との類似性を探求することによりその保護の必要性と現行労働法の類推解釈による適用可能性を検討することの方が有意義であると判断したことによるものである。

　そして，「事業の運営上，恒常的に必要な労働力として組織の中に組み込まれている者」の存否の判断にあたっては，次の要素をすべて満たす必要があると考える。すなわち，①当該組織との契約関係が労働契約以外の役務提供契約に基づいていること，②当該組織への役務提供者が個人であること，③当該組織から役務提供の対償として金銭的利益を得ていること，④当該組織の事業の遂行に必要な労働力であること，⑤当該組織と役務提供者との間に反復・継続的な契約が存在すること，⑥当該組織への役務提供が専属的といえる程度に行われていること，⑦当該組織への役務提供が主として当該役務提供者以外により行われていないこと，⑧当該組織からの収入により生計の大部分を依存していることの8つである[123]。

122　なお，労基法については，刑罰法規であるため類推適用はできない。
123　厚生労働省「今後の労働契約法制の在り方に関する研究会」報告書（2005年9月15日）15頁では，近年の就業形態の多様化に伴い，労基法上の労働者として必要とされる使用従属性まではなくとも，請負契約，委任契約等に基づき役務を提供してその対償として報酬を得ており，特定の者に経済的に従属している者については，相手方との間に情報の質及び量の格差や交渉

①については，労働契約以外の役務提供契約に労契法を類推適用することで一定の保護を図るものであるため要するとしたものである。

②については，労働契約を構成する当事者が，労働者と使用者であるため，役務提供者についても個人であることを要するとしたものである。

③については，労働契約が，労働の対償として報酬が支払われることを要するため，役務提供の対償として金銭的利益を得ていることを要するとしたものである。

④については，役務提供者の労働力の利用が当該組織の事業遂行に関連するものであることを要するとしたものである。ただし，その範囲にあっては，当該組織の主要事業のみならず，その周辺的あるいは間接的な業務も含むとすべきである。

⑤については，当該組織との間で役務提供関係が反復・継続することにより，役務提供関係が継続されることへの期待が発生することから要するとしたものである。どの程度の反復・継続が必要かについては，有期労働契約の締結，更新及び雇止めに関する基準（平成15年厚生労働省告示第357号）における，雇止め予告の規定（平成20年厚生労働省告示第12号・一部改正）が参考となる。これによれば，有期労働契約を3回以上更新し，又は，雇入れの日から起算して1年を超えて継続勤務している者を対象として雇止めの予告を要するとしている。

⑥から⑧については，役務提供者の労働力が，恒常的に必要な労働力として当該組織の中に組み込まれているといえるために要するとしたものである。ただし，⑥については，当該組織の業務に専属的に従事する旨の取り決めがなされていることまでは必要とせず，事実上，当該組織と専属的といえる程度に役務提供関係が存在していれば足りるとすべきである。また，⑦については，当該組織に

力の格差が存在することから，労働契約法制の対象とし，一定の保護を図ることが考えられるとして，例えば，次のような要件をすべて満たす者が挙げられている。①個人であること，②請負契約，委任契約その他これらに類する契約に基づき役務を提供すること，③当該役務の提供を，本人以外の者が行うことを予定しないこと，④その対償として金銭上の利益を受けること，⑤収入の大部分を特定の者との継続的な契約から得，それにより生活する者であることの5つである。なお，同報告では，どのような者に，どのような規定を適用することが適当かについて，これらの者の働き方の実態を踏まえて十分な検討を行う必要があるとしており，具体的な提言には至っていない（荒木＝菅野＝山川・前掲注(107)80頁以下）。しかし，雇用と自営の中間的な就業者への労働契約法制の適用を視野に入れていたことは示唆的である。

より第三者への委託等が禁止されていない場合であっても，役務提供者自身が当該組織への主たる役務提供者となっていることで足りるとすべきである。さらに，⑧については，当該組織からの収入に経済的に依存している状況が必要である。

　以上①～⑧の要素をすべて満たした場合，「事業の運営上，恒常的に必要な労働力として組織の中に組み込まれている者」と認められるものと考える。

　したがって，CWにおいても，「事業の運営上，恒常的に必要な労働力として組織の中に組み込まれている者」と認められる場合には，「労働者」に類似する者として，保護の可能性が導き出されるのである。

　次節では，CW就業者モデルCについて，「事業の運営上，恒常的に必要な労働力として組織の中に組み込まれている者」と認められるか否かを検討したうえで，法的保護の在り方について検討を行う。

3.3　クラウドワーカーの法的保護の在り方

　前節では，「労働者」性の判断の重要な要素である「労務提供の他人従属性」は，組織がその事業目的を達成するために継続的な労務提供者を必要としているために導かれるものであることを示した。そこから，「労働者」に類似する要素として，「事業の運営上，恒常的に必要な労働力として組織の中に組み込まれている者」という要素を抽出し，CWへの労働法的保護の可能性を導き出した。そして，上記要素の存否の判断要素を提示した。

　本節では，これらを踏まえ，Cについて，「事業の運営上，恒常的に必要な労働力として組織の中に組み込まれている者」と認められるか否かを検討したうえで，CWの法的保護の在り方について検討を行う。

1）CWの労働法的保護の可能性

　前節で，「労働者」に類似する要素として「事業の運営上，恒常的に必要な労働力として組織の中に組み込まれている者」を挙げ，その存否の判断基準を8つ提示した。この基準に従って，CW就業者モデルCが，「事業の運営上，恒常的に必要な労働力として組織の中に組み込まれている者」と認められるか否かを以下検討する。

ⅰ）労働契約以外の役務提供契約に基づいていることについて

　本要素について，X社とCとの間の契約関係は個別の仕事ごとに業務委託契約

が締結されることになっている。したがって，同要素を満たすものといえる。

ⅱ）役務提供者が個人であることについて

　本要素について，役務提供者は，C自身であるため，同要素を満たすものといえる。

ⅲ）役務提供の対償として金銭的利益を得ていることについて

　本要素について，報酬は，Cの作業時間に応じて金銭により支払われるものであるから，同要素を満たすものといえる。

ⅳ）事業の遂行に必要な労働力であることについて

　本要素について，X社は，システムインテグレーターであり，要件定義から実装までの開発案件を継続的に受けている。X社からCへの仕事の依頼も，同事業により受託した開発案件の一部であることから，Cの労働力の利用がX社の事業遂行に関連するものであるといえる。したがって，同要素を満たすものといえる。

ⅴ）反復・継続的な契約が存在することについて

　本要素について，X社からの仕事の依頼については，プロジェクトごとに概ね1か月から3か月程度の期間となっており，X社と取引を開始して3年程経過している。この間，Cは他の案件状況との兼ね合いから数回程度断ったことはあるが，X社はCに優先的に仕事の依頼をするよう配慮しており，Cもまた優先的に受けるようにしていた事情が窺える。以上の事実から，本要素を満たすものといえる。

ⅵ）役務提供が専属的といえる程度に行われていることについて

　本要素について，Cは，X社の仕事以外も受けることは可能であって，特段制限されていなかったが，CはX社からの仕事を優先的に受けるようにしており，X社もまたCに優先的に仕事の依頼をしていた状況がある。また，Cは，週30時間から40時間程度X社の仕事をしていることなどから事実上，X社の仕事を専属的に行っていたことが窺える。したがって，本要素を満たすものといえる。

ⅶ）主として当該役務提供者以外により行われていないことについて

　本要素について，X社からの仕事内容について，特に第三者に委託することは禁止されていないが，CはこれまでX社からの仕事の依頼につき，第三者に再委託することはしていなかった。また，X社はCとの継続的な取引を通じて，その仕事の品質の高さを評価し，Cを信頼して優先的に仕事を依頼していたという事

情も窺える。以上の事実から，CはX社に対して主として役務を提供していたものであり，本要素を満たすものといえる。

viii）当該組織からの収入により生計の大部分を依存していること

本要素について，Cの総収入のおよそ4分の3はX社からの収入となっており経済的に依存している状況が窺えることから，本要素を満たすものといえる。

以上，ⅰ）からⅷ）の要素すべてについて満たしていることから，Cは，「事業の運営上，恒常的に必要な労働力として組織の中に組み込まれている者」と認めることができる。したがって，「労働者」に類似する者といえ，労契法を類推適用することにより，労働法的保護の可能性があるものということができる。

2）CWの法的保護の内容

以上のように，Cは「労働者」に類似する者ということができ，その類似性に応じた一定の保護を与えるべきと考える。では，具体的にどのような法的保護が考えられるだろうか。以下では，「労働者」との類似性に応じた具体的な保護の内容について，CWが期待する保護政策の内容と労契法の条文規定とを照らしながら検討する。

ⅰ）CWが期待する保護政策

JILPT調査[124]によれば，CWがトラブルを経験した割合は，全体の5割を占めており，トラブルの内容について割合が多い順にみると，①「作業内容・範囲についてもめた」（21.8%）が最も多く，次いで②「仕様を一方的に変更された」（19.0%），③「一方的に作業期間・納品日を変更された」（15.5%），④「取引相手と連絡が取れなくなった」（12.9%），⑤「作業途中で一方的に契約を打ち切られた」（12.2%），⑥「報酬の支払が遅れた・期日に間に合わなかった」（10.5%），⑦「報酬が支払われなかった・一方的に減額された」（8.6%）などとなっている。このうち，CWの特徴として，④と⑤が，サンプル全体[125]よりも高いことであることが指摘されている。

また，トラブルの解決状況をみると，①から③については，「すべて解決した」が全体の5割強となっており，また，⑥では，8割弱が「全て解決した」と回答

124　JILPT調査・前掲注(18)172頁以下。
125　「トラブル経験あり」と回答した独立自営業者全体のサンプル数は，4117であり，そのうちCW全体は，543になる。

するなど，比較的解決しやすいものと考えられる。その一方で，④，⑤については，「未解決のものもある」，「全く解決していない」を併せると5割を超えており，また，⑦では，同回答の割合が8割弱となっているなど，比較的解決しにくいものといえる。

　このような結果の中で，CWが整備・充実を求める保護政策としてニーズが高い主なものは次の通りとなっている。(a)「取引相手との契約内容の書面化の義務付け」(23.8%)，(b)「トラブルがあった場合に，相談できる窓口やわずかな費用で解決できる制度」(22.7%)，(c)「取引相手からの報酬支払い時期の遅延や減額を禁止するルール」(18.7%)，(d)「取引相手との契約内容の決定や変更の手続き（プロセス）の明確化」，(e)「独立自営業者の仕事について，最低限支払われるべき報酬額を定めたルール」(17.0%)，(f)「取引相手が，正当な理由なしに契約を終了させることを禁止するルール」(15.6%)などである。

　以上の調査結果を踏まえると，トラブルの割合が高いものとしては，①から③が挙げられ，いずれも契約内容に関するトラブルとなっている。この点については，CWが期待する保護政策として，(a)，(d)にも反映されている。また，トラブルの割合が比較的高い一方で，解決しにくいトラブルには，④，⑤が挙げられる。このうち，CWが保護政策として期待するものでニーズが高いものといえるのが，(f)であることが分かる。

　以下では，これら(a)，(d)及び(f)に焦点を当てて法的保護の可能性を検討する。

ⅱ）労契法における保護の可能性

　前項では，CWが期待する保護政策の中で特に必要性が高いと思われるものとして，(a)「取引相手との契約内容の書面化の義務付け」，(d)「取引相手との契約内容の決定や変更の手続き（プロセス）の明確化」，(f)「取引相手が，正当な理由なしに契約を終了させることを禁止するルール」が挙げられることを指摘した。本項では，労契法の規定の中にこれらのニーズに適合的なものがないかを検討し保護の可能性を考える。

　まず，(a)に関連する労契法上の規定としては，同法第4条2項「書面による確認」がある。本条項では，「労働者及び使用者は，労働契約の内容（期間の定めのある労働契約に関する事項を含む。）について，できる限り書面により確認するものとする。」と定めている。これは，労働契約の内容を十分確認することに

より，紛争を防止しようとした規定であり，労基法第15条および同法施行規則と
異なり，労働契約の締結時のみならず，変更後の労働契約の内容も対象となるも
のとされている。また，「（期間の定めのある労働契約に関する事項を含む。）」は，
有期労働契約について，更新の有無や更新の判断基準等があいまいであるために
個別労働関係紛争が生じていることが少なくないことから，その内容をできる限
り書面により確認することが重要であることを明らかにしたものとされる。ただ
し，労働契約の内容を具体的にどのような書面で確認するかについては規定して
おらず，書面により労働契約を締結し，あるいは労働契約内容の変更を書面によ
り行うことそのものまで義務づけるものではない。したがって，これに違反した
としても，そのことにより，契約上の権利義務関係が変動したりするなどの法的
効果が発生するわけではないと解される[126]。

　次に，(d)に関連する労契法上の規定としては，同法第4条1項で，「使用者は，
労働者に提示する労働条件及び労働契約の内容について，労働者の理解を深める
ようにするものとする。」と定めているほかは，直接的に規定するものは見当た
らない。本項は，労働契約の締結や変更などについて，労働者が適切に交渉を行
いうるためには，その際に問題になる労働条件や契約内容について労働者が十分
に理解していることが必要となることから，労働契約における対等な立場での合
意という理念（同法第3条1項）の実現を促進するための規定とされている[127]。
同規定は，努力義務に留まるもの[128]とされているため，その法的効果については，
本条違反と評価される場合でも，直接的な法的効果が生ずるわけではない。しか
し，信義則違反など一般条項の適用にあたって，本条違反の事実が勘案されるこ
とはありうる[129]。

　最後に，(f)に関連する労契法上の規定としては，期間の定めのある労働契約の
終了（解雇）に関する規制（同法第17条1項），雇止めに関する規制（同法第19条）
がある。なお，期間の定めのない労働契約の終了（解雇）に関する規制（同法第
16条）もあるが，労働契約以外の労務提供契約においては，通常，期間の定めの

126　荒木＝菅野＝山川・前掲注(107)91頁以下。
127　荒木＝菅野＝山川・前掲注(107)89頁。
128　なお，労基法第15条及び同法施行規則においては，労働契約締結時における労働条件の明
示を義務付けている。
129　荒木＝菅野＝山川・前掲注(107)90-91頁。

ない契約関係は想定しにくいことから，本項での検討対象とはしない。

　労契法第17条１項は，「使用者は，期間の定めのある労働契約について，やむを得ない事由がある場合でなければ，その契約期間が満了するまでの間において，労働者を解雇することができない。」と定めている。労働契約に期間の定めがある場合，その期間中，当事者は契約に拘束されるのが原則である。民法第628条は，これを前提として，「当事者が雇用の期間を定めた場合であっても，やむを得ない事由があるときは，各当事者は，直ちに契約の解除をすることができる。」と規定しているが，やむを得ない事由がない場合については同条からは必ずしも明らかではない。そこで，労契法第17条１項では，やむを得ない事由がない場合には，使用者は契約期間の途中において労働者を解雇できないとし，解雇につき民法第628条の反対解釈により導かれることを明らかにしたものとされる。また，当該事由の立証責任は使用者が負うことを明らかにしたものと位置付けられる[130]。

　他方，労契法第19条は，判例法理として確立していた雇止め法理，すなわち，有期労働契約の使用者による更新拒否に対して，解雇権濫用法理を類推適用し，合理的理由を欠き，社会通念上相当と認められない場合に，雇用関係終了の効果を否定する法理を明文化したものである[131]。同条１号では，有期労働契約が反復して更新されたことにより，雇止めすることが解雇と社会通念上同視できると認められる場合（実質無期契約タイプ）[132]，同条２号では，労働者が有期労働契約の契約期間の満了時にその有期労働契約が更新されるものと期待することについて合理的な理由が認められる場合（期待保護タイプ）[133]を規定している。そして，雇止めの合理性や相当性が認められなかった場合，「使用者は，従前の有期労働契約の内容である労働条件と同一の労働条件で当該申込みを承諾したものとみなす。」と定めている。

130　荒木＝菅野＝山川・前掲注(107)168-169頁。
131　荒木＝菅野＝山川・前掲注(107)203頁以下。
132　同規定は，東芝柳町工場事件・最一小判昭49・7・22民集第28巻5号927頁の要件を規定したものとされる。
133　同規定は，日立メディコ事件・最一小判昭61・12・4労判486号6頁の要件を規定したものとされる。

ⅲ）労契法の類推適用の可能性

　前項まで，CWが期待する保護政策と労契法上の関連する条文を概観したが，これらを踏まえ，「事業の運営上，恒常的に必要な労働力として組織の中に組み込まれている者」と認められ，「労働者」に類似する者と判断されたCWについて，個別に労契法の類推適用による保護内容を検討する。

　まず，(f)「取引相手が，正当な理由なしに契約を終了させることを禁止するルール」に対しては，契約の終了が，契約期間の途中によるものであれば，労契法第17条１項の類推適用の可能性が，契約の不更新によるものであれば，労契法第19条の類推適用可能性が考えられる。

　前者については，有期労働契約の期間途中による解雇は，本来契約期間中，当事者は当該契約に拘束されるのが原則であるところ，当該契約期間が満了する前に終了することを意味し，その原則を反故にするものである。したがって，使用者は，この原則を反故にするほどの「やむを得ない事由」がある場合でなければ，解雇することができないとしたものである。労働者は，労働契約に基づき使用者の指揮監督の下に労務を提供することで，報酬を得ることになるのであり，当該労働契約関係において労働者は，自らの労働力利用の自由が制限される状況に置かれているといえる。そうすると，本規定における保護の必要性が求められる重要な要素は，「労務提供の他人従属性」にあるといえそうである。これを踏まえ，CWへの同条による保護の必要性（類推適用可能性）を考えてみると，労契法上の労働者との類似点として，前述3.1で検討したCW類似の「労働者」モデルとの比較で，時間的場所的拘束性は比較的緩い点，業務内容に関する指示等は一定程度あるものの細かい指示等はなく，具体的遂行方法は本人の裁量に任されている点などが挙げられたが，相違点としては，CWには諾否の自由がある点，機械，器具の負担が全額自己負担である点，他社での就業が禁止されていない点などが挙げられた。結局，個別労働法上の「労働者」性が認められる程度に「労務提供の他人従属性」がないことから，同法上の「労働者」性は認められなかったものの，前述の3.3の１）で検討した通り，上記８つの要素が認められることから，「労働者」との類似性は認められた。そうであるならば，当該組織の事業の遂行に必要な労働力として，事実上専属的といえる程度に，かつ，第三者に委託することなく自ら労務提供をなし，当該組織からの収入により生計の大部分を依存してい

る状況が認められる事情があれば，それらを「労務提供の他人従属性」を肯定（補強）する要素として捉えることで，同条を類推適用し保護することも可能と考えられる。

　また，後者については，有期労働契約の場合，民法の原則通りであれば，契約期間が満了すれば当然に契約関係は終了することになるが，これを無制限に認めると，雇用が著しく不安定となってしまう。そこで，当該有期労働契約が実質的に無期契約と同視できると認められる場合や，雇用継続への合理的期待が認められる場合には，解雇権濫用法理（現行労契法第16条）を類推適用し，解雇を無効とする判例法理を確立したのである。そしてそれを明文化したものが労契法第19条である。そうすると，本規定における保護の必要性が求められる重要な要素は，「雇用継続への期待利益」にあるといえそうである。これを踏まえ，CWへの同条による保護の必要性（類推適用可能性）を考えてみると，CWの労働力が，当該組織の事業の遂行に必要な労働力となっていること，反復・継続的な契約が存在することといった要素が「労働者」との類似性を強める要素であると考えられ，前述の3.3の１）で検討した通り，これらの要素を含む上記８つの要素が認められる場合には，「労働者」との類似性が認められることから，同条を類推適用することで保護することも可能と考えられる。

　他方，(a)「取引相手との契約内容の書面化の義務付け」，(d)「取引相手との契約内容の決定や変更の手続き（プロセス）の明確化」に対しては，労契法第４条の類推適用の可能性が考えられる。CWがこのような保護政策の必要性を挙げるのは，取引先が一方的に契約内容を決定・変更したとする自身のトラブル経験によるところが大きく，それはCSとCWとの情報の質・量の差や交渉力の非対等性に由来するものといえる。この契約内容の一方的決定や変更といった事情は，労組法上の「労働者」性の判断においては，経済的従属性の要素としても挙げられており，それ自体は，自営業者や一般の取引関係においても見られる事象である[134]。しかしながら，「事業の運営上，恒常的に必要な労働力として組織の中に組み込まれている者」と認められる場合には，当該取引相手であるCSとの反復・継続的な契約関係が認められ，当該CSの業務に一定程度専属的に従事している

134　土田道夫「「労働者」性判断基準の今後—労基法・労働契約法上の「労働者」性を中心に」57頁。

こととなり，収入の大部分をCSに依存する関係性がみられることになる。そうすると，契約内容の決定や変更プロセスにおける，CWのCSに対する交渉力は相対的に弱くなりがちである。したがって，前述の3.3の1）で検討した通り，上記8つの要素が認められる場合には，「労働者」との類似性が認められることから，同条を類推適用することで保護することが可能と考えられる。もっとも，仮に同条の類推適用が認められたとしても，これにより直接的な法的効果が生ずるわけではないことから，結局，保護の内容としては実効性に乏しいものといえよう。

　以上，CWが挙げる３つの主な保護政策のニーズに対し，労契法の類推適用可能性を検討したが，「労働者」との類似性に基づく法的保護の範囲は，一定程度及ぶものであることが分かる。しかし，一定程度とはいえ，個別労働法上の使用従属性があるとまではいえないCWのような「労働者」類似の者に対しても，個別労働法的な保護を及ぼしうることは明らかになった。このことは，「労働者」か「非労働者」か二者択一を迫る伝統的な判断基準の閉塞的な状況を打開し，両者を分ける法的規制の不均衡を是正する糸口となるものといえよう。

3.4　小括

　本章では，現行の個別労働法上の「労働者」性の判断基準における二者択一的な処理が，就業形態が多様化する今日においては，非雇用化を助長する要因になるという問題意識のもと，「労働者」と「非労働者」との間の著しい法的規制の不均衡が是正されるべきことを指摘した。そして，CWのような「労働者」に類似する就業者を検討対象として，以下の通り法的な保護の在り方を検討した。

　まず，3.1では，３つのCW就業者モデルを例に，現行労働法の「労働者」性の判断基準によりこれらの就業者に「労働者」性を認める余地があるか否かを検討した。その際，CW類似の「労働者」モデルを仮定し，必要に応じてそれと比較することで「労働者」との類似性を明らかにするようにした。その結果，いずれのケースにおいても，現労働法上の「労働者」性を認めることが困難か，認められる可能性が低いことが分かった。しかしながら，CW就業者モデルCについては，「労働者」に類似する要素もみられることから，CW類似の「労働者」モデルとの比較を通じて，その類似する要素と相違する要素を整理した。そしてそのような中で，「労働者」性を決定付ける重要な要素が「労務提供の他人従属性」

にあることを明らかにした。

　次に，3.2では，「労働者」性を決定付ける重要な要素が「労務提供の他人従属性」にあることを端緒として，その性質が導かれる前提には「組織がその事業目的を達成するために継続的に労務提供してくれる者を必要としている」ことが挙げられると指摘した。筆者はこの点に着目し，「労務提供の他人従属性」が希薄である者であっても，ある組織がその事業目的を達成するために恒常的に労務提供してくれる者を必要とするために，当該組織の中にその者を組み込むような事情が認められるのであれば，言い換えれば，「事業の運営上，恒常的に必要な労働力として組織の中に組み込まれている者」であれば，「労働者」に類似する者として，一定の保護を与えるべきであることを述べた。そして，その保護の在り方，とりわけ，個別労働法的な保護の在り方を検討するうえで，筆者は，現行の個別労働法における「労働者」概念については，そのまま維持しつつ，CWと「労働者」との類似性に着目して，労契法を類推適用することにより一定の保護を与えるべきであるとした。すなわち，現行法における「労働者」性判断のメルクマールである使用従属性があるとはいえなくとも，「事業の運営上，恒常的に必要な労働力として組織の中に組み込まれている者」であれば「労働者」に類似する者として，労契法を類推適用することで，一定の保護を与えようというものである。そして，その存否の判断にあたっては，前述の通りの8つの判断要素を挙げた。

　最後に，3.3では，前節で提示した8つの判断要素に基づき，CW就業者モデルCへの当てはめを試みた。その結果，Cは，「事業の運営上，恒常的に必要な労働力として組織の中に組み込まれている者」と認められることを示した。そして，Cは，「労働者」に類似する者といえることから，労契法を類推適用することにより，個別労働法的な保護の可能性があることを導き出した。これを踏まえ，Cのような「労働者」類似の者に対しては，具体的にどのような規定を類推適用することができるかについて，CWが期待する保護政策の内容とそれに関連する労契法の条文規定とを照らしながら法的保護の内容について検討を行った。

　前者については，JILPT調査をもとに，CWが期待する保護政策のうちCWにとって特に必要性が高いと思われる3つに限定して検討を行った。すなわち，(a)「取引相手との契約内容の書面化の義務付け」，(d)「取引相手との契約内容の決定や変更の手続き（プロセス）の明確化」，(f)「取引相手が，正当な理由なしに契約

を終了させることを禁止するルール」である。

後者については，(a)との関連規定として，労契法第4条2項の「書面による確認」，(d)との関連規定として，同法第4条1項の「労働条件等の理解促進」，(f)との関連規定として，同法第17条1項「期間の定めのある労働契約の終了（解雇）に関する規制」及び同法第19条「雇止めに関する規制」を挙げた。

その結果，(f)については，契約の終了が，契約期間の途中によるものであれば，労契法第17条1項の類推適用が，契約の不更新によるものであれば，労契法第19条の類推適用が考えられることを指摘した。また，(a)及び(d)については，労契法第4条の類推適用の可能性が考えられることを指摘した。

このように，CWが挙げる3つの主な保護政策のニーズに対し，CW就業者モデルCの事例をもとに，労契法の類推適用可能性を検討したが，その結果，「労働者」との類似性に基づく法的保護の範囲は，一定の範囲で及ぶことが分かった。

以上の検討から，個別労働法上の使用従属性があるとまではいえないCWのような「労働者」類似の者に対しても，個別労働法的な保護を及ぼしうることを明らかにすることができた。このことは，「労働者」か「非労働者」か二者択一を迫る伝統的な判断基準の閉塞的な状況を打開し，両者を分ける法的規制の不均衡を是正する糸口となるものといえよう。

終章

1. 結論

わが国は，少子高齢化に伴う生産年齢人口の減少，働く者のニーズの多様化などの状況に直面しており，こうした中，投資やイノベーションによる生産性向上とともに，就業機会の拡大や意欲・能力を存分に発揮できる環境を作ることが重要な課題になっている。

厚生労働省「働き方の未来2035」（2016年8月）によれば，「2035年にはさらなる技術革新により，時間や空間や情報共有の制約はゼロになり，産業構造，就業構造の大転換はもちろんのこと，個々人の働き方の選択肢はバラエティに富んだ時代になる」と指摘している。また，2035年には，個人が，より多様な働き方ができ，企業や経営者などとの対等な契約によって，自律的に活動できる社会に大

きく変わっていることを前提として，狭い意味での雇用関係，雇用者だけを対象とせず，より幅広く多様な働く人を対象として再定義し，働くという活動に対して，必要な法的手当・施策を考えることが求められるとしている。

　CWのような働き方はまさに，これを体現するようなものとなる可能性を秘めている。しかし，CWといってもその働き方は多種多様であり，これを一括りに論じることは実際には難しい。そのため，CWに共通する統一的な法的保護の在り方を見出すことは現時点では困難であるといわざるを得ない。

　しかし，そのような中でも，CWには「労働者」に類似する働き方をしている者が一定程度存在することが，前述の実態調査やCW就業者モデルの検討から明らかになった。また，現行の「労働者」概念をめぐる裁判例や学説の状況を概観し，CWのような「労働者」に類似する者への労働法的保護のアプローチ手法を整理する中で，労契法の類推適用可能性という示唆も得ることができた。

　そこで，これを踏まえ，本稿では，「労働者」に類似する要素が比較的多く見出されたCW就業者モデルCを対象として，CW類似の「労働者」モデルとの比較をすることで，「労働者」性を決定付けている重要な要素とは何かについて明らかにしようと試みた。

　その結果，当該CW就業者モデルCと「労働者」類似モデルとの就業状況から「労働者」性を決定付ける重要な要素が「労務提供の他人従属性」にあるということが明らかになった。そして，そのような性質は，組織がその事業目的を達成するために，自らの手となり足となって労務を提供してもらう者が必要であることから導き出されることを指摘した。さらに，そこから「労働者」との類似性を「事業の運営上，恒常的に必要な労働力として組織の中に組み込まれている者」という要素に見出すことができた。

　また，かかる要素の存否を判断する基準について，8つの判断要素を提示し，「労働者」に類似する要素を持つCW就業者モデルCの就業実態に基づいて，これを当てはめたうえで具体的に検討を試みた。その結果，当該Cには，かかる要素が認められ「労働者」との類似性があるといえることが分かった。

　以上を踏まえ，当該Cのような「労働者」に類似するCWに対し，労契法を類推適用するにあたり，具体的にどのような規定を類推適用することができるかについて，CWが期待する保護政策の内容とそれに関連する労契法の条文規定とを

照らしながら検討を行った。

　この結果，少なくとも次の点において，労契法の類推適用が可能であるという結論に至った。すなわち，労働契約の終了に関する規定（労契法第17条1項及び第19条），労働条件等の理解促進規定（同法第4条1項），書面による確認規定（同法第4条2項）の類推適用である。以上のことから，CWのような「労働者」類似の者に対しても，労働法的保護が，一定の範囲で及ぶことを明らかにすることができた。

　このように，限定的とはいえ，個別労働法上の使用従属性があるとまではいえないCWのような「労働者」類似の者に対しても，個別労働法的な保護を一定程度及ぼしうることが明らかになった。このことは，「労働者」か「非労働者」か二者択一を迫る伝統的な判断基準の閉塞的な状況を打開し，両者を分ける法的規制の不均衡を是正する糸口となるものといえよう。

2．今後の課題

　本稿では，CWの働き方の多様性を認識したうえで，「労働者」との類似性が比較的高いCW就業者モデルCを具体的検討対象として，その法的保護の在り方を考察した。そこでは，「労働者」との類似性の要素に着目し，実態調査等を踏まえたうえで，CWが期待する保護政策で特に必要性の高いと思われるものを中心に労契法の類推適用可能性を検討した。しかし，本稿で取り上げた保護の内容のほかにも，報酬規制，時間規制，災害補償，安全衛生，差別禁止，ハラスメント規制等もあわせて検討されるべきであると考えられるが，本稿の中ではこれらを取り上げて検討することまではできなかった。例えば，報酬規制に関しては，CWには(c)や(e)のように報酬に関する保護政策のニーズも一定程度あるが，最低報酬額の規律といった報酬に関する規定は労契法の中では特に設けられていない。そのため，CWが期待する保護政策の必要性と，労契法の類推適用による保護範囲とのバランスは必ずしも十分であるとはいえない。

　ただ，CWの場合は，本稿で検討対象としたCW就業者モデルCのような「労働者」類似の者がいる一方で，CW就業者モデルAのようにそもそも労働法的な保護の必要性が高いとはいえない者もおり，むしろAのような就業者の方が多いものと思われる。実際に，前述の実態調査においても，副業として従事する者が

CW全体の7割と多いこと，作業日数も2週間以内がCW全体の7割となっていること[135]からもそのようなことが窺える。さらに，「独立自営業になった理由」としても，「収入を増やしたかったから」（48.6％），「自分のペースで働く時間を決めることができると思ったから」（31.5％）といった肯定的な理由が多く，「正社員として働きたいが，仕事が見つからなかったから」（2.6％），「その時働いていた会社の倒産，リストラ」（2.1％）といった不本意な理由による割合は低い[136]という実態もある。このような状況を考えると，現段階では，個別労働法的な保護の範囲を過度に拡げるべきではないという見方もできよう。

　したがって，労働法的保護の可能性が及ばない事項については，当事者同士の自主的な努力により解決することも必要となろう。その意味で，ソフトロー的なアプローチとして「自営型テレワークの適正な実施のためのガイドライン」（2018年2月）[137]の内容が参考となる。

　例えば，同ガイドラインでは，関係者が守るべき事項として，募集に関しては，①募集内容の明示，②募集内容を明示するに当たって留意すべき事項，契約条件の文書明示及びその保存については，①契約上の文書明示，②電子メール等による明示，③契約条件の文書保存，契約条件の適正化については，①契約条件に当たって留意すべき事項，②成果物の内容に関する具体的説明，③報酬の支払い，④契約条件の変更，⑤成果物に瑕疵がある等不完全であった場合やその納入等が遅れた場合等の取扱い，⑥契約解除等に関する事項[138]などが挙げられている。

　しかしながら，これらはあくまで当事者を法的に拘束するものではないため，引き続きCWの就業実態を注視しつつ，法的保護の必要性を検討することが肝要となろう。

　そして，その際の保護の在り方としては，労契法の類推適用による保護の可能性を検討しつつ，これによる保護内容が十分ではない程度にその必要性が高まる場合には，保護の必要性に応じて立法的な法政策も視野に入れて検討すべきことが今後の課題といえよう。

135　それゆえ，総報酬額も全体として低い傾向にあるものと推測される。

136　JILPT調査・前掲注(18)166頁以下。

137　https://www.mhlw.go.jp/content/000549203.pdf［2020.1.21］

138　自営型テレワークの適正な実施のためのガイドライン・前掲注(137)2頁以下。

企業再生税制
—期限切れ欠損金と繰越欠損金における一考察—

花岡　拓哉

はじめに

　2008年9月，アメリカ合衆国の投資銀行であるリーマン・ブラザーズ・ホールディングス（Lehman Brothers Holdings Inc.）が経営破綻したことにより，世界的規模の金融危機が起こると，アメリカ，ヨーロッパを中心に数多くの企業が倒産した。日本においても数多く企業が倒産している。当時の倒産件数は，2008年12,681件，2009年13,306件，2010年11,658件であり，近年の倒産件数2016年8,164件，2017年8,376件，2018年8,063件と比較すると非常に多くの企業が倒産していたことがわかる[1]。このような世界的規模の金融危機のなか，日本の大手企業も倒産の危機に瀕することになる。

　日本航空株式会社（以下「JAL」という。）は，2010年1月19日に東京地方裁判所に会社更生法の適用を申請し会社更生手続き開始の決定がされた。

　その後，JALは，株式会社企業再生支援機構により再生計画が策定され，金融機関等からの債権放棄や，公的資金の注入により抜本的な経営改善が行われた結果，業績はV字回復し，経営破綻企業から一転して高収益企業に生まれ変わった。2012年3月期決算において営業利益2,049億円，純利益1,866億円[2]と過去最高益を更新すると，同年9月には，経営破綻からわずか2年8か月で東京証券取引所に再上場を果たした。

　しかしながら，JALは，再建を順調に進めた一方で，税の優遇措置を受けてい

1　帝国データバンクHP 倒産情報 倒産集計一覧　https://www.tdb.co.jp/tosan/syukei/（2019.12.25）。

2　日本航空株式会社HP IRライブラリー 過年度データ2011年度〜2018年度データ https://www.jal.com/ja/investor/library/data.html（2019.12.25）　連結決算上の金額である。

るとして，多くの批判を浴びることになる。すなわち，JALは，会社更生法の更生手続開始の決定があったことにより企業再生税制を適用し，債権放棄に伴う債務免除益と期限切れ欠損金を相殺することにより債務免除益課税を回避し，さらに繰越欠損金を温存したことにより，業績がV字回復し過去最高益を計上しながらも，法人税等を納付していなかった。

　JALの再生事例は，多くの点で評価されるべき事例であるが，その一方で，競合他社との関係で，健全な競争環境を歪めた事例であることも事実である。

　そして，その要因の１つが税制にあったことは否定できない。

　このように，企業再生税制は，事業の再生を意識するあまり，特定の企業，団体のみが有利に扱われ正常な市場競争を歪めかねない制度とも考えられる。

　税制は，市場に対して中立的であるべきと考えられるところ，企業再生税制のあるべき姿を模索するに，過去の研究において中心的な論点とされてきたのは，法人及び個人が倒産，破産する局面において，債務免除益等について課税上どのように取り扱うべきかという点にあったといえ，企業再生税制を俯瞰してとらえたものは数少ないといえる。

　この債務免除益に対する考え方を簡単にまとめると，「①債務免除益等は所得を構成するものである，②法人については，事業再生の場面において債務免除益を課税すると，再生の障壁になることから，期限切れ欠損金等を使用して課税を回避する，③個人については，資力の喪失[3]に該当すれば，担税力がないことから，収益として認識しない。」という考えだと思われる。

　しかしながら，会社更生法や民事再生法などの手続きの違いにより，期限切れ欠損金と繰越欠損金の使用する順序に違いがあるにもかかわらず，その理由については明確な答えが出てはおらず，また，債務免除益が計上された以後の事業年度における欠損金控除に関する問題については一切研究されていないのが現状である。

　そこで本稿では，企業再生税制の沿革，目的から企業再生税制の意義を考える。そして，競合他社との関係において，再生企業に対する税負担の軽減をいつまで行うべきなのか，さらに，再生企業はなぜ期限切れ欠損金を使用できるのか，さ

3　所得税法施行令第26条《非課税とされる資力喪失による譲渡所得》。

らに，使用する場合であってもどのように使用するべきなのか研究する。

　第1章において，現在の企業再生税制の概要を確認し，具体的な事例をもとに問題点を検証する。第2章においては，現在の法制度がどのように形成されたのかを立法に携わった当事者に注目しながら考察する。主に会社更生法が導入された昭和25年当時を中心に観察する。この時期を注視する理由は，昭和25年以前は企業再生税制の基になる制度は通達に定められていたのみであること，同年に会社更生法を創設するにあたり債務免除益に関する取扱いについて連合国総司令部と主税局と交渉の過程が記録されていること，昭和24年にシャウプ勧告が行われ翌年の昭和25年税制改正でシャウプ勧告が，ほぼ全面的に法人税に採用されているからである。

　第3章では，企業再生の意義を，会社更生法，民事再生法及び私的整理についての各目的を確認することにより検証する。そしてそこで得られた企業再生の意義が，企業再生税制の趣旨としてふさわしいものであるのか考察する。

　第4章では，企業再生税制の普遍的な問題である，債務免除益は課税すべきなのか非課税とする考え方はないのか考察する。

　第5章では，法人税法における繰越欠損金額の控除について，その控除の意義，目的について確認をする。そして，平時の法人には使用が認められない期限切れ欠損金が，何故，企業再生という局面では使用することが認められるのか考察する。

　第6章では，アメリカの倒産処理法及び税制を概観する。日本の会社更生法及び租税法は，アメリカの倒産処理法及び税制の影響を強く受けたものであるからである。

　第7章では，上記の考察を踏まえた上で，企業再生税制に対する新たな提言を行う。

　このような研究方法をとる理由は，本稿は，現在の租税制度の沿革・構造を理解した上で，企業再生税制に隣接する法律とも齟齬が生じない実現可能性のある新たな提言をすることを目的としているからである。

第1章　企業再生税制の概要と問題点

　本章では，企業再生税制の概要と各手続きによる違いを俯瞰するとともに，事例を検討し企業再生税制の問題点を指摘する。

第1節　企業再生税制の概要

　一般的に企業の再生[4]とは，過剰な債務を抱える企業の経営資源を有効に活用するために，債権者が債権放棄，デット・エクイティ・スワップ（以下「DES」という。），再生企業の役員等から資産等の贈与を受けることにより，企業の過剰債務を解消（デット・リストラクチャリング）し，十分な利益を計上できる企業にすることである[5]。

　この企業の再生の過程では，債権者が債権放棄を行うことにより，債務者に多額の債務免除益が発生したり，DESの実施により，債務者に多額の債務消滅益[6]が発生したりすることがある（以下，債務免除益と債務消滅益を併せて「債務免除益」という。）。また，役員等が私財提供を行うことにより再生企業に受贈益が計上される（以下，債務免除益と受贈益を合わせて「債務免除益等」という。）。

　法人税法は，純資産を増加させる経済的利得は，所得を構成するとする包括的所得概念を採用していることから，債務免除益等は，益金の額に算入される。

　再生企業は，会計上，多額の累積損失を抱えていることが多く，税務上も，各事業年度開始の日前10年以内に開始した事業年度において生じた欠損金額[7]（以下「繰越欠損金」という。）が存在するので，債務免除益等が繰越欠損金の範囲内で

4　本稿では，「企業の再生」及び「企業再生」とは事業を営む法人を再生するもの，「事業の再生」「事業再生」とは営まれる事業を再生するもの，と定義する。また，企業再生の場合にも，その法人格の維持には拘らず，第二会社方式により事業を切り出す場合も企業再生に含まれる。ただし，いわゆる個人再生税制は本稿では対象としない。

5　藤原総一郎『企業再生の法務〔改訂版〕』2頁（金融財政事情研究会，2012）。

6　国税庁回答事例「企業再生税制適用場面においてDESが行われた場合の債権等の評価に係る税務上の取扱いについて（照会）」平成22年2月15日。
https://www.nta.go.jp/law/bunshokaito/hojin/100222/besshi.htm#a01

7　法人税法第57条《青色申告書を提出した事業年度の欠損金の繰越し》。

あれば特段課税の問題は生じない。しかしながら，現実には，さまざまな理由により，債務免除益が繰越欠損金をもってしても相殺しきれないことがある。そうすると，債務免除益に課税が生じ，多額の納税資金が必要となり，企業の再生を軌道に乗せることは困難となる。

　そこで，法人税法は，債務免除益等に対する課税を回避するために，会社更生法若しくは金融機関等の更生手続の特例等に関する法律による更生手続中の会社，または民事再生法による再生手続き中の会社等が①資産の評価換えを行った場合には，評価益[8]・評価損[9]を益金・損金に算入できるようにするとともに，②繰越欠損金に優先して「期限切れ欠損金[10]」を使用できることとし，③さらに債務免除益等を受けた事業年度以降についても繰越欠損金の控除限度額を所得の金額とするなどの特例[11]を設けている（以下「繰越欠損金控除の特例」という。）。

　これらの規定を企業再生税制[12]という。以下は，現行の企業再生税制を，会社更生法，民事再生法，私的整理手続を適用した場合ごとに説明する。

第2節　各再生手続きと企業再生税制

第1款　会社更生法の適用

1．資産の評価損益

　法人税法上は，内国法人がその有する資産の評価換えをして，その帳簿価額を増額・減額した場合には，その増額・減額した部分の金額は，その内国法人の各事業年度の所得の金額の計算上，益金・損金の額に算入しない[13]。すなわち，法人税法は，原則，資産の評価損益を認めていない。

　一方，会社更生法が適用された法人については，管財人は，更生手続開始後遅

8　法人税法第25条《資産の評価益の益金不算入等》第2項，第3項。
9　法人税法第33条《資産の評価損の損金不算入等》第3項，第4項。
10　法人税法第59条《会社更生等による債務免除等があつた場合の欠損金の損金算入》第1項。
11　法人税法第59条《会社更生等による債務免除等があつた場合の欠損金の損金算入》第11項。
12　会社更生法等の適用となった法人は，法人税法第57条の2《特定株主等によって支配された欠損等法人の欠損金の繰越しの不適用》の適用除外とされており，問題視する声もあるが，本稿では触れないこととする。この問題については，大江信也「特定株主等によって支配された欠損等法人の欠損金の繰越しの不適用」『欠損金の繰越し制度等の理論と実務』日税研論集第59号（日本税務研究センター，2009）が詳しい。
13　法人税法第25条第1項，第33条第2項。

滞なく，更生会社に属する一切の財産につき，更生手続開始の時における時価により，その価額を評定し，完了したときは，直ちに更生手続開始の時における貸借対照表及び財産目録を作成し，これらを裁判所に提出しなければならないとしている[14]。

会社更生法では，更生手続開始時に時価で評定した財産の評定価額を会社計算規則上の取得価額とみなす[15]。この財産評定の手続によって，更生会社は，従前の帳簿価額とは異なる時価により評定された価額をもって取得価額とみなして，以後の財務報告[16]を行うことになる[17]。この取得とみなされる時期は，更生計画認可の決定の時である[18]。

そこで，法人税法は，内国法人がその有する資産につき更生計画認可の決定があったことにより，会社更生法又は金融機関等の更生手続の特例等に関する法律の規定に従って行う評価換えをしてその帳簿価額を増額・減額した場合には，その増額減額した部分の金額は，評価換えをした日の属する事業年度の所得の金額の計算上，益金・損金の額に算入する[19]と規定している。

このような取扱いをすることについては，次のように考えられている。

法人税法は，多くの部分で企業会計に依拠しているところ[20]，企業会計は，原則，未実現収益は，当期の損益計算に計上してはならない[21]としていることから，法人税法も資産の評価損益は原則として益金の額，損金の額に算入しないこととしている。しかしながら，評価換えが私法上必要なものとして許容されまたは要求されている場合には，法人税法上も，それによる評価損益を益金に算入すべき

---

14 会社更生法第83条《財産の価額の評定等》。
15 会社更生法施行規則第1条《財産の評価》第2項。
16 日本公認会計士協会「経営研究調査会研究報告第31号 財産評定等に関するQ&Aと事例分析」92頁（日本公認会計士協会，2007）。
17 会社更生法施行規則第1条《財産の評価》第2項。
18 島田哲宏『詳解繰越欠損金の税務』348頁（大蔵財務協会，2012）。
19 法人税法第25条第2項。
20 この問題については，以下が詳しい。
日本税理士会連合会税制審議会「平成20年3月17日企業会計と法人税制のあり方について—平成19年度諮問に対する答申—」
http://www.nichizeiren.or.jp/wp-content/uploads/doc/nichizeiren/business/taxcouncil/toushin_H19.pdf
21 企業会計原則第2損益計算書1A。

であるという考え方に基づくものであると解されている[22]。

２．期限切れ欠損金

　法人税法は，包括所得概念[23]を採用していることから，原則，債務免除益等は益金の額に算入されるが，内国法人について更生手続開始の決定があった場合，その内国法人が次の(1)から(3)に掲げる場合に該当するときは，その事業年度（以下「適用年度」という。）前の各事業年度において生じた欠損金額で政令で定めるものに相当する金額のうち次の(1)から(3)の合計額に達するまでの金額は，当該適用年度の所得の金額の計算上，損金の額に算入する旨を規定している[24]。

(1)　当該更生手続開始の決定があった時においてその内国法人に対し更生債権を有する者から当該債権につき債務の免除を受けた場合　その債務の免除を受けた金額

(2)　当該更生手続開始の決定があったことに伴いその内国法人の役員等から金銭その他の資産の贈与を受けた場合　その贈与を受けた金銭の額及び金銭以外の資産の価額

(3)　会社更生法又は金融機関等の更生手続の特例等に関する法律の規定に従って評価換えをした場合　その評価替えにより適用年度の所得の金額の計算上益金の額に算入される金額（その評価替えにより適用年度の所得の金額の計算上損金の額に算入される金額がある場合には，当該益金の額に算入される金額から当該損金の額に算入される金額を控除した金額）

　ここでいう，「欠損金額で政令で定めるもの」とは，いわゆる「期限切れ欠損金」と呼ばれ，「適用年度終了の時における前事業年度以前の事業年度から繰り越された欠損金額の合計額とする[25]。」と規定されている。「欠損金額」とは「各事業年度の所得の金額の計算上当該事業年度の損金の額が当該事業年度の益金の額を超える場合におけるその超える部分の金額をいう[26]。」と規定されていることから，繰越期間の徒過した欠損金の合計額とも考えられるが，実務においては，「当該事業年度の確定申告書に添付する法人税申告書別表五（一）の「利益積立金額

22　金子宏『租税法〔第21版〕』340頁（弘文堂，2016）。
23　本稿の第5章第3節において検討していく。
24　法人税法第59条《会社更生等による債務免除等があつた場合の欠損金の損金算入》第1項。
25　法人税法施行令第116条の3《会社更生等の場合の欠損金額の範囲》。
26　法人税法第2条《定義》第19号。

及び資本金等の額の計算に関する明細書」に期首現在利益積立金額の合計額として記載されるべき金額で，当該金額が負（マイナス）である場合の当該金額による[27]としている。ただし，当該金額が，当該確定申告書に添付する法人税申告書別表七（一）の「欠損金又は災害損失金の損金算入等に関する明細書」に控除未済欠損金額として記載されるべき金額に満たない場合には，当該控除未済欠損金額として記載されるべき金額による[28]。」としている。

３．繰越欠損金控除の特例

　法人税法は，内国法人の各事業年度開始の日前10年以内に開始した事業年度において生じた欠損金額がある場合には，当該欠損金額に相当する金額は，当該各事業年度の所得の金額の計算上，損金の額に算入するとしているが，その限度額は当該各事業年度の所得の金額の100分の50とする旨を規定している[29]。

　一方で，更生手続開始の決定があった法人は，更生認可決定日以後７年を経過する日までの期間内の属する事業年度（以下「特例事業年度」という。）について，繰越欠損金の控除限度額を所得の金額とする繰越欠損金控除の特例[30]が認められている。ただし，特例事業年度において事業の再生が図られたと認められる事由（以下「卒業事由」という。）が生じた場合には，卒業事由が生じた日以後に終了する事業年度は，繰越欠損金控除の特例は適用できないとした。この卒業事由は次のとおりである。

(1)　当該内国法人の発行する株式が金融商品取引法第２条第16項（定義）に規定する金融商品取引所に上場されたこと。

(2)　当該内国法人の発行する株式が金融商品取引法第67条の11第１項（店頭売買有価証券登録原簿への登録）の店頭売買有価証券登録原簿に登録されたこと。

(3)　当該内国法人の当該事実に係る更生計画で定められた弁済期間が満了したこと。

(4)　当該内国法人の当該事実に係る更生債権（会社更生法第２条第８項）の全てが債務の免除，弁済その他の事由により消滅したこと。

27　大阪地裁平成元年３月28日訟月35巻10号1964頁，大阪高裁平成２年２月19日訟月37巻8号1482頁は，この取扱い通達を合理的であるとし，当該金額をもって設立以来欠損金の額と事実上推定するほかにないと判断した。
28　法人税基本通達12－３－２。
29　法人税法第57条《青色申告書を提出した事業年度の欠損金の繰越し》。
30　法人税法第57条第11項第２号イ。

4．欠損金等を使用する順序

　会社更生法を適用した場合には，①期限切れ欠損金，②資産の評価損益，③繰越欠損金の順序で債務免除益と相殺する。

第2款　民事再生法の適用

1．資産の評価損益

　資産の評価損益が会社更生法では強制であるのに対して，民事再生法では任意となっている。再生債務者等は，再生手続開始後遅滞なく，再生債務者に属する一切の財産につき再生手続開始の時における価額を評定しなければならず，評定を完了したときは，直ちに再生手続開始の時における財産目録及び貸借対照表を作成し，これらを裁判所に提出しなければならないと規定している[31]。また，その価額は原則として財産を処分するもの，いわゆる処分価格[32]で行われなければならない[33]。と規定している。民事再生法の財産評定の目的はあくまでも再生債権者が再生計画に基づいて弁済を受ける場合と破産により短期間で配当を受ける場合とどちらが有利かを判断するための参考情報を提供することにあることから，民事再生法では，会社更生法のように財産の評定価額が取得価額とみなされる規定はなく，開始決定前の帳簿価額が民事再生法の適用により，原則として修正されることはない[34]。

31　民事再生法第124条《財産の価額の評定等》。

32　財産評定において処分価額を付することが求められているが（民事再生規則第56条第1項本文），必要ある場合には全部又は一部の財産について，再生債務者の事業を継続するものとした価値を用いることも認められている（民事再生規則第56条第1項ただし書）。この規定は，清算を前提とする場合においても，その財産の全部又は一部を事業譲渡する場合等も想定されるので，当該譲渡資産の評定において「事業を継続するものとした価値」を用いることが認められている。この場合においても，上述した参考情報を提供する目的のもとで行われる。また，法基通9－1－3において「法人税法第33条第2項《資産の評価換えによる評価損の損金算入》の規定を適用する場合における「評価換えをした日の属する事業年度終了の時における当該資産の価額」は，当該資産が使用収益されるものとしてその時において譲渡される場合に通常付される価額による。同条第4項《資産評定による評価損の損金算入》に係る法人税法施行令第68条の2第4項第1号《再生計画認可の決定等の事実が生じた場合の評価損の額》に規定する「当該再生計画認可の決定があった時の価額」についても，同様とする。」と定められている。

33　民事再生規則第56条《価額の評定の基準等》。

34　日本公認会計士協会・前掲注(17)。

　ただし，民事再生法が適用される会社は，通常，資産価値の劣化が著しい状態に陥っていることが多いため，民事再生法の開始決定がなされた事業年度で，財産評定とは別に，事業年度末に，会社計算規則第5条（資産の評価）に従い，資産評価の見直しを行い，時価が取得価額より著しく下落した資産等については，時価で評価した金額相当まで取得価額を減額する必要がある。

　法人税法においては，会社更生法の場合と同様に，資産の評価損益の計上についての規定が設けられている[35]。具体的に，評価損益の計上は，以下の2つの方式があげられる。

(1)　損金経理方式

　第1に，再生手続開始決定により財産評定[36]がされた場合に「法的整理の事実[37]」があったものとして，資産の評価損のみが認識され，損金算入される方式[38]（以下「損金経理方式」という。）である。この評価損の計上については，金銭債権は対象外とされており，また，損金経理を要件とすることから，会計上も帳簿価額の減額を行うこととなる[39]。

(2)　別表添付方式

　第2に，民事再生認可決定時の時価で資産の評定を行い，資産の時価が帳簿価額を上回る場合には，上回る部分については評価益として税務上益金の額に算入し，時価が帳簿価額を下回るときは，その下回る部分については，評価損として損金の額に算入する方式である[40]。

　この場合，損金経理方式のように会計上は評価損益の計上を行うことは適用要件となっていないが，確定申告書に評価損益明細及び評価損益関係書類を添付することが適用要件となっていることから別表添付方式とよばれている。なお，別表添付方式においては，前5年以内に圧縮記帳の適用を受けた減価償却資産，短

35　法人税法第25条第3項，第33条第4項。
36　民事再生法第124条。
37　法人税法施行令第68条第1項。
38　法人税法第33条第2項。
39　再生手続開始の決定は，会計上減損の兆候とみなされ固定資産等については減損処理により帳簿価額を減額することはあつても，金銭債権については帳簿価額の減額を行うこととされていないことから，民事再生手続開始の決定時における評価損の計上から金銭債権は対象外とされている（平成21年12月28日付課法2−5「法人税基本通達等の一部改正について」）。
40　法人税法第25条第3項，第33条第4項。

期売買商品，売買目的有価証券，償還有価証券，少額の減価償却資産の損金算入[41]または一括償却資産の損金算入[42]の規定を受けた減価償却資産その他これに類する減価償却資産以外のものについてのみ，評価損益の計上が可能となっており，評価損益の計上可能資産は限定されている[43]。

　資産の評価損益の計上については，上記のとおり2つのパターンが存在する。以前は，損金経理方式のみ認められていたが，会計上と法人税法上の時価の概念が異なるにもかかわらず，損金経理要件が必要とされていたことにより，十分な評価損を計上することができないという指摘があったことから，平成17年度税制改正により，別表添付方式が導入された[44]。

２．期限切れ欠損金

　法人税法は，内国法人について再生手続開始の決定があった場合において，その内国法人が次の(1)から(3)に掲げる場合に該当するときは，適用年度前の各事業年度において生じた期限切れ欠損金に相当する金額のうち次の(1)から(3)の合計額に達するまでの金額は，当該適用年度の所得の金額の計算上，損金の額に算入する旨を規定している。

(1)　当該再生手続開始の決定があった時においてその内国法人に対し再生債権を有する者から当該債権につき債務の免除を受けた場合　その債務の免除を受けた金額

(2)　当該再生手続開始の決定があったことに伴いその内国法人の役員等から金銭その他の資産の贈与を受けた場合　その贈与を受けた金銭の額及び金銭以外の資産の価額

(3)　法人税法第25条第3項又は第33条第4項の規定の適用を受ける場合　第25条第3項の規定により当該適用年度の所得の金額の計算上益金の額に算入される金額から第33条第4項の規定により当該適用年度の所得の金額の計算上損金の額に算入される金額を減算した金額

41　法人税法施行令第133条。

42　法人税法施行令第133条の2第1項。

43　法人税法第25条第3項，法人税法施行令第24条の2第4項。

44　稲見誠一・佐藤信祐『ケース別にわかる企業再生の税務〔第2版〕』77頁（中央経済社，2010）。

3．繰越欠損金控除の特例

　再生手続開始の決定があった法人も，更生手続開始の決定があった法人と同様に，繰越欠損金控除の特例が認められている。ただし，特例事業年度において卒業事由が生じた場合には，卒業事由が生じた日以後に終了する事業年度は，欠損金全額控除制度は適用できない[45]。この卒業事由は次のとおりである。

⑴　当該内国法人の発行する株式が金融商品取引所等に上場されたこと。

⑵　当該内国法人の発行する株式が店頭売買有価証券登録原簿に登録されたこと。

⑶　当該内国法人の当該事実に係る再生計画で定められた弁済期間が満了したこと。

⑷　当該内国法人の当該事実に係る再生債権（民事再生法第84条（再生債権となる請求権）に規定する再生債権をいう。）の全てが債務の免除，弁済その他の事由により消滅したこと。

4．欠損金等を使用する順序

　民事再生法が適用された場合の債務免除益と相殺する順序は，会社更生法が適用された場合と異なり，損金経理方式では，①資産評価損，②繰越欠損金，③期限切れ欠損金の順序となり[46]別表添付方式では，①資産評価損益，②期限切れ欠損金，③繰越欠損金の順序となる[47]。また，再生計画認可の決定日以後である特例事業年度における卒業事由に，⑷再生債権の消滅が列挙されているが，再生債権の範囲については，学説[48]が分かれるところであり，注意が必要である。

第3款　私的整理手続

1．私的整理ガイドライン等を遵守する手続き

　私的整理のうち，再生計画認可決定に準ずる事実があった場合[49]に該当する私

45　法人税法第57条第11項第2号ロ。

46　法人税法第59条第2項，法人税法施行令第117条の2第1号，第2号。

47　法人税法第59条第2項，法人税法施行令第117条の2柱書第2括弧書。

48　山本和彦「別除権協定の効果について 協定に基づく債権の共益債権性の問題を中心に」『現代民事法の実務と理論』田原睦夫先生　古希・最高裁判事退官記念論文集618頁（金融財政事情研究会，2013）。

49　法人税法第59条第2項，法人税法施行令第117条第4号，同令第24条の2第1項，同令第68条の2第1項。

的整理の場合には，民事再生手続とほぼ同様の取扱いになる（以下「準則型私的整理」という。）。具体的には，国税庁HPに公表されているRCC再生スキーム[50]，中小企業再生支援協議会[51]，事業再生ADR[52]，株式会社地域経済活性化支援機構[53]，株式会社東日本大震災事業者再生支援機構[54]が行う再生手続きが該当する。

２．欠損金等を使用する順序

　準則型私的整理の場合の欠損金の損金算入の順序は，民事再生法の場合と同じである。すなわち，資産の評価損益を計上しなかった場合は，繰越欠損金を損金算入し，それでも債務免除益が消しきれない場合には，期限切れ欠損金を損金算入できる。一方，資産の評価損益を計上した場合には，繰越欠損金に優先して期限切れ欠損金を充当できる。

３．資産の評価損益

　準則型私的整理の場合にも，資産の評価損益が認められている。すなわち，私的整理ガイドライン，RCC再生スキーム，中小企業再生支援協議会，事業再生ADR，株式会社地域経済活性化支援機構及び株式会社東日本大震災事業者再生支援機構が定める一般に公表された債務処理を行うための準則に従って再生計画が策定され，その計画において時価ベースの実態貸借対照表が作成され，その貸借対照表及び計画上の損益見込み等に基づいて債務免除する金額が定められ，２以上の金融機関により債務免除がされた場合に，資産の評価損益が認められる。

４．繰越欠損金控除の特例

　繰越欠損金控除の特例事業年度における，卒業事由は，株式会社地域経済活性

50　国税庁文書回答事例「『RCC企業再生スキーム』に基づき策定された再生計画により債権放棄等が行われた場合の税務上の取扱いについて」平成23年9月15日。
51　国税庁文書回答事例「改定後の『中小企業再生支援スキーム』に従って策定された再生計画に基づき産業復興機構の組合財産である債権の債務者が債務免除を受けた場合の税務上の取扱いについて」平成28年6月6日。
52　国税庁文書回答事例「特定認証紛争解決手続に従って策定された事業再生計画により債権放棄等が行われた場合の税務上の取扱いについて」平成20年3月28日。
53　国税庁文書回答事例「株式会社地域経済活性化支援機構が買取決定等を行った債権の債務者に係る事業再生計画に基づき債権放棄等が行われた場合の税務上の取扱いについて」平成26年6月26日。
54　国税庁文書回答事例「株式会社東日本大震災事業者再生支援機構が買取決定等を行った債権の債務者に係る事業再生計画に基づき債権放棄等が行われた場合の税務上の取扱いについて」平成25年6月26日。

化支援機構及び株式会社東日本大震災事業者再生支援機構が行う一部のものを除き，次のとおりである。

(1) 当該内国法人の発行する株式が金融商品取引所等に上場されたこと。

(2) 当該内国法人の発行する株式が店頭売買有価証券登録原簿に登録されたこと。

(3) 当該内国法人の当該事実に係る債務処理に関する計画（(4)において「再建計画」という。）で定められた弁済期間（当該内国法人が当該内国法人に対する債権で当該事実が生じた日前に生じた債権として財務省令で定めるもの（(4)において「事実発生前債権」という。）に係る債務の弁済をする期間をいう。）が満了したこと。

(4) 当該内国法人の当該事実に係る事実発生前債権の全てが債務の免除，弁済その他の事由により消滅したこと（当該内国法人以外の者で当該内国法人の事業の再生のために債務を負担する者が当該内国法人の当該事実に係る再建計画において明示されている場合において，その者が債務（当該再建計画において定められているものに限る。）を負担したときは，その負担によりその者が当該内国法人に対して有することとなった債権及び当該事実発生前債権の全てが債務の免除，弁済その他の事由により消滅したこと。）。

株式会社地域経済活性化支援機構法第24条第1項（支援基準）に規定する再生支援又は株式会社東日本大震災事業者再生支援機構法第18条第1項（支援基準）に規定する再生支援のうち，財務省令で定めるものである場合には次に掲げる事由とする。

(1) 当該内国法人の発行する株式が金融商品取引所等に上場されたこと。

(2) 当該内国法人の発行する株式が店頭売買有価証券登録原簿に登録されたこと。

(3) 当該内国法人の当該事実に係る再生支援に係る全ての業務が完了したこと。

5．その他の私的整理

準則型私的整理に該当しない場合には，企業再生税制は，適用できない。したがって資産の評価損益も認められず，債務免除益も期限切れ欠損金と相殺することはできない。また，繰越欠損金控除の特例もない。

第3節　事例の分析・検討

第1款　JAL

　JALは，平成22年1月19日に東京地方裁判所に会社更生法の適用を申請し会社更生手続き開始の決定がされた[55]。

　その後，JALは，株式会社企業再生支援機構[56]により再生計画が策定され，金融機関等からの債権放棄や公的機関からの資金注入により抜本的な経営改善が行われた結果，業績はV字回復し，経営破綻企業から一転して高収益企業に生まれ変わった。平成24年3月期決算において営業利益2,049億円，純利益1,866億円と過去最高益を更新すると，同年9月には，経営破綻からわずか2年8か月で東京証券取引所に再上場を果たした。

　これについては，官民一体となって超大企業の再生を順調に進めた事例として高く評価されるものであるが，考えなければならない点もある。その1つが，税の優遇措置を受けているとして，多くの批判[57]を浴びたことである。

　JALは，企業再生税制を適用し，債権放棄に伴う債務免除益と期限切れ欠損金を相殺することにより債務免除益課税を回避し，さらに，その後の事業年度にお

55　事業再生研究会『あるべき私的整理手続の実務』342頁（民事法研究会，2014）。

56　株式会社地域経済活性化支援機構HP 株式会社企業再生支援機構再生支援案件事例集（平成24年11月）。

http://www.revic.co.jp/pdf/publication/examples.pdf

57　事業再建：前掲注(55)81頁。

　JALの管財人であった片山英二弁護士によれば「同業他社との関係で次のような競争上の不公平論が展開された。①公的組織から，対象事業者に対し，政府保証等を背景とした低利調達資金が，投融資によって供給された場合における公正な競争の歪みを論じるのであれば，ETICその他政府系組織によって実施される，投融資を含んだ支援一般の議論となる。②公的組織が，寡占業界に属する対象事業者に対して行う支援に関して公正な競争の歪みを論じるのであれば，同様に，公的組織による寡占業界に属する企業への支援一般の問題となる。③会社更生法による財産評定の結果生じる繰越欠損金活用に伴う税メリットや，債権放棄の効果，会社更生法適用会社による新規投資制限などについて公正な競争の歪みを論じるのであれば，法的整理や，いわゆる公表された私的整理手続を利用して再生を図る事業者一般についての議論となる。すなわち，これらの議論は，自ら投融資機能を有しながら産業革新・事業再生への取組みを行う株式会社産業革新機構，株式会社東日本大震災被災者再生支援機構・産業復興機構等の活動についてもあてはまる可能性があるとともに，法的整理を含む事業再生制度一般に関する議論となりうるものであることに留意が必要である。」本稿では③の問題のみを取り扱う。

いて，温存した繰越欠損金を使用することにより，業績がV字回復し過去最高益を計上しながらも，法人税等を納付していなかった。

　本来であれば，平成23年12月税制改正において，繰越欠損金の利用制限として，繰越欠損金の控除限度割合が所得金額の80％（段階的に50％まで下げられる）相当額とするように下げられたことから，JALは，繰越欠損金を使用したとしても，平成25年3月期（平成24年4月1日開始事業年度）以降は，所得金額の20％相当額については法人税が課されるはずであった。

　しかし，平成23年12月税制改正に対する「控除限度額の縮減等に関する経過措置[58]」として，平成24年4月1日前に更生手続開始の決定に係る更生計画認可の決定などの一定の事実[59]が生じた法人の同日以後最初に開始する事業年度からその一定の事実の区分に応じた一定の日以後7年を経過する日の属する事業年度までの各事業年度については，欠損金の控除限度額を，所得の金額の80％相当額とせず，従来どおり欠損金額控除前所得の金額とする規定[60]が設けられたことにより，JALは，所得の金額から繰越欠損金を全額控除することにより所得金額が0円となり法人税が課されていなかった。

　一方，JALの配当総額は，平成25年3月期決算に係る配当総額として32,385百万円，平成26年3月期決算に係る配当総額として29,016百万円，平成27年3月期決算に係る配当総額として37,707百万円となっていた[61]。

　すなわち，JALは，本来であれば，平成25年3月期から法人税を納付すべきところ，平成23年12月税制改正に対する「控除限度額の縮減等に関する経過措置」を適用し，当該経過措置が廃止されるまでの間，平成25年3月期，平成26年3月期及び平成27年3月期については，法人税を納付することなく配当を行っていたものである。

58　国税庁「平成24年 税制改正の解説」，平成23年12月改正法令附則第6条第3項。
59　この「一定の事実」と「一定の日」は次のとおり。①更生手続開始の決定があったこと，その更生手続開始の決定に係る更生計画認可の決定の日，②再生手続開始の決定があったこと，その再生手続開始の決定に係る再生計画認可の決定の日，③法人税法施行令第24条の2第1項に規定する事実（一定の私的整理），その事実が生じた日，④①から③までの事実に準ずる事実，その事実が生じた日（平成23年12月改正法令附則第6条第3項）。
60　平成23年12月所法等改正法附則第14条第2項，平成23年12月改正法令附則第6条第3項。
61　Jal HP HOME IR情報 株式情報 配当情報。
https://www.jal.com/ja/investor/issue/dividend/（2020.1.8）

　安倍晋三首相は，平成25年2月18日の参議院予算員会で，公的資金を投入した
JALが税の優遇措置を受けていることについて「多くの課題と問題がある[62]。」と
の認識を示している。また競合会社であったANAホールディングス株式会社及
び全日本空輸株式会社は，「2011年度における世界の航空会社の純利益の合計は
79億ドルであり，実にこの約30％を日本航空たった一社が稼ぎ出したことになり
ます。こうして弊社との間に生じた企業体力の格差は，自助努力ではとても追い
つけるものではなく，競争環境が大きく歪められ，公正・公平とは言い難い状況
が現出したものと認識しております」「上述のような企業体力の格差が生じてし
まったことは，会社更生法，公的資金の投入，プレパッケージ型法的整理の併用
という，日本航空への過剰な支援が原因であり，我が国の航空市場における公正・
公平な競争環境確保の観点から，このような支援は行われてはならなかったもの
であると認識しております。[63]」との見解を示している。

　以上のとおり，JALの再生事例は，競合他社との関係において健全な競争環境
を歪めたとの指摘を受け，その要因の1つが税制にあったことは否定できない。

　そして，この事例の問題点は，企業再生税制を適用した法人が，会計上も十分
な利益を計上し，さらに株主に対して配当を行っているにもかかわらず，法人税
を納付していなかったことである。

　そうすると，企業再生税制は，再生中の企業がどのような状態になるまで法人
税を軽減する必要があるのか，検討する必要がある。

　上述した「控除限度額の縮減等に関する経過措置」は，JALに対する優遇措置
であるとして多数の批判を浴びたことから平成27年税制改正により廃止され，新
たに法人税法に再生中の法人に対する繰越欠損金控除の特例が設けられた。これ
により再生中の法人は繰越欠損金の控除限度額を所得の金額とすることになっ
た。ただし，特例事業年度において「事業の再生が図られたと認められたとする
事由」，いわゆる卒業事由が生じた場合には，卒業事由が生じた日以後に終了す
る事業年度は，繰越欠損金控除の特例は適用できないとした。

62　日経新聞2013年2月18日付朝刊。
63　公正取引委員会HP 競争政策と公的再生支援の在り方に関する研究会 平成26年11月21日第
7回会合。
https://www.jftc.go.jp/soshiki/kyotsukoukai/kenkyukai/kyousouseisaku/dai7kai_files/siryo7-4.
pdf

しかしながら，この卒業事由には配当に関する規定はない。

第2款　プロパスト

　繰越欠損金控除の特例における卒業事由には，必ず，内国法人の発行する株式が金融商品取引所等に上場されたことと内国法人の発行する株式が店頭売買有価証券登録原簿に登録されたことが再生手続きの種類に関係なく規定されている。これは，平成27年税制改正大綱[64]によれば，繰越欠損金控除の特例について，「金融商品取引所への再上場等があった場合におけるその再上場等された日等以後に終了する事業年度又は連結事業年度は対象外とする。」と記載されており，まさにJALを狙い打ちしたものといえる。しかしながら，税制改正大綱では「再上場」としていたが，法人税法では「上場」と規定された。

　では，株式会社プロパスト（以下「プロパスト」という。）のように，企業が，上場を維持したまま民事再生手続を進めた場合はどのよう考えるべきであろうか。以下，プロパストの再生事例を検討する。

　JASDAQに上場していたプロパストは，平成21年5月期の決算[65]で債務超過に陥った。

　当初は，私的整理手続による再建を目指していたところ，債権者への現金弁済の原資として見込んでいた法人税の欠損金の繰戻還付金が，私的整理手続によって確実に受領できるものであるとの明文規定がなく（明文上，更生手続開始や再生手続開始は還付原因とされている），欠損金の繰戻還付の確実性を高めるために法的整理手続（民事再生法）の申立てが必要と見込まれたこと，私的整理においては債権者全員からの同意を得ることが再建計画成立の絶対条件であったものの，この点が確実ではなかったことから，民事再生手続開始申立てに至った。そして，プロパストは再生の手法にDESを用いることを予定しており，市場流通性のない株式を割り当てても再生債権者の納得を得られにくいため，株式上場を維持したまま民事再生手続を行うことになる[66]。

64　自由民主党・公明党「平成27年 税制改正大綱」61頁（2015）。

65　株式会社プロパスト IRトップ IRライブラリー（決算短信）2009年5月期（平成21年5月期）決算短信。
https://www.properst.co.jp/ir/irlibrary/index.html

66　藤原・前掲注(5)666頁。

　当時のJASDAQにおける有価証券上場規程[67]第47条《上場廃止基準》第1項には「上場銘柄が次の各号のいずれかに該当する場合に，その上場を廃止するものとする。」と規定し，同項第3号において「上場会社が債務超過の状態となった場合において，1か年以内に債務超過の状態でなくならなかったとき。ただし，当該上場会社が法律の規定に基づく再生手続若しくは更生手続又は私的整理に関するガイドライン研究会による私的整理に関するガイドラインに基づく整理を行うことにより，当該1か年を経過した日から1か年以内に債務超過の状態でなくなることを計画している場合（本所が適当と認める場合に限る。）には，債務超過の状態となってから2か年以内に債務超過の状態でなくならなかったとき。」と規定し，さらに同行第7号において「上場会社が法律の規定に基づく会社の破産手続，再生手続若しくは更生手続を必要とするに至った場合又はこれに準ずる状態になった場合。この場合において，本所が適当と認める再建計画の開示を行った場合には，当該再建計画を開示した日の翌日から1か月間の上場時価総額が5億円以上とならないとき。」と規定していた。

　これをプロパストに当てはめると，同社は5月決算であり，平成21年5月期末の時点で債務超過に陥ったため，翌事業年度の有価証券報告書の提出期限である平成22年8月末までに再生計画認可決定を受ける必要があり，さらに平成23年5月期末までに債務超過を解消する必要があった[68]。

　プロパストは，平成22年5月14日に再生手続開始申立てを行うと，同年5月18日に再生手続開始決定がされた。そして，同年10月31日にはDESによる優先株式を発行し，平成23年2月18日に再生手続が終結決定し，同年5月末の決算においては債務超過が解消されており上場廃止を免れた。

　そうすると，プロパストの再生手続開始決定は，平成24年4月1日前であるから，JALと同様に平成23年12月税制改正に対する経過措置が適用され繰越欠損金の利用制限の対象外となっていた。平成27年改正により当該経過措置は廃止され，繰越欠損金控除の特例が適用されるが，上場を維持したままの法人は，卒業

67　2010年4月1日付をもって，大証を運営する「株式会社大阪証券取引所」を存続会社とする吸収合併が行われ，「株式会社ジャスダック証券取引所」は解散し，当該有価証券上場規程は廃止されている。
68　鈴木学「企業が上場を維持したまま民事再生手続を進めた初めての事例」金融法務事情No.1909，60-70頁（金融財政事情研究会，2010）。

事由に該当するか否かは疑義がある。

第4節　企業再生税制の問題点

　以上のとおり，企業再生税制の概要と事例を観察した。各手続きにおける債務免除益等と相殺する期限切れ欠損金，資産評価損益，繰越欠損金の順序は次の表のとおりである。なお，期限切れ欠損金が使用できる清算型の手続きも含めて記載した。

根拠手続		再建型				
		会社更生法	民事再生法		準則型私的整理	
			損金経理方式	別表添付方式	別表添付方式	—
欠損金の使用順序	1st	期限切れ欠損金	繰越欠損金	資産評価損益	資産評価損益	繰越欠損金
	2nd	資産評価損益	資産評価損	期限切れ欠損金	期限切れ欠損金	期限切れ欠損金
	3rd	繰越欠損金	期限切れ欠損金	繰越欠損金	繰越欠損金	

根拠手続		清算型		
		特別清算	破産法	解散
		—	—	—
欠損金の使用順序	1st	繰越欠損金	繰越欠損金	繰越欠損金
	2nd	期限切れ欠損金	期限切れ欠損金	期限切れ欠損金
	3rd			

　期限切れ欠損金を使用する場面においては，会社更生法若しくは別表添付方式を利用した場合は，期限切れ欠損金を使用した後に繰越欠損金を使用することから他の手続きと比較して有利であることがわかる。その中でも会社更生法は期限切れ欠損金，資産評価損益，繰越欠損金の順に使用することから最も有利である。

　欠損金等の使用する順序を，一概に同じにすべきとは言えないが，何故このような順序になるのかは合理的で明確な説明はされていない。

　また，上述[69]したJALのように，会計上十分な利益を計上し，さらに株主に対して配当を行いながらも，企業再生税制を適用して法人税を納付しないということは課税の公平において問題である。しかしながら，新たに創設された繰越欠損

69　第1章第1節第1款。

金控除の特例の卒業要件については，配当に関する規定はない。また，上述[70]したプロパストのように，上場を維持したまま再生をした場合に，卒業要件に該当するか疑義がある。

　準則型私的整理のうち，株式会社地域経済活性化支援機構が行う再生，株式会社東日本大震災事業者再生支援機構が行う再生のうち，一部のものについては，当該内国法人の当該事実に係る再生支援に係る全ての業務が完了したことと規定されている。

　株式会社地域経済活性化支援機構と株式会社東日本大震災事業者再生支援機構は，会社更生法，民事再生法及び他の準則型私的整理と同様に再生計画を策定することから，卒業事由は，他の手続きと同様に「各計画に定められた弁済期間が満了したこと」とすることができたはずであるがそのような卒業要件は規定されていない。また，両機構法[71]には支援完了の明確な定義はなく，「全ての業務が完了したこと」とは何なのか判然としないが，両機構が，支援完了を任意に意思決定した日まで繰越欠損金控除の特例が可能となっている。これについて平成27年税制改正の解説によれば，「機構の果たすべき役割，再生に係る特別な枠組み等を踏まえ，弁済期間の満了や債務の完済等といった事由をもって直ちに特例除外事業年度の起算点となる事由（トリガー）とはせずに，これらの機構が，その再生支援の対象である認定事業者に対する業務を完了する意思決定をしたことをもって，そのトリガーとするもの」と解説されている。すなわち，他の手続きの卒業要件である「各計画に定められた弁済期間が満了したこと」と比較すると，特例事業年度の期間が長くなることは想像に難くない。

　以上のとおり，企業再生税制の問題として次の3点をあげる。

(1)　期限切れ欠損金を優先利用することにより，債務免除等が行われた事業年度以後において繰越欠損金の全額控除が行われ，十分な利益を計上し，株主に対して配当をしているにもかかわらず法人税等を納付せず，租税の公平が保たれないばかりか，市場競争を歪める可能性がある。

(2)　会社更生法，民事再生法などの手続きの違いにより，欠損金の使用する順序

70　第1章第1節第2款。
71　株式会社地域経済活性化支援機構法第25条《再生支援決定》第2項，株式会社東日本大震災事業者再生支援機構法第19条《支援決定》第2項。

が異なることについて，合理的で明確な理由が説明されていない。

(3) 繰越欠損金控除の特例における卒業要件について，配当に関する規定はないこと，上場を維持したまま再生をした場合の取扱いに疑義があること，準則型私的整理のうち株式会社地域経済活性化支援機構及び株式会社東日本震災事業者再生支援機構の行う再生については繰越欠損金控除の特例期間が他の手続きと比較して有利であること。

　これらの問題は，債務免除益等が計上された以後の事業年度において生じており，その生じた要因は，期限切れ欠損金を使用した後に，繰越欠損金を使用するためと考えられる。そうすると，企業再生税制の課題は，企業再生税制を適用した法人に対して，いつまで，どのような状態になるまで，税負担を軽減するのか検討する必要がある。

第2章　会社更生法と企業再生税制の沿革

　この章では，戦後，連合国総司令部の主導により会社更生法が導入され，企業再生税制にも大きな影響を与えたと考えられることから，会社更生法の沿革を観察しながら，企業再生税制にどのような影響を与えたのか考察する。

第1節　会社更生法の沿革

　会社更生法が制定される以前は，窮境に陥った企業の再生，更生のための手段として，特に株式会社に対しては，商法に昭和13年の改正で付け加えられた会社の整理の制度があり，その他の一般的な制度としては，大正11年に交付された和議法における和議及び破産手続き中における強制和議があった。

　しかし，これらの制度は，目的，手段において限定的であり，包括的かつ強力な企業再建の手段を提供するものではなかった[72]。

　昭和22年，連合国総司令部は，新憲法の交付，施行が一段落すると，占領政策の一環として企業体制に関する法制の整備を始めた。そして，企業形態の中核をなす株式会社をアメリカナイズし，外資の導入，国際的取引を円滑にするため

72　兼子一＝三ケ月章『條解會社更生法』1頁（弘文堂，1953）。

に，商法会社編（特に株式会社に関する部分）の改正を行った。さらに，連合国総司令部は，アメリカの破産法第10章（Bankruptcy Act, Chapter10, Corporate Reorganization）を模範とする制度の導入を意図し[73]，政府に破産法改正の勧告を行った。実体は，主として会社更生のための法制の整備を目的としたものであった。そこで政府は，昭和24年 8 月，法制審議会が誕生すると破産法部会を設置し，破産法部会において小委員会を設けて検討することとした。破産法の改正は法務府法制意見第 4 局の法制意見参事官の位野木益男参事官らが担当を命ぜられ，直前まで法務府の法務調整意見長官であった兼子一教授の配慮により，当時，東京大学法学部の特別研究生であった三ケ月章教授が協力する形で進められた。会社更生法制定のねらいは，主として米国の制度の長所を取り入れて，わが国の実情に適した有効，強力な会社再建の方策を定めることにあった。立法の模範となったアメリカの破産法第10章（Bankruptcy Act, Chapter10, Corporate Reorganization）の対象となる会社が，株式会社のみならずその他の私有会社等も広い範囲のものであったため，連合国総司令部は，当初はすべての種類の会社（株式会社のほか株式合資会社，合資会社，合名会社，有限会社）を適用の対象とすべきという意見であったが，当面は，株式会社のみを対象として，その他の会社等については法律制定後の状況をみて検討するという位野木参事官らの主張が採用された[74]。

　そして，会社更生法は，昭和27年 5 月29日に国会の審議を経て成立し，同年 8 月 1 日から施行された。

　法案作成の過程において，連合国総司令部との交渉は85回[75]も行われており，

73　位野木益男編著『会社更生法 [昭和27年]（1）日本立法資料全集47』 7 頁（信山社，1994）。

74　位野木：前掲注(73) 7 頁。

75　三ケ月章教授は，「このような原案作成の改定においては『会社更生法制定破産法和議法改正立案経過』（全10冊）の貴重な資料がある。これは，当時立案の責任者であった位野木益男氏（当時法務府法制意見局参事官）他の諸氏の手控，小委員会資料，連合国総司令部に提出した討議の原案などを整理，集成した謄写版である。これを見た第三者が驚くであろうことは，採録されている資料の順序が複雑に入り混じっていてまったく体系的でないということであろう。どのような法律を作るべきかのイメージが明瞭に与えられていたとは到底いえず，何が問題なのやらもはっきりとわからぬまま連合軍総司令部の係官が恣意的に指示する事項ごとに法案作成の作業が進められていたという経過が，はっきりそこに示されている。」と述べている。兼子一＝三ケ月章『条解会社更生法』 7 頁（弘文堂，1973）。

会社更生法が占領政策の一環として米国から移植された法制度であることがわかる[76]。

この点，三ケ月章教授によれば，株式会社についての商法改正が平時における企業規律に関するアメリカ化であるのに対し，会社更生法の導入は，病理的状態に陥った企業の治療技術のアメリカ化であると評価している[77]。そして，「元来，一つの法律制度というものは，その国の過去の法律生活の伝統という密接な連続関係を保有するのでない限り，そもそも有効に機能することは期待できない筈のものである。」と述べた上で，会社更生法は，このような角度から見た限り，きわめて特異な生い立ちをもつものである。」「日本の司法法規の中で，この位，過去の伝統との断絶を露わにしつつ生まれ出た法律はないというべきであろう。[78]」と述べている。すなわち，会社更生法が全く新しい概念の下に導入された制度であり，従前の日本における倒産法の概念が通用しないものであったことが伺える。

第2節　企業再生税制の沿革

企業再生税制の沿革上の特徴は，債務免除益等を課税しないことについて，法人税法や租税特別措置法に明文の規定を置くのではなく，旧取扱通達に定めていた点にある。

その後，連合国総司令部による会社更生法の制定により，会社更生法にも旧取扱通達と同様の内容が規定されるが，それでもなお，税法には，債務免除益について課税しない旨の規定を置かなかった。

ここでは，旧通達の記載ぶりを確認し，それに対する当時の考え方を明らかにし，その次に会社更生法制定時における連合国総司令部と主税局との交渉過程から企業再生税制を当時の主税局がどのよう考えていたのか確認する。

まず，旧通達の記載ぶりを確認する。

昭和15年改正法人税法の取扱通達である旧法人税取扱通達（昭和25・9・25直法1-100）第21「私財提供及び債務免除益」247は，「法人の資産整理に当たっ

76　三ケ月章「会社更生法の司法政策的意義」『会社更生法研究』215頁，217頁（有斐閣，1970）。
77　兼子：前掲注(72) 2頁。
78　三ケ月章「会社更生法の司法政策的意義（一）—理念と現実の開きの正規と対策の提案」法学協会雑誌第83巻第5号654頁（有斐閣，1966）。

てなされた重役，その他の私財提供（債務免除を含む。）又は銀行の預金切捨に
よる益金であって法第9条第5項の規定の適用を受けない繰越欠損金（欠損金と
積立金とを併用する場合はその相殺残額）の補てんに充当した部分の金額は，課
税しない。」と定めていた。

　この取扱いについて，当時の国税庁直税部法人課税課長であった吉國二郎氏に
よれば「私財提供又は債務免除が法人の従来の欠損の補塡を行うためにされたも
のであるときは，これに課税するのは苛酷にすぎるため」と説明している[79]。

　次に，会社更生法の制定時における連合国総司令部と主税局との交渉過程から
当時の主税局が企業再生税制をどのように考えていたのか確認する。

　会社更生法制定の過程の中で提出された，会社更生法（案）（昭和26年1月20日）
（以下「会社更生法昭和26年1月20日案」という。）には，法人税法の特例として，
「第262条（法人税法の特例）更生計画による会社の財産の譲渡又は評価換，債務
の消滅，資本の減少に因る益金その他更生に因って生ずる益金は，法人税法（昭
和22年法律第28号）による各事業年度の所得，又は地方税法（昭和25年法律第
226号）により事業税を課する場合に於ける各事業年度の所得の計算上これを益
金に算入しない」と記載され，また，登録税の免除として，「第263条（登録税の
免除）更生計画の定に基づいて[80]する登記，登録及び証書の作成については，登
録税又は印紙税を課さない。但し，会社，新会社，更生債権者，更生担保権者及
び株主以外の者を権利者とする登記又は登録に要する登録税についてはこの限り
でない。」との規定が設けられた[81]。すなわち，税法以外の法律（会社更生法）で
税法に関する取扱いを定めようとしたわけである。そして注目すべきは，会社更
生法によって生じる債務免除益等を益金に算入しないと記載したことである。

　これについて，連合国総司令部は，第73回会談（昭和26年2月13日）において，
「他の法律で税法をいぢる[82]のは，好ましくない。司令部としては，税法と更生
法と双方で規定するのは可。262条263条が問題」と意見しており，税法以外の他
の法律で租税法に手を加えることは好ましくないとして，第262条と第263条を問

79　吉國二郎『法人税法講義』155頁（大蔵財務協会，1954）。
80　原文まま。
81　位野木・前掲注(73)350頁。
82　原文まま。

題視し，租税法と会社更生法の双方で規定するのは可能であるとした[83]。

　つづいて，主税局は，会社更生法昭和26年1月20日案に対して，昭和26年2月12日付で次のとおり意見を表明している。「会社更生法を制定する趣旨については了解する。従って租税面においても，できるだけその趣旨に沿った運用を期することには敢えて反対はない」としつつも，「然しながら[84]同法案は，司法権と行政権との関係についての根本的な法律上の問題，即ち行政権に対する司法権の優越性の問題，を含むものと認められるので，租税に関する事項就中租税行政権の行使に関する事項については，これを全部同法案から削除し，租税法規において規定するのが適当とすると考える。」としている。さらに主税局は，「租税の減免に関するもの（法案第262条及び第263条）案の具体的内容を更に検討した上で，租税法において研究するものとする。」と意見を述べた上で，会社更生法第262条（後に条ずれし第277条）について「更生手続による会社の財産の評価換及び債務の消滅に因る益金で，更生手続開始の時において納付すべき当該開始の時を以て終了する事業年度以前の各事業年度の法人税額（利子税額を除く）及び当該開始の時においてその開始の時前から繰り越された損金のうち第9条第5項の規定の適用を受けない損金の額の合計額から更生手続開始の時における法人税法第16条第1項に規定する積立金額を控除した金額に達する金額は，当該評価換又は債務の免除のあった各事業年度の法人税による所得又は地方税法（昭和25年法律第226号）により事業税を課する場合における所得の計算上益金に算入しない。」とする案を提案している。これは対象となる益金はそのままで，益金不算入額を，会社更生手続開始と共に終了する事業年度以前の各事業年度の法人税額及び会社更生手続開始前から繰り越された損金のうち，旧法人税法第9条5項の規定の適用を受けない損金の額の合計額から更生手続開始時の積立金額（旧法人税法第16条第1項）を控除した金額に達する金額に限定する規定を設ける提案をしている[85]。これが現在の法人税法第59条のもとになった規定である[86]。

　このような提案がなされた背景を探るに，主税局が折衷案を提示したものと推

83　位野木益男編著『会社更生法［昭和27年］（2）日本立法資料全集47』3頁（信山社，1994）。
84　原文まま。
85　位野木・前掲注(83)67頁。
86　長門貴之『事業再生と課税』39頁（東京大学出版会，2017）。

測される[87]。

　その理由は，もともと主税局の意見として，会社更生法昭和26年1月20日案の第262条を指し，「法人税法の免除には反対である（262条）。特定の場合に免除の必要があるとすれば，国税法において規定することとする。」と表明していたが，その後，「更生計画による益金について法人税法上特例を設けることについては，反対である（262条）。」と変遷していく[88]。

　そして，連合国総司令部と主税局との何度かの会談により，会社更生法（案）昭和26年3月27日において，債務消滅益と資産の評価益の取扱いについて，主税局の意見が概ね反映され，会社更生法第269条(法人税法等の特例) 第3項には「更生手続きによる会社の財産の評価換及び債務の消滅による益金で，更生手続開始の時までの各事業年度の法人税額（利子額を除く。）と更生手続開始前から繰り越された損金（法人税法第9条第5項（青色申告書を提出した場合の繰越欠損金の損金へ算入）の規定の適用を受ける損金を除く。）の額との合計額から更生手続開始の時における法人税法第16条第1項(積立金)に定める積立金と法人税（利子税額及び延滞加算税額を除く。）の引当金との合計額を控除した金額に達するまでの金額は，当該財産の評価換又は債務の消滅のあった各事業年度の同法による所得の計算上益金に算入しない。」と規定された。

　しかしながら，会社更生法には，債務免除益について課税しない旨の規定が設けられる中，税法には明文の規定はおかず，通達にその旨を定めるに留めた。

　その後，旧通達については，繰越欠損金との相殺の範囲及び相殺残額等について問題があったほか，課税所得になるか否かの判断を通達によって定めることに批判があったことから，昭和40年3月の税制改正で法人税法第59条[89]に明文の規

87　長門・前掲注(86)40頁。

88　位野木・前掲注(83)68-69頁。

89　法人税法第59条「内国法人について商法の規定による整理開始の命令があつたことその他これに準ずる政令で定める事実が生じた場合において，その内国法人が，当該事実が生じたことに伴いその役員若しくは株主等である者若しくはこれらであった者から金銭その他の資産の贈与を受け，又は当該事実の生じた時においてその内国法人に対し政令で定める債権を有する者から当該債権につき債務の免除を受けるときは，その受ける日の属する事業年度前の事業年度において生じた欠損金額で政令で定めるものに相当する金額のうち，その贈与を受けた金銭の額及び金銭以外の資産の価額並びにその債務の免除を受けた金額の合計額（当該合計額がこの項の規定を適用しないものとして計算した場合における同日の属する事業年度の所得の金額

定がされた。

　そして，平成16年の税制改正で，期限切れ欠損金から資本積立金を控除しないこととし，平成17年の税制改正で，現在の企業再生税制が導入され，平成18年の税制改正でDESによる債務消滅益も企業再生税制の対象とした。

第3節　小括

　連合軍総司令部は，会社更生法において租税に関する事項を規定すること自体に否定的ではないものの，会社更生法のみで規定するのではなく，租税法令との調整を図ることを要望し，結果的に旧法人税法通達の取扱いと平仄を合わせる形で会社更生法は立法された。

　これについて，長門貴之准教授は，「アメリカ法がチャンドラー法と内国歳入法の双方に企業再生税制に係る規律を設けたことによる混乱を踏まえたものである可能性がある[90]。」と指摘している。

　また，債務免除益に課税しないために，会社更生法昭和26年1月20日案の第262条では，債務免除益を所得の計算上これを益金に算入しないとしていたが，主税局の意見を受け設立以来欠損金額の範囲内で益金不算入とする仕組みに変更されている[91]。

　さらに，主税局は，連合国総司令部に対して，「更生計画による益金について法人税法上特例を設けることについては，反対である。」との意見表明している[92]。

　このように，主税局が，会社更生法に関する特例を法人税法へ設けることに反対した理由は，主税局は，当時から債務免除益は所得を構成するものと考えていたところ，債務免除益を非課税とする規定を，シャウプ勧告を受けて改正されたばかりの法人税法に設けると，同法の意義，趣旨，理解について混乱をきたすためと考えられる。

　会社更生法が制定（昭和27年）された当時，税制をめぐる環境は，昭和24年5

をこえる場合には，そのこえる部分の金額を控除した金額）に達するまでの金額は，当該事業年度の所得の金額の計算上，損金の額に算入する。」

90　長門・前掲注(86)41頁。
91　位野木・前掲注(35)67頁。
92　位野木・前掲注(35)68-69頁。

月10日にシャウプ使節団が来日し，同年9月15日にいわゆるシャウプ勧告を公表している。そして，翌年の昭和25年税制改正でシャウプ勧告はほぼ全面的に法人税に採用された。

　このシャウプ勧告の評価について金子弘名誉教授は，「首尾一貫した理論的体系に従って一国の租税制度をデザインしたものであり，いわば壮大な実験であった。それは，内容的には，当時のアメリカの最新の租税理論（租税制度論の観点から見るとき，それは世界で最も進んだものであった。）を体系化したものであり，学問的に見てもすぐれた労作であった。また，それは，シャウプ使節団の顔ぶれからもわかるように，多分に改革主義（reformism）の要素をもっていた。彼らは，アメリカの租税制度とそのゆがみを熟知しており，それをどのように改革すべきかについて高い見識をもっていた。それゆえにこそ，公平負担の見地から，ゆがみのない理想的な近代税制の樹立に情熱を燃やしたのであろう[93]」と述べられている。

　このようにシャウプ勧告は首尾一貫した理論体系であり，それをほぼ全面的に導入した当時の租税法も同様といえる。それに比べると，当時の会社更生法は，まだ立法者の深い理解もままならないものであり[94]，そのような会社更生法に基づく債務免除益等を非課税とする特例を租税法に設けることは，新たな租税制度の意義，趣旨，理解に誤解，混乱を招くことになる。このような混乱等を避けるために，当該特例を法人税法に設けることについて主税局は頑なに反対したと著者は考える。したがって，債務免除益を課税しない特例は会社更生法には設けられたものの，税法に明文の規定を置くことはなく，通達にその取扱いを定めるに留めたものと考えられる。

　上記の会社更生法第263第3項について，位野木益男参事官によれば，「法人税の軽減について定めている。」ものであり，「財産の評価換及び債務の消滅を，法人税法の規定によって各事業年度の所得の計算上益金として計算するときは，その税額は，非常にぼう大なものとなり，そのために会社の更生が困難となって，更生債権者等の譲歩も，何ら実益のないこととなると考えられるので，このような例外を認めることとしたものである。ただ，この財産の評価及び債務の消滅に

93　金子宏『租税法〔第21版〕』60頁（弘文堂，2016）。
94　兼子：前掲注(75) 7頁。

よる益金を，更生手続きによる限り，すべて益金に算入しないこととすることは，不当に会社を利するきらいがあるので，更生手続開始前から繰りこされた欠損金を補填する限度内に限って，益金に算入しないこととしたのである。[95]」と述べている。また，兼子一教授，三ケ月章教授によれば，「更生手続では財産の評価換，更生債権・更生担保権の減免等が行われることが多いが，これらの評価換及び債務の消滅等を所得の計算上益金に算入することは更生会社に対して酷であるし，税額が尨大となって更生を妨げる一因ともなる。そこでこれらのものは法人税法の所得の計算上益金に算入しないものとした。しかし評価益や債務免除益のすべてにつき右の特例を認めるのも行きすぎであるので，更生手続開始前から繰越された欠損を補填する限度内に限ってこれを認めた[96]。」と述べている。

　また長門貴之准教授は，このような特徴を持つ会社更生法制定時の企業再生税制について，制定時の立案担当者や実務家の解説書[97]を参照すると，おおむね，以下のように理解されるとして「①会社更生手続の開始に伴い財産の評価換えによる資産の評価益の実現及び債務の消滅があると，法人税法上は益金算入されるのが「原則」である。しかし②原則通り益金算入されてしまうと多額の課税が生じ，更生会社にとって酷であり，また，債権者の譲歩にもかかわらず，課税が生じると会社更生が困難となる。そこで，③「例外」的に，課税の「軽減」を認める。但し，④資産の評価益・債務消滅益の全ての益金不算入を認めることは，競業者との関係で不当に更生会社を利することになるので，更生手続開始前から繰り越された欠損を填補する額の範囲内で益金不算入とする。」「これらのことから，企業再生税制の意義は，「会社の更生」という「政策目的」を達成するために課税の「軽減」を認める「例外的取扱い」であり，他方で，競業者と比べた場合に過度の優遇を避けるため設立以来欠損金額の限度で益金不算入を認めることにされたことがわかる[98]。」と述べている。

　このような考え方からすると，会社更生法制定当時の企業再生税制の意義は，会社更生法との関係において「会社の更生」という政策目的を達成することと考

95　位野木益男『会社更生法要説』264頁（学陽書房，1952）。

96　兼子＝三ケ月・前掲注(72)520頁。

97　山本嘉雄＝庄司隆治『会社更生法の解説』729-730頁（法務調査会，1952），打田畯一＝上田章『会社更生法』221-222頁（布井書房，1953）。

98　長門・前掲注(86)42頁。

えられる。そして，現在の企業再生税制は，会社更生法のみならず，民事再生法，準則型私的整理もその対象となっており，そうすると企業再生税制の意義は，会社更生法，民事再生法及び準則型私的整理の「意義」を政策的に達成するものと考えるのが自然である。

したがって，以下は，手続法である会社更生法，民事再生法の意義を明らかにした上で，その手続法の意義が，企業再生税制の意義として適切なものであるのか，検討していく。

第3章　企業再生の意義

第1節　会社更生法の意義

制定時の会社更生法（以下「旧会社更生法」という。）第1条《目的》には「この法律は，窮境にあるが再建の見込みがある株式会社について，債権者，株主その他利害関係人の利害を調整しつつ，その事業の維持更生を図ることを目的とする。」と規定している。

旧会社更生法の目的である「その事業の維持更生を図る」というのは，更生されるべき会社そのものを存続させることを含むのはもちろんであるが，必要によってその会社を解散し，新たに新会社を設立してこれに事業を引き継がせて，企業として維持再生を図ることをも含む趣旨である。すなわち，この法律は，窮境に陥った会社そのものではなく，その事業を維持更生させることを目的としているのである[99]と解説されている。

そして旧会社更生法の適用法人の範囲を示す「窮境にあるが再建の見込みがある株式会社」の「窮境」とは，具体的には制定時会社法第30条《手続きの開始》に規定されており，同条によれば「事業の継続に著しい支障をきたすことなく弁済期にある債務を弁済できないときには，会社は，裁判所に対し，更生手続開始の申立をすることができる。会社に破産の原因たる事実が生ずる虞があるときも，同様である」としている。いわゆる金詰まり，資金ショートの状態であり，会社に固定資産はあっても現金その他の流動資産が欠乏し，弁済期の到来した債

99　位野木・前掲注(95)56頁。

務を弁済するためには，会社の事業の継続に欠くことができない営業用の固定財産を処分しなければならないような場合をいうものである。この場合は，会社の積極財産が消極財産より少ないということは必要ではなく，会社の純資産額がマイナスである必要はないことになる[100]。

現在の会社更生法第1条《目的》には「この法律は，窮境にある株式会社について，更生計画の策定及びその遂行に関する手続を定めること等により，債権者，株主その他の利害関係人の利害を適切に調整し，もって当該株式会社の事業の維持更生を図ることを目的とする。」と規定されている。

旧会社更生法と比較すると「更生計画の策定及びその遂行に関する手続を定めること等により」と加えられたことにより，手続きの明確化が図れている点以外は，基本的には同じと考えられる。

そして，会社法第105条は，株式会社の株主は，剰余金の配当を受ける権利若しくは残余財産の分配を受ける権利のどちらかを有しなければならないとしており，この規定は，株式会社が対外的経済活動で利益を得て，得た利益を構成員たる株主に分配することを目的とする法人であることを示すものであり，「営利の目的」と呼ばれる[101]。

そうすると，「株式会社の事業の維持更生を図ること」とは，株式会社は営利を目的とする社団法人であり，ここでいう営利とは，対外的経済活動で得た利益を構成員たる株主に分配することをいうから，会社の事業の再生という場合の再生または更生の意義も，それが現在の事業組織によるものであれ，または新たな事業組織によるものであれ，利益分配が可能になる前提としての収益回復力ないしその合理的見込みが立てられることを意味するものであり，単に事業の存続という消極的状態と理解すべではないと解されている[102]。

すなわち，会社更生法の意義は，窮境にある株式会社を，利益分配を期待する投資家が進んで株主として出資を行うような事業体に生まれ変わらせることといえる[103]。

100　位野木・前掲注(95)78頁。
101　江頭憲治郎『株式会社法〔第5版〕』21頁（有斐閣，2014），江頭憲治郎『株式会社・有限会社法〔第2版〕』15頁（有斐閣，2002）。
102　伊藤眞「会社更生手続の意義」判例タイムズNo.1132，6頁（判例タイムズ社，2003）。
103　伊藤眞『会社更生法』11頁（有斐閣，2012）。

第2節　民事再生法の意義

　民事再生法は，和議法にかわる新たな再建型倒産処理法として制定され，平成
12年4月1日から施行された。この民事再生法の特徴は，中小企業を主たる対象
とし，迅速・機能的な再建を図る工夫がなされており，債権者にとっては公平か
つ透明性のある手続きといえる。そして会社更生法との比較においては，会社更
生法が株式会社のみを対象としているのに対して，民事再生法では，株式会社以
外の法人及び個人まで広く対象としている[104]。

　民事再生法第1条《目的》には「この法律は，経済的に窮境にある債務者につ
いて，その債権者の多数の同意を得，かつ，裁判所の認可を受けた再生計画を定
めること等により，当該債務者とその債権者との間の民事上の権利関係を適切に
調整し，もって当該債務者の事業又は経済生活の再生を図ることを目的とする。」
と規定している。同条は，民事再生法の目的を定めるものであり，具体的には，
同法が経済的に窮境にある債務者についてその事業または経済生活の再生を図る
ことを目的としたものであること，その目的の実現は，原則として債権者の多数
の同意を得て，裁判所の認可を受けた再生計画を定めること等により，当該債務
者とその債権者との間の民事上の権利関係を調整することによってなされるこ
と，を明らかにしている[105]。

　債務者が「経済的に窮境にある」というのは，具体的には民事再生法第21条《再
生手続の開始の申立ての》の再生手続の開始原因があることを意味する。すなわ
ち，一般的には，「破産の原因たる事実の生ずるおそれがある」場合であるが，
事業者については「事業の継続に著しい支障を来すことなく弁済期にある債務を
弁済することができない」も含まれる。

　そしてこの法律の「当該債務者の事業又は経済生活の再生を図ること」とは，
事業を継続しつつ，窮境にある債務者の経済状態のさらなる悪化を防止し，又は
これを改善させることにより，破産手続きによる解体・清算に伴う資産の減価等
による経済損失を回避することを意味する[106]と解されている。

104　高中正彦ほか『実務民事再生法』2頁6頁（税務経理協会，2000）。

105　園尾隆司＝小林秀之『条解民事再生法〔第3版〕』1頁（弘文堂，2013）。

106　深山卓也＝花村良一他『一問一答 民事再生法』30頁（商事法務研究会，2000）。

　そして，当該目的を達成するためには，通常は，債務者が自らの事業を継続しつつ，将来の事業収益等を原資として，減免・猶予を受けた債務を再生計画に従い弁済していくことが多いが，再生手続きの中核である再生計画の本質的要素における事業の再生の意味は，企業のうち再生に値するものを選別し，それを再生させること，または，他の企業のもとでなら再生に値する事業を選別し，当該事業をそのような企業に移転させることである[107]と考えられている。

　すなわち，法人である債務者の法人格の維持存続が必要とされているわけでないし，個人である債務者の経済基盤となる保有資産等を保持することが当然の前提とされているものでもない[108]と解されている。

第3節　小括

　会社更生法における事業再生の意義は，窮境に陥った株式会社を，利益分配が可能になる前提としての収益回復力ないしその合理的見込みが立てられる状態にすることであり，単に事業の存続という消極的状態と理解すべきではなく，利益分配を期待する投資家が進んで株主として出資を行うような事業体に生まれ変わらせることといえる。

　このように，会社更生法は，その対象となった法人の株主に対して利益分配することまでも意義としているとすると[109]，日本の法人の約6割は，所得金額が0円または欠損である[110]ことを鑑みると，会社更生法の意義に即して，法人の財務状態が，利益分配ができる状態にまで企業再生税制を適用して税負担を軽減することは，平時の法人と比較して明らかに公平，中立を損なうものと考えられる。

　一方，民事再生法における事業再生の意義は，事業を継続しつつ，窮境にある債務者の経済状態のさらなる悪化を防止し，又はこれを改善させることにより，破産手続きによる解体・清算に伴う資産の減価等による経済損失を回避することを意味するとしている[111]。

107　伊藤眞＝田原睦夫『新注釈民事再生 上』6頁（金融財政事情研究会，2006）。
108　花村良一『民事再生法要説』26頁（商事法務研究会，2000）。
109　伊藤眞・前掲注(102)。
110　国税庁「会社標本調査 平成29年度」15頁。
https://www.nta.go.jp/publication/statistics/kokuzeicho/kaishahyohon2017/kaisya.htm
111　深山卓也＝花村良一他・前掲注(106)。

　そうすると，民事再生法は，その対象となった法人の解体・清算に伴う経済損失を回避することを事業再生の意義としており，十分な利益を計上することまで事業再生の意義とはしていないと考えられ，民事再生法の意義に即して，企業再生税制を適用して税負担を軽減しても特段の問題はなさそうである。

第4章　債務免除益をめぐる租税法上の解釈

　債務免除益は，法人税法第22条第2項のその他の取引に該当し，益金の額に算入され所得を構成するものと取り扱われている[112]ところ，なぜ，このように取り扱うのか，そもそも，債務免除益を非課税とする考え方はないのであろうか。

　法人税の課税物件は法人の所得であり[113]，その課税標準は法人の各事業年度の所得の金額である[114]。そして，所得の金額は，益金の額から損金の額を控除した金額となる[115]。すなわち，まず，課税物件としての「所得」の概念が存在し，それを前提として，「所得」の計算方法が存在するという構造になっている。そうすると，「所得」について検討する場合には，所得の概念がどのように定義されているものか確認する必要がある[116]。

　したがって，以下では「所得」の概念を確認した上で，債務免除益が租税法でどのような理論の下で所得を構成するものとして取り扱われているのか確認する。

第1節　私法における債務免除

　民法第519条は，「債権者が債務者に対して債務を免除する意思表示をしたときは，その債権は，消滅する。」と規定している。民法では免除は債権者の単独行為[117]であるから，債務者の意思を問わず債権者が自由に行うことができる。した

112　例えば，福岡地判昭和42年3月17日行裁例集18巻3号282頁，仙台高判平成17年10月26日税資255号順号10174，大阪地裁平成24年2月28日判決。

113　法人税法第5条《内国法人の課税所得の範囲》。

114　法人税法第21条《各事業年度の所得に対する法人税の課税標準》。

115　法人税法第22条。

116　中里実『キャッシュフロー・リスク・課税』16頁（有斐閣，1999）。

117　我妻榮＝有泉亨『我妻・有泉コンメンタール民法 総則・物権・債権』1034頁（日本評論社，2019），磯村哲『注釈民法（12）債権（3）』499頁（有斐閣，1986）。

がって債務免除は，債権者が一方的な意思表示により債務を消滅させること[118]であり，債権放棄ともいう。

　もっとも，実務的には，債務者の利益といえども一方的に押し付けられるものではなく，債務者と債権者が債務免除契約を締結し，債務免除を行う。この場合には，単純な債務免除契約を締結するのではなく，各種の条件を付随的に定めた条件付債務免除契約を締結することになる。

第2節　所得に関する学説

第1款　所得概念の類型

　所得の意義を論じる場合に，どのような観点から所得をみるかによりその意義は変わってくる。経済学者（特に厚生経済学者）の間では，財貨の利用やサービスから得られる効用（utility）ないし満足（satisfaction）と観念し，それが真の意味の所得（true income）であるとする考え方がある。しかしながら，心理的な何物ではなく，万民に共通な価値の単位，即ち金銭で表現されるべきである[119]。

　所得を金銭で把握する場合にも，2つの累計がある。その1つは「処分型」（disposition type）の所得概念と呼ばれるもので，納税者の各年度の利得のうち，効用ないし満足の源泉である財貨やサービスの購入に充てられる部分のみを所得としてとらえ，蓄財（貯蓄・投資）に向けられる部分は所得の範囲から除外する考え方である。したがって，この考え方の下では，各年度の所得とは，各年度の消費の総額ということになる。しかしながら，蓄積に向けられる部分を課税しないことについて著しく公平の観念に反することから，一般的に受け入れられていない。もう1つは「発生型」（accrual type）の所得概念と呼ばれるもので，所得とは一定期間の間に納税者に生ずる経済的利得（gain）であるとする考え方である。日本の所得税法，法人税法も，発生型の所得概念を採用している[120]。

第2款　制限的所得概念と包括的所得概念

　この発生型所得概念についても，所得の範囲をどのように構成するかについて

118　平野裕之『債権総論』459頁（日本評論社，2017）。
119　金子宏『所得概念の研究 所得課税の基礎研究 上巻』13頁（有斐閣，2012）。
120　金子・前掲注(119)14頁。

は，2つの考え方がある[121]。第1の考え方は，制限的所得概念[122]であり，原資の維持（preservation of source）の基準の他に，さらに何らかの基準を加えることによって，所得概念を狭くする見解である。経済的利得のうち，利子・配当・地代・利潤・給与等，反覆的・継続的に生ずる利得のみを所得として観念し，一時的・偶発的・恩恵的利得を所得の範囲から除外する考え方である。この考え方は，所得源泉説あるいは反覆的利得説とも呼ばれる。イギリス及びヨーロッパ諸国の所得税制度は，伝統的にこの考え方に基づいており，そこでは，キャピタル・ゲインのような一時的・偶発的利得は，長い間課税の対象から除外されてきた。

　第2の考え方は，包括的所得概念[123]であって，原資の維持に加えてさらに所得の範囲をせばめることなく，いわば所得概念を包括的に構成する見解である。この考え方のもとでは，人の担税力を増加させる経済的利得はすべて所得を構成することになり，したがって，反覆的・継続的利得のみでなく，一時的・偶発的・恩恵的利得も所得に含まれることになる。

　この考え方は，純資産増加説とも呼ばれ，1892年にゲオルク・シャンツによってはじめて体系化され，その後アメリカでもロバート・ヘイグやヘンリー・サイモンズによって主張された。

　包括的所得概念を，最初に体系的に説明したシャンツによれば「我々は，ある期間の間に原資を減少させることなく処分しうるものとして，何がある人に流入するか知らしめる概念を必要とする。それが所得の概念である。」とした上で，所得を，「一定期間の資産の純増」と定義した。この定義の下においては，所得の概念は真に包括的であって，「すべての純収益，資産の使用の経済価値，金銭価値のある第三者の給付，すべての贈与・相続・遺贈，富くじの当たり，保険金，あらゆる種類の投機利益が所得に属する。他方，すべての負債の利子と資産の損失が控除される。」ことになる。この定義を採用したヘイグは，欲求を満足させる能力の増加という観点から所得を捉え，所得を「2つの時点の間における人の

121　金子・前掲注(93)184頁，金子・前掲注(119)16頁，山本守之『体系法人税法〔33訂版〕』142頁（税務経理協会，2016），水野忠恒『租税法〔第5版〕』135頁（有斐閣，2011），谷口勢津夫『税法基本講義〔第6版〕』194頁（弘文堂，2018），中里実＝弘中聡浩＝渕圭吾『租税法概説』83頁（有斐閣，2013）。
122　金子・前掲注(119)17頁。
123　金子・前掲注(119)24頁。

経済的能力の純増の金銭価値」と定義した。ヘイグによれば，「この定義は，所得を欲求の満足と見る経済学の基本的な考え方から1つの点で外れているにすぎず，それは，欲求の満足それ自体が所得ではなく，欲求を満足させる経済的能力をもって所得を定義していることである。」としている。すなわち，彼は，経済的能力を取得したときに課税する発生型の所得概念を採用するとしている。そしてこの概念規定は，同じ性質のものを全て含むのに十分広いものであるが，基本的に性質の異なるものを含むほど広い定義ではなく，そこに含まれるものは，満足を生み出す財貨やサービスを支配する（金銭で表示された）能力という類似性をもっていなければならないとしている。そして，他の基準を付加する場合には，本来所得に含められるべきものをそこから排除することになり，実質的に同じ経済的地位にある人々の間に不公平や差別を生み出すことが不可避であるから，他の基準を付加することについて否定的な立場を採っている。サイモンズは，所得を，①消費によって行使された権利の市場価値と，②期首と期末の間における財産権の蓄積の価値の変化の合計として定義している[124]。

サイモンズによれば，所得は，以下の定義式で表すことができることになる[125]。
「所得＝消費＋純資産増加[126]」

これは，表現に若干の差異はあるものの，所得を経済力の増加と捉える点において，ヘイグの定義と同じと考えられる[127]。

1913年にアメリカ合衆国で採用された連邦所得税制度は，基本的には包括的所得概念を採用するものであって，そこでは，イギリス及びヨーロッパ諸国の制度と異なり，いかなる源泉から生じたものであるかを問わず（from whatever source derived）すべての所得を課税の対象とすることとした。これら，制限的所得概念と包括的所得概念の2つの考え方のうち，今日では，次の3つの理由から包括的所得概念が一般的な支持を受けている。第1に，一時的・偶発的・恩恵的利得であっても，利得者の担税力を増加させるものである限り，課税の対象と

124　金子・前掲注(119)25頁。
125　原正子「所得控除の整理合理化の検討 人的控除以外の所得控除を中心として」税大論叢74号104頁（2012）。
126　中里実『キャッシュフロー・リスク・課税』17頁（有斐閣，1999）。企業の場合には，消費がないから，所得＝純資産増加。
127　畠山武道＝渡辺充『現代法律学講座8 新版租税法』78頁（青林書院，2000）。

することが，公平負担の要請に合致する。第2に，すべての利得を課税の対象とし，累進税率の適用のもとにおくことが，所得税の再分配機能を高めるゆえんである。第3に，所得の範囲を広く構成することによって，所得税制度のもつ景気調整機能が増大する[128]。

第3款　借入金は借主の所得となるか

　債務免除益を計上する前に，そもそも，その元となる借入金という債務が存在する。借入金は借入時点において所得を構成しないと考えられている。その理由は，現金の増加と同時に同額の負債が生じ，包括的所得概念における「純資産増加」に該当しないためと説明されている。この方式では，逆に借入元本の返済も経費として認識しないことになる。

　このような考え方の下で，借入債務が免除された場合はどうなるか検討する。もともと，借入金が所得から除外されていたのは，借主が元本を返済する義務を負っていたからである。債務免除の結果，債務者が債権者に対して負っている支払義務が消滅する。借入元金に着目すると，債務者が受け取った金額の方が，債務者が支払った金額よりも大きいため，債務者は差額分について経済的利益を認識することとなる。すなわち，債務の免除からは，借主の受取金額と，借主の債務返済のための支払金額の差だけ，借主に所得が生ずることとなる[129]。

　そうすると，借入金については，その借入時には所得を構成せず，債務免除が行われた時点において，債務免除益として所得を構成することになる。これが，租税法の一般的な考え方といえる。

　一方で，包括的所得概念の下においても，借入金を所得として認識しない現行方式は絶対的なものでないとも考えられる[130]。

　一般論として所得の概念に関しての論点は，①所得とは何か（what is income），②所得の分類の問題（which income is it），③所得の帰属の問題，誰の所得であるか（whose income is it），④所得の帰属年度，いつの所得となるか（when is it

128　金子・前掲注(93)。
129　増井良啓「債務免除益をめぐる所得税法上のいくつかの解釈問題（上）」ジュリストNo.1315，196頁（2006）。
130　若木裕「ノンリコースローンを巡る課税上の諸問題について─債務免除益課税を中心に─」税大論叢77号164頁（2013）。

income）の4つがあげられる[131]。

　①の所得とは何かに着目した場合に，所得をキャッシュ・フロー的に考え，現金の出入りに着目した課税方式を採用すれば，借入時点で純資産増加を認識して所得課税を行い，元本返済ごとに純資産減少を認識して経費算入（損金算入）する方法も否定はできない[132]。このようなキャッシュ・フロー方式によれば，債務免除時においては，既に借入金は課税済みであるから，債務免除益に課税するという考え方は生じない[133]。

　上記のとおり，包括的所得概念の下で，債務免除益は所得を構成するとの理論が原則と考えられるが，一方でそれが絶対的な考え方ではなく，1つの選択肢であることが理解できる

第3節　税法の規定

　債務免除益が包括的所得概念の下で，原則，所得を構成するものであることは上記で確認できた。では，租税法律主義を採る我が国の租税法において，どのような理論の下に課税所得と認識されるのか法人税法について以下確認する。

　法人税の課税物件は法人の所得であり[134]，その課税標準は法人の各事業年度の所得の金額である[135]。そして，所得の金額は，益金の額から損金の額を控除した金額となる[136]。まずは，益金の概念についてであるが，法人税法第22条第2項で

131　金子・前掲注(119)116頁。

132　岡村忠生「タックス・シェルターの構造とその規制」法学論叢第136巻第4，5，6号297頁（1995）「借入額自体を，借入時に課税の対象とした上で基準価格に算入し，かつ，返済時に控除するというキャッシュ・フロー税的な考えうる」と論じられている。

133　若木・前掲注(130)75頁。例えば「ノンリコース債務がそもそも「人的責任なき債務」であるとの前提に立脚すれば，自己に支払責任のなかった債務が免除されたところで，債務からの解放も，経済的価値の流出の減少さえも認識できないため，所得に該当しないとの論にも一理あるように思える。このような，債務からの解放の実感がない利益（Phantom gain）にあっては，経済的価値の増減という概念はひとまず置いて，所得金額は収入金額を加算し，必要経費を減算するという所得計算方法を考慮する必要があろう。」「ノンリコース債務の免除は，そもそも債権の捕取力を原則とする我が国において，人的責任の追及，すなわち債務者固有の資力で償還しないことをあらかじめ約定して行われた債権放棄であるから，原則として債務者に対する課税を検討すべきである。」

134　法人税法第5条《内国法人の課税所得の範囲》。

135　法人税法第21条《各事業年度の所得に対する法人税の課税標準》。

136　中里・前掲注(126)17頁。

は「内国法人の各事業年度の所得の金額の計算上当該事業年度の益金の額に算入
すべき金額は，別段の定めがあるものを除き，資産の販売，有償又は無償による
資産の譲渡又は役務の提供，無償による資産の譲受け，その他の取引で資本等取
引以外のものに係る当該事業年度の収益の額」としている。

　つまり，この規定は益金の額に算入すべき金額を，資産の販売，有償または無
償による資産の譲渡，有償または無償による役務の提供，無償による資産の譲り
受け，その他の取引から生じる収益の額とし例示的に列挙するに留まり，益金の
概念については規定していない。

　ただし，益金の額に算入すべき金額を「収益の額」としていることから収益の
額の総称として益金を認識しているため，当該収益の額が何かを明らかにする必
要がある。

　税法における課税所得は企業会計に依存している[137]から，ここでいう収益の額
とは，法人税法第22条第4項に規定されているように，「一般に公正妥当と認め
られる会計処理の基準」いわゆる公正処理基準により導き出されるが，法人税法
上は公正処理基準により認識された収益の全てが益金を構成するわけではない。
つまり，税法独自の規制が加えられるべき範囲があり，それが「別段の定め」で
ある。したがって，「別段の定め」があるもの以外については，公正処理基準[138]
による収益の額を前提としていることから，法人税法においても包括的所得概念
を採用していることが分かる。

　上記の公正処理基準として，例えば，金融商品に関する会計基準[139]によれば，
「金融資産又は金融負債の一部がその消滅要件を充たした場合には，当該部分の
消滅を認識するとともに，消滅部分の帳簿価額とその対価としての受払額との差
額を当期の損益として処理する。(基準第11項)」とされており，損益計算書上は，
特別損益の部の特別損益に債務免除益として計上することになり[140]，法人税法上

137　武田昌輔「税務会計における基本問題」日税研創立10周年記念論文集(日税研論集第28号)
140頁(日本税務研究センター，1994)。
138　公正処理基準について「何を指すのかは明確ではなく，解釈上多くの問題が生じるところ
である。」酒井克彦『プログレッシップ税務会計論Ⅲ　公正処理基準』7頁(中央経済社，2019)。
139　企業会計基準委員会(平成11年1月22日)企業会計基準第10号
140　平成10年3月以降に企業会計審議会及び企業会計基準委員会が公表した，新会計基準が，
法人税法第22条第4項の「公正処理基準」に該当するか否かの検討については，原省三「公正

も益金の額に算入することになる。

　もっとも，法人税法第22条第2項の「無償による資産の譲受け」には債務免除益も含まれると解されている[141]。

　以上のことから，法人が債務の免除を受けた場合の債務免除益は，法人税法でいう「その他の取引」に該当し，原則として各事業年度の益金の額に算入される。

第4節　小括

　上述のとおり，法人税法は，包括的所得概念を採用している。この概念は，純資産増加説とも呼ばれ「所得＝消費＋純資産増加[142]」で表される。そして，反復的，継続的に生じる利得のみならず受贈益等の一時的，偶発的，恩恵的利得も含めて課税対象は包括的に定義されるべきであるとして，金銭であるのか，その他の経済的利益なのかその形態の区別なく，益金を構成することとなる。

　債務免除（債権放棄）がなされた場合，負債が減ることから純資産は増加する。つまり，純資産増加説によれば，借入時においては，資産と負債が同時に増加することから所得は生じないが，返済が免除されれば借入時に資産に計上した額と免除される負債の帳簿価額の差額は益金と解することができる。また，債務免除益は経済的利益を享受していることから見ても，益金を構成すると解される。

　そうすると我が国の法人税法において，債務免除益は益金を構成すると考えたほうが合理的であり，収益と認識しない，非課税とするといった考え方は合理的ではなく，なじまないものと考えられる。

第5章　欠損金をめぐる法人税法上の解釈

　欠損金とは，当期における収益の額が費用・損失の額を下回った場合におけるその下回った金額のことである。その原因が営業成績の悪化であると，あるいは災害等による損失が生じたためであるか理由を問わない。この欠損金は，この意

処理基準に関する一考察　最近の我が国の企業会計制度の変容を踏まえて」税大論叢58号263頁（2008）。

141　金子・前掲注(93)313頁，平石雄一郎「収益における実現」201頁。

142　中里・前掲注(126)。

味では，費用・損失の額から収益の額を控除した差額概念でこの逆である利益金と同様の差額概念である[143]。

　この章では，法人税法における繰越欠損金額の控除について，その控除の意義，目的について確認をする。そして，平時の法人には使用が認められず，清算時の法人に使用することが認められている期限切れ欠損金が，何故，企業再生という最終的な事業年度より前の段階で使用することが認められるのか検討する。

第1節　沿革

　法人所得税は，明治32年（1899年）に導入された。そして，その当時から繰越欠損金の制度は存在し，明治32年から大正14年（1925年）までは，繰越欠損金は無制限に所得から控除されていた。

　この当時の商法は「会社ハ損失ノ補填ヲ為シタル後ニアラザレバ利益ノ配当ヲ為コトヲ得ス」と規定していたことから，法人が前事業年度までの繰越欠損金を決算上のその事業年度の利益をもって補填した場合には，その補填した分については損金に算入していた。このルールの下では時間的制限はないことになる。

　大正15年4月の改正において，法人税の課税は，一事業年度毎の所得を計算する建前であり，個人の場合との権衡を失すること等を理由として，繰越欠損金の控除は認められないこととなった（所得税法における第一種所得税が現行の法人税に相当する。）。その後，昭和15年までは，繰越欠損金控除は認められなかった。当時の第一種所得税法は，「法人ノ前事業年度ヨリ繰越タル益金又ハ損金ハ其ノ事業年度ノ所得計算上益金又ハ損金ニ之ヲ算入セス」と規定している。この繰越欠損金の控除を認めないこととした理由は，次の3点があげられている[144]。

　第1の理由は，各事業年度を独立とみる考え方である。「既に法人に在りて一事業年度を以て計算単位となし，所得金額の算定を為す以上は，其の単位即ち各事業年度毎の所得計算は，所得の本質に照し厳格に相互間独立して之を行ふべきものである」とした上で，「前期繰越欠損金の補填を其の事業年年（ママ）の損金に算入する事は，前事業年度に於ける損金を再び其の事業年度の損金に算入せ

143　武田昌輔「欠損金・損失金についての課税上の問題点」『欠損金』日税研論集第26号4頁（日本税務研究センター，1994）。
144　織田吉蔵「法人の繰越欠損金と所得税」会計19巻5号72頁，87頁（1926）。

しむる所以にして，所得金額の計算単位を各事業年度に求め，各事業年度毎に厳格に之が打切り計算を行はんとする税法の精神を没却」するもので許されないとした。

第2の理由は，「法人と個人の権衡」である。当時は個人所得税において前年度からの繰越欠損金の控除が認められていなかったところ，法人所得税においてこれを許容すれば「両者の間甚しく課税取扱の権衡を害する」。ゆえに「既に個人の所得計算に於て厳格に各年毎に打切計算を行ふ以上は，法人に於ても亦各事業年度毎に厳格に打切計算を行ふこととせねばならない」。とした。

第3の理由は「同族会社と其他の会社との間に欠損金の整理方法如何に依る負担の権衡保持」をはかることである一方で，個人的な同族会社においては，会社自体の資産状態ないしは決算報告があまり問題にされないので欠損金の繰越控除を認めると「恐らく或る事業年度に於て生じたる欠損金は其の金額を後期へ繰り越すこととし，其の翌期に於て毎期之が補填を為し，以て所得税の負担を為さないやうにするであろう」，他方で同族会社以外の株式会社においては，その信用が財産状態に左右されかつて貸借対照表を公示しなければならないから「其の決算面に繰越欠損金を計上することは，営業政策上甚だしく不利益を驚す」，とりわけ上場大会社にとっては，繰越欠損を補填しなければ利益配当ができないため「色々な方法を講じて欠損の繰越を為さざるやう努むる」ことになる。したがって，このような場合と先の個人的な同族会社との場合とで「甚しく権衡を得ない結果になる」というのである。

この措置に対しては，法律ではなく施行規則に規定したこと，などを含め，さまざまな批判ないし疑問が表明されたという。

昭和15年に法人税法が定められ，繰越欠損金の控除は3年間認められることになった。

法人税が所得税から法典上分離したのは，昭和15年の法人税法の創定による。この昭和15年法人税法第4条は「法人ノ各事業年度開始ノ日前3年以内ニ関始シタル事業年度ニ於テ生ジタル損金ニシテ命令ヲ以テ定ムルモノハ第1項ノ所得ノ計算上之ヲ損金ニ算入ス」と定め，繰越欠損金の控除を3年以内で認めることとした。この改正の趣旨については，当時の解説が次のように述べている。「旧法では法人の所得は各事業年度ごとに打ち切って計算し，繰越利益がその事業年度

の利益として課税の対象とせられぬと同様，繰越欠損があってもこれはその事業
年度の所得の計算には関係がないとせられており，従って，どのような大きな繰
越欠損があっても，今期の利益があれば，それに課税せられた。新法でもこの原
則は依然承認せられている。しかし，繰越欠損を絶対に損金に算入しないという
ことは実際問題としていささか酷に失する場合があるというので，新法では3年
内に生じた繰越欠損を損金として算入することをみとめたのである[145]。」，つま
り，事業年度ごとの打ち切り計算が原則であり，「いささか酷に失する場合」に
ついて例外として欠損金の繰越を認めたということになる。

　その後，昭和21年7月の改正においては，企業再建整備その他終戦後の新事態
に即応せしめるために，その繰越控除は1年に短縮された。

　昭和25年3月の改正においては，欠損金の繰越控除の制度の濫用を防止するた
め，この規定は，その年に青色申告書を提出することを許されている所要帳簿を
具備する納税者に限って適用すべきである。」というシャウプ勧告を基調として，
青色申告書を継続して提出した法人の各事業年度開始の日前5年以内に開始した
事業年度に生じた欠損金に限り繰越控除を認めることとした。なお，この点につ
いてシャウプ勧告書は，次のように述べている。

　「個人については，所得額の変動のもたらす不合理は，一時所得または一時損
失の次年度以降への平均を認めることによって，ある程度緩和される。法人には
累進税率が適用されぬが，ある年に損失を生じこれを相殺すべき所得がない場合
には，同様に不合理が生じる。個人の場合でも，繰越規定が適用されないか，ま
たは適用されてもその規定が全損失額及び控除容認額を所得と相殺するのに充分
でなければ，同様の不合理が生じる。それ故，われわれは次の勧告を行う。即ち，
法人たると否とにかかわらず，納税者がある年度に欠損を生じた場合，この欠損
を翌年度以降の損益計算において繰越して控除し得ることとし，欠損額が所得で
相殺されるまで繰越しを継続するのである。しかし，この制度の濫用を防止する
ため，この規定は，その印に青色申告書を提出することを許されている所要帳簿
（法人化されていなければ）具備の納税者に限って適用すべきである。更に進ん
で，納税者に使用されなかった基礎控除，扶養控除または勤労控除の繰越しを認

145　我妻榮『第七五帝国議会新法律の解説』63頁（宮沢俊儀執筆，1940）。

めることは，税務機構に徒らに過大な負担をかけることになるから，これを許すべきではない。実際に欠損という場合は割合稀であるから，税務署が多額の欠損を主張している申告書を調査し，不正な欠損控除の認容を防止することは可能であろう。もし，使用されなかった基礎控除等の繰越しを許すとしたら，よく調べないでも納税義務がないことが明瞭な程度の莫大な数の小額申告書の調査が必要となってくるであろう。」（シャウプ勧告書95）[146]

すなわち，シャウプ勧告は，無期限の欠損金繰越控除を勧告した。しかし，昭和25年（1950年）改正で実際に認められたのは，5年間に期限を限った繰越控除であった。

こうして，シャウプ勧告を受けた昭和25年（1950年）改正において，1年間の繰戻還付制度と欠損金の5年間の繰越控除制度が導入された。この2つの制度の基本形は現在まで引き続き維持されている。

第2節　繰越欠損金と期限切れ欠損金についての学説

武田昌輔教授は，繰越欠損金控除についてシャウプ勧告が無制限となっていたことから「本来は無制限にすべきものである[147]」。「青色申告の特典という性格のものではなく，むしろ当然の規定である。」と述べた上で，企業再生税制における期限切れ欠損金の使用する順序の問題について，「欠損金の繰越期間を7年に限定していることに起因する。」欠損金の「繰越期間を無制限に認めることにするか，あるいは，15〜20年とすれば，問題が解決するといえる。」としている[148]。

増井良啓教授は，欠損金の生じた年度に欠損金に対応する税額分を全額還付する立法例は，現実には見当たらないとしながらも，Campisano and Romanoの「欠損金を計上するすべての納税者は米国務省に還付請求権を有する[149]」という完全

146　武田昌輔編著『コンメンタール法人税法』3455頁（DHC，1979）。
147　武田・前掲注(143)14頁。
148　武田昌輔「欠損金額の繰越し制度等の理論と実務（総説）」日税研論集第59号7頁，24頁（日本税務研究センター，2009）。
149　増井良啓『結合企業課税の理論』287頁（東京大学出版会，2002）。Campisano and Romano, note 24，709「現行制度を支持する根拠としては通常，所得平準化の要請があげられる，すなわち年度ごとに所得が変動する納税者は，安定した所得を稼得する納税者と等しい課税上の取扱いをうけるべきであるという考え方である。しかしながら，納税者に対する欠損金への補償を基礎づける政策としては，所得平準化のそれにかえて還付（recoupment）の考え方によるべき

還付制度の提言を参考にしながら，①欠損金の繰越控除を無期限に認め，さらに
控除額の算定にあたって利子相当分を加算すること，②欠損金の租税価値の一部
（たとえば3分の1）の即時還付と欠損金の無期限繰越控除（利子付き）との選
択を認めるという穏健な提案もあるとしている。

　さらに欠損金の繰越期間について，個人と法人の繰越期間の違いのみをとらえ
て，両者をそろえよと主張することは，根拠を欠き，政策論として，投資者をふ
くめたところで，全体としてのバランスを論ずるべきとし，そして，完全還付を
採用できない世界で純損失の繰越控除と繰戻還付は，所得の平準化という重要な
役割を果たしていると述べている[150]。

　中里教授は，法人所得課税においては，課税所得算定が，事業年度と法人格か
らなる人為的な時間的，空間的単位（時空間（chronotopos））に基づいて行われ
るにもかかわらず，所得が黒字の場合は課税されるが，赤字の場合には還付が十
分に行われないという非対称的な取扱いは，課税の中立性に反するものであり，
解決策として，事業年度と法人格の区切りを取り払い法人，部門全体を実質的に
連結したような課税を認めることを提案する。その具体的素材として，欠損金額
の取扱いに関しては，リスク・テイキングに関する法人所得税の非対称的取扱い
を緩和することができるとして，欠損金額の売買や合併による利用を認めると述
べている。また，平成2年12月19日大阪高裁（訟月37巻8号1482頁）について，
過去に生じた損失をできる限り将来生じた利益と相殺できるようにすることが望
ましいとして，期限切れ欠損金を青色欠損金額に優先して利用することを認めた
同判決を肯定的に評価している[151]。そうすると中里教授は，期限切れ欠損金の利
用について，肯定的な見解と考えられる。

　一方で，中里実教授は，上述[152]したJALの優遇措置を加味した上で，会社更生
手続に係る課税上の取扱いについて①平成17年度改正により成立した「企業再建

である。ここに還付とは，欠損金の租税上の価値の完全な回復を意味する。還付の政策の下では，
欠損金を計上するすべての納税者は米国財務省に対して還付請求権を有する。」
150　増井良啓「所得税法上の純損失に関する一考察」『所得税法における損失の研究』日税研
論集第47号97頁（日本税務研究センター，2001）。
151　中里実「法人課税の時空間（クロノトポス）法人間取引における課税の中立性」『主権と自
由の現代的課題』杉原泰雄教授退官記念論文集364-369頁（勁草書房，1994）。
152　第1章第3節第1款。

支援税制」による評価換えの際の欠損金の利用に関する更生会社に対して有利な
扱いは，租税特別措置法ではなく，法人税法本法に定められてはいるものの，更
生手続の円滑な遂行という政策目的実現のために法人税法上の一般的な取扱いか
ら乖離するかたちで特別に設けられたものであること，②その評価換えの際の有
利な扱いが，平成23年12月2日法律第114号により一般企業について欠損金の繰
越控除の金額80%に縮減された後も更生会社については100%に維持されている
こと，③平成23年12月2日法律第114号の附則第14条が，更生手続き開始の事業
年度以降の長期間の事業年度において，欠損金の100%の損金算入を認めている
ことからいわゆる政策税制[153]であると評価し，さらに，少数の特定企業しか恩恵
を受けないのであれば企業名等を公表するというような措置もありうると，やや
否定的に述べている[154]。

　岡正晶教授は[155]，法人の欠損金は無制限に繰越しが認められるべきであり，一
定期間経過後に打ち切られるのは，税収確保，事務手続削減などの政策的な理由
であるとしている。

　そして，期限切れ欠損金の使用は，例外的に認めるものであり，合理的な事業
再生手続の中で行われる，事業再生に必要最小限度の債務免除により生じる「実
質的な担税力のない（債務免除）益金」に限定することが妥当であり，現行租税
法の定め方（会社更生，民事再生，民事再生に準じる一定の私的整理など）は適
切である。期限切れ欠損金と繰越欠損金の使用順序については，期限切れ欠損金
の使用が法技術的には例外であることを考えると，欠損金は本来使用できるもの
であるという性質論を踏まえても，民事再生法方式（①繰越欠損金，②期限切れ

153　首藤重幸「政策税制の法的限界の検討の研究について（総論）」『政策税制の法的限界の検討』
日税研論集第58号4頁（日本税務研究センター，2008）。「政策税制の定義は，金子宏教授によ
り示されている定義なども参考にしながら，「歳入目的でなく，特定の社会的経済的目的の達成
のために，本則の税負担の軽課もしくは重課の方向で採用される措置で一時的な担税力の調整
のための措置を除く」ということで考えることとした。ここでいう政策税制は，租税特別措置
法に定められるものに限定されないことから，臨時的な税率の軽減・加重なども政策税制に含
まれる可能性があり，これらを除外するために，一時的な担税力の調整のための措置を除くこ
とにした。」。
154　中里実「総括」『欧米4か国における政策税制の研究』225頁（日本住宅総合センター，
2014）。
155　岡正晶「倒産税務／倒産会計」，高木新二郎＝伊藤眞『倒産手続における新たな問題 特殊
倒産手続 講座倒産の法システム 第4巻』70頁（日本評論社，2006）。

欠損金）が法技術的には落ち着きがよいと考える。しかし会社更生法方式（①期限切れ欠損金，②繰越欠損金）も，立法者が，会社更生手続の特質（DIP方式[156]ではなく，管財人方式であること，担保権・租税まで取り込んで全面的な再生を図ること。資本構成の変更も原則図ることなど）に鑑み，会社更生手続に対する支援の意味で優遇措置を定めたものと解されるので，維持されるべきである。上記特質に対する立法者判断を無視するもので相当ではないと述べている。

　知原信良教授[157]は，会社更生法と民事再生法において，期限切れ欠損金の使用する順序が異なるのは，平成2年12月19日大阪高裁の考え方を踏まえたものであると述べた上で，「本来であれば，債務免除益等がすべて課税対象から除外できて，かつ，企業の再建にあたり，過去から引き継がれる税の恩典・負担を切り離して，発射台をゼロにして，再出発させる仕組みが合理的と考える。いま見たように再出発の発射台の高低が過去の未使用欠損金の額の多少に左右されることは，課税の公平の観点から合理的とは考えられない。再出発の発射台は，等しくしておくことが適当であり，その水準を例えばゼロにしておくことが妥当と考える。」「また，会社更生法の取扱いを民事再生法よりも税務上有利にしている現行の取扱いについて，課税上の取扱いにこのような格差を設けることの合理的な根拠は見出せない。」「取扱いの統一を図ることが理想であると考えられる。」と述べている。

　高橋祐介教授[158]は，事業再生に関する税制の基準を新たなスタート，特に新設法人との同等性に置き，それに合わせて法人税負担を軽減するべきと述べている。そして，事業再生の課税の原則は①新たなスタートの基準を新設法人との同等性におき，計画認可決定時あるいは債務免除時における事業年度終了と債務免除益等非課税，さらに租税属性の更新を行うこと，②債務免除益等の非課税など

156　Debtor in possession 倒産時の経営陣が引き続き経営再建にあたる債務者主導の手続をいう。
157　知原信良「民事再生手続における課税上の諸問題」『ビジネス・タックス　企業税制の理論と実務』168頁（有斐閣，2005）。「会社更生法においては，特例欠損金について明文の規定があり，上記の取扱いが法的に可能であるので，それに則った通達が現在では発せられている。したがって，課税上の取扱いは会社更生法の場合と民事再生法等の場合で明確に異なっている。ただし，平成3年12月の通達改正前には，会社更生法の場合においても民事再生法において適用される法人税法施行令第118条と同じ取扱いにすることとされていた。現在のように通達が書き改められたのは，大阪高裁における判決の考え方を踏まえたものである。」
158　高橋祐介「事業再生と法人課税」『租税法と市場』419-420頁（有斐閣，2014）。

の措置は，青色繰越欠損金などのいわば平時の措置が及ばない場合にのみ非常手段的に執られるべきこと，③公正な倒産処理手続間の選択について税負担が中立性であることと述べている。そして，法人税は，青色繰越欠損金制度という恒常的かつ限定的な事業再生システムを内在しており，その範囲内で各法人が事業再生をするのが原則である。そして期限切れ欠損金額の使用は，青色繰越欠損金制度という恒常的事業再生システムが機能しなくなったところで，必要な範囲で行うべきである。したがって，繰越欠損金を使用した後に期限切れ欠損金を使用するべきと述べている。

長門貴之准教授は，期限切れ欠損金を使用する時の考え方について，Nussim & Tabbach[159]の倒産時を「経済活動の終了」時として考える観念に示唆を受け，その時点で，特別な課税の取扱いを与える考え方は有用であるとし，わが国では，平時には，欠損金額の繰越控除に控除限度額や繰越期間制限を設けつつ，倒産時にのみ期限切れ欠損金の利用を認めている，この仕組みは，平時には，課税上，経済的所得を正確に算定していないことに鑑みて青色欠損金額の利用には制限を設けつつも，倒産局面においては，それまでのリスク・テイキングが失敗に終わったとみなし，この時点において期限切れ欠損金の利用を認めることを担保しておく制度と理解すれば，単なる倒産政策上の優遇措置としてだけでなくリスク・テイキングへの中立性を確保するための仕組みとして租税政策論的に正当化する余地を見出せるかもしれないと述べている[160]。

第3節　小括

以上のとおり，期限切れ欠損金を使用することについて，基本的に否定的な学説は認められない。これは，シャウプ勧告が無期限の欠損金繰越を提唱していたこと，無期限の欠損金繰越制度や完全還付制度を採用したほうが租税の公平・中立は保たれるところ政策的な理由で欠損金の利用期間が制限されていることによるものと考えられる。

また，平時には使用が認められない期限切れ欠損金を，企業再生という局面で，使用することを認める理由は，企業再生という局面を倒産時と考え，即ち「経済

159　Nussim & Tabbch,supra note 22, at 1544-1545.
160　長門・前掲注(86)313頁。

活動の終了」の時と考え，それまでの投資が失敗に終わったとみなし，この時点において期限切れ欠損金の利用を認める制度と理解することができる。

そして，会社更生法を適用した場合と民事再生法を適用した場合の欠損金を使用する順序について合理的な根拠を見出すことはできず課税の公平の観点から統一すべきと考えられている。

また，少数の特定企業しか恩恵を受けない制度は望ましいとはいえない。

そうすると，期限切れ欠損金と繰越欠損金を使用する順序は，知原信良教授の述べるように「再出発の発射台は，等しくしておくことが適当であり，その水準を例えばゼロにしておくことが妥当と考える。」こと，高橋祐介教授が述べるように「租税属性の更新を行う」ことからすれば，繰越欠損金を使用した後に，期限切れ欠損金を使用するべきと考えられる。

第6章　アメリカの企業再生

我が国の会社更生法と租税法は，アメリカから強い影響を受けていることは，「第4節　会社更生法と企業再生税制の沿革」において確認した。そこで本章では，アメリカにおける連邦倒産法と内国歳入法典第108条の形成過程を観察し，我が国の企業再生税制を考える上で示唆を得ることを目的とする。

第1節　連邦倒産法

第1款　沿革

合衆国憲法第1章第8条第4項は，連邦議会に合衆国全土に適用される統一的な破産法の制定権限を付与している。最初の米国連邦倒産法は1800年に制定されたもので，当時の英国破産法をモデルにしていた。この1800年に制定された倒産法では，債権者申立てに限られるとともに商人のみが対象であった。同法は，わずか3年あまりで廃止された。1841年に制定された第2の連邦倒産法は，負債総額2,000ドル未満の債務者に対して商人であるか否かを問わず，債務者申立ての倒産手続を認めた。過半数の債権者が書面で反対しない限り，免責が認められた。しかし，同法は，施行後1年で廃止された。第3の連邦倒産法は，1867年に制定されたもので，商人，非商人及び会社に対して，自己破産と債権者申立破産を認

めた。免責については，同法のもとでもほとんどの場合過半数の債権者の賛成が必要であった。同法も1878年に廃止されている。次に制定された連邦倒産法は，1898年法で，多くの修正を経て1978年まで効力を有したものである[161]。

　1898年法に関する最も重要な改正が，1938年チャンドラー法による改正である。チャンドラー法により，会社更生について規定する第10章（Chapter10）が追加された。この章は上記[162]のとおり，日本の会社更生法の基になった。

　しかしながら，Chapter10による手続きでは，再建手続のコントロールは経営者に残すべきではないとの考えの下，独立した管財人（trustee）の選任が強制されたこともあり，経営者は，公的な管財人を必要とせず経営者自身に再建手続きをコントロールする権限が与えられていたChapter11による手続きの申立てを行うようになっていった[163]。

　このような状況を踏まえて，倒産手続きの主宰者が管財人である必要性等が議論され，1978年に大改正が行われ現行の連邦倒産法の立法に至ったのである。

　現在の連邦倒産法は，

「第1章（Chapter 1 ）総則（General Provisions）」，

「第3章（Chapter 3 ）案件管理（Case Administration）」，

「第5章（Chapter 5 ）債権者，債務者，及び財団（Creditors, Debtors, and the Estate）」，

「第7章（Chapter 7 ）清算（Liquidation）」，

「第9章（Chapter 9 ）地方公共団体の債務整理（Debt Adjustment of a Municipality）」，

「第11章（Chapter11）更生（Reorganization）」，

「第12章（Chapter12）定期的収入のある農家もしくは漁師の債務整理（Adjustment of Debts of a Family Farmer or Family Fisherman With Regular Income）」，

「第13章（Chapter13）定期的収入のある個人の債務整理（Adjustment of Debts

161　堀内秀晃＝森倫洋＝宮崎信太郎＝柳田一宏『アメリカ事業再生の実務―連邦倒産法Chapter11とワークアウトを中心に―』4頁（金融財政事情研究会，2013）。
162　第1章第4節第1款。
163　村田典子「アメリカにおける1つの再建型倒産処理手続きの生成過程―裁判外手続との関係からみた再建型手続の機能―」東京都立大学法学会雑誌第44巻第2号503頁（2004）。

of an Individual With Regular Income）」，

「第15章（Chapter15）国際倒産（Ancillary and Other Cross-Border Cases）」からなっている[164]。なお，章立てが中抜きになっているのは，その後の改正による挿入を予定したものである。連邦倒産法の中で，清算手続き行う場合にはChapter 7 を，再建手続き行う場合にはChapter11を適用することになる[165]。

アメリカにおいても連邦倒産法における法的な倒産・再建手続だけではなく私的整理も行われている。私的整理は通常「ワークアウト（workout）」と呼ばれている[166]。経営危機に陥り企業再生を行うことを決断した企業の経営者等は，法的手続の申立て，または私的整理（Workout）のいずれかを選択することとなる[167]。

経営危機に陥った企業が法的手続を選択した場合においては，直ちに連邦倒産法 Chapter 7（清算手続）の申立てを行うのではなく，企業再生の可能性が見込まれる場合には，連邦倒産法 Chapter11（再建手続）を申し立てることになる。私的整理は，Chapter11に比べて手続きによるコストも少なく時間もかからないため，経済的に考えると私的整理の方が使いやすいとの考えもある。しかし，私的整理は，再建計画に反対する債権者がいる場合には強行することができない等，効力や範囲に一定の限界がある。したがって，債権者との協議で合意が得られない場合や合意を得ることが困難と見込まれる場合には，法的な倒産手続に移行することになる[168]。

第2款　現行連邦倒産法

アメリカの連邦倒産法においては，再建型の法的倒産手続として「第11章（Chapter11）更生（Reorganization）」が規定され，清算型の法的倒産手続として「第7章（Chapter 7）清算（Liquidation）」が規定されている。

Chapter11は，債務者の有機的な事業体としての再生復活を主目的としている

164　Legal Information Institute HP　11 U.S. Code Title 11—BANKRUPTCY.
https://www.law.cornell.edu/uscode/text/11（2019.12.26）
165　福岡真之助『アメリカ連邦倒産法概説』1 頁（商事法務，2017）。
166　事業再建：前掲注(55)206頁。
167　事業再建：前掲注(55)209頁。
168　堀内・前掲注(161)58頁。

ことから手続面において債務者の利用しやすい柔軟なものとなっている。

　以下では，企業再生と密接に関わる「第11章（Chapter11）更生（Reorganization）」について確認する。

　Chapter11は，連邦倒産裁判所（Bankruptcy　Court）に対する申立権限がある者（債務者適格を有する者）の申立てにより開始される[169]。ここで，債務者適格を有する者とは，米国内に居所，住所，もしくは営業の本拠地を有する者または米国内に財産を有する者（個人，組合，会社をいうが，政府機関は含まない。）を意味する[170]。申立ての方法としては，債務者が自発的に申立てをする自発的申立て[171]と，債権者等の第二者が申立てをする非自発的申立て[172]の２つのケースがあげられる[173]。

　自発的申立ての場合には，日本の会社更生法や民事再生法による法的手続と異なり，上記の債務者適格の要件を満たしていれば企業が会社破綻や債務超過であること等の要件は定められていない[174]。このことから，Chapter11の申立ては倒産処理のためだけではなく，経営戦略の１つとして利用される場合もある[175]。例えば，航空会社におけるChapter11の申立てが，高額な従業員給与をカットするための労働紛争解決に用いられたり，アスベスト会社やテキサコ事件のように，その時点では破たん状態とはいえない会社までも，将来の訴訟リスクを処理するた

169　Chapter11 U.S.C § 301 (a).
170　Chapter11 U.S.C § 109 (a).
171　Chapter11 U.S.C § 301. voluntary case.
172　Chapter11 U.S.C § 303. Involuntary cases.
173　柳綾子「企業再生税制の研究 債務の株式化と債務免除益課税」86頁（成蹊大学大学院経済経営研究科）。
174　これについては次の理由によるものと解されている。See Douglas G.Baird「The Initiation Problem in Bankruptcy」International Review of Law and Economics (1991), I1 (223-232)
「Relying upon the managers to file a bankruptcy petition makes sense because, at the time that the bankruptcy petition needs to be fried, the managers are likely to see a bankruptcy proceeding as the only way in which they can keep their jobs, at least for a time. Managers act out of self-interest when they file bankruptcy petitions, but their self-interest in putting a halt to a destructive race to the assets may correspond with the collective interest of the creditors.」「破産請願書を提出する際に経営者に任せるのは理にかなっている。なぜなら，破産請願書を揚げる必要があるとき，経営者は，資産への破壊的な競争を止めるという自己利益から行動するが，これは債権者の集団利益と一致する可能性がある。」
175　堀内・前掲注(161)59頁。

めにChapter11を利用した例がある[176]。

　このように，様々なケースによりChapter11の申立てがなされることがあるが，自発的[177]及び非自発的申立て[178]であるかを問わず，裁判所に申し立てがなされると，自動的停止[179]という強力なものが与えられている点に特徴がある。これは，債務者に対する取立行為，訴訟，担保実行，強制執行，担保設定行為，相殺等の回収行為一般が禁止され，包括的に財産が保全される。この自動的停止の目的は，債務者に対して，事業を継続し，再建計画を策定する時間的余裕を与えることとされている[180]。

　また，Chapter11では，原則として管財人を選出せず，債務者である会社の経営者が管財人のすべての権利・権能を有し，その職務・義務を負う[181]。この制度の趣旨は，当該事業について不慣れな管財人よりも精通した現経営陣に再建を任せたほうが，再建の可能性を高めることができること，さらに，管財人の選任が一般的になると経営陣が退陣を恐れて申立てを躊躇し，再建着手が遅れ，結果的に利害関係人に損失を与えることなどが挙げられる

第2節　アメリカの企業再生税制

第1款　沿革

　債務免除益が，企業再生税制における課税上の中心的な論点となってきたことはアメリカも同様である[182]。ここではアメリカにおいて債務免除益のリーディング・ケースとなった1931年の連邦最高裁判決であるKirby Lumber事件[183]を確認する。

　本件は，1923年7月，法人である納税者が，約1,213万ドルで社債を発行し，同年度にその社債を発行価額未満で市場購入したところ，発行価額と購入価額の

176　長谷川俊明『訴訟社会アメリカ　企業戦略構築のために』21頁（中公新書，1988）。
177　Chapter11 U.S.C § 301. voluntary case.
178　Chapter11 U.S.C § 303. Involuntary cases.
179　Chapter11 U.S.C § 362. Automatic Stay.
180　池上恭子「米国連邦倒産法チャプター11による企業再建の動向―GMおよびChryslerの事例を中心として―」海外事情研究第40巻第2号62頁（熊本学園大学付属海外事情研究所，2013）
181　Chapter11 U.S.C § 1107 Rights. Powers. and duties of debtor in possession.
182　長門・前掲注(86)107頁。
183　United States v. Kirby Lumber Co.（284 U.S.1（1931））。

差額が約137,500ドル発生し，この差額が総所得となるか否かが争点となったものである。

Holmes裁判官は，「本件において，資産の減少はなく（no shrinkage of assets），納税者は明白な利得を得た。取引の結果，現在では消滅した社債義務によって以前には埋め合わされていた（offset）137,521.30ドルの資産が利用可能になった。」と述べて，この差額を総所得への算入すべきもとした。

本判決は，その年度において債務が消滅したことにより資産が利用可能になったこと，いいかえれば純資産が増加したことに焦点を当て，その点において債務消滅益が課税される根拠を見出している。このような考え方を純資産（増加）アプローチまたは資産の解放化（freeing of assets）アプローチという。

しかしながら，あらゆる債務消滅益，債務免除益を所得として認識することは，大恐慌のさなか，事業再生が盛んに行われるようになった時代に適合しない部分もあり，Kirby Lumber事件の後，下級審レベルで債務消滅，債権放棄によっても債務超過が解消されない場合には所得として認識しないとする判断が相次いだことも事実である[184]。

第2款　内国歳入法典第108条の概要

以下では，アメリカの内国歳入法典（internal revenue code，以下「I.R.C」という。）第108条[185]における債務免除益の取り扱いを概観し，日本の企業再生税制との違いを把握する。

現在のI.R.C第108条は1980年破産税法（Bankruptcy Tax Act of 1980）をベースにしている。1980年破産税法案の公聴会では，租税の専門家から，事業再生局面において債務消滅益に課税することは，倒産政策との関係で望ましくないが，「新たなスタート（fresh start）」を与えるにとどまらず，それが「有利なスタート（head start）」を与えることになるべきではなく，再生企業は（財産ベイシスに限らず）租税属性[186]を引き下げる（reduce）ルールに服することが強調された[187]。

184　長門・前掲注(86)111頁。

185　U.S. Code §108. Income from discharge of indebtedness.

186　岡村忠生『法人税法講義〔第3版〕』434頁（成文堂，2007）。

187　Hearing on H.R.9973 supra note 344, at 62,66-67.
Hearing on H.R.5043 supra note 346, at 3,8-9.

この基本的な考え方は現在のI.R.C108条でも採用されている。

　上記で述べたように，アメリカでは，債務免除益（income from discharge of indebtedness）は，原則総所得（gross income）に算入されることとなる[188]。

　しかし，特例として債務免除益が，①Chapter11による法的手続により生じた場合[189]，②債務者の債務超過時（insolvent）に生じた場合[190]，③農園事業関連の債務の場合[191]，④不動産ビジネスに関連する債務の場合[192]，⑤2014年1月以前に認可された住宅負債の場合[193]において生じる債務免除益は，総所得不算入となる[194]。ここでは，主となる①及び②について概観する。

　まず，①はChapter11により債務免除がなされた場合であるが，Chapter11は自発的な申立ての場合は債務超過等の要件がなく手続きの開始が決定されるため，Chapter11の手続を開始したのみでは特例は受けられない。つまり，納税者が破産に係る裁判所（court）の管轄下にあり，かつ債務の免除について裁判所の許可がある場合，または裁判所が許可した更生計画に従って債務が免除された場合にのみ適用されることとなる。また，Chapter11により債務免除益が発生した場合は，その債務免除益として計上された全てが総所得不算入となり，債務免除額は債務超過額に限定されない。一方，②の債務超過時（負債総額が資産時価総額を超え，支払不能の状況に陥っている場合）に債務免除がなされた場合は，債務免除直前の債務超過額に限定されており，債務超過額を超えて総所得不算入はできず，それを超えた部分は課税所得として総所得に算入される[195]。ただし，I.R.C第108条(a)(1)が適用された場合においては，総所得不算入となった債務免除益の額については，租税属性（Tax attributes）[196]の減額を行うこととなる。

　租税属性の減額の順序は次のとおりである。

188　I.R.C § 61(a)(12).
189　I.R.C § 108(a)(09).
190　I.R.C § 108(a)(B).
191　I.R.C § 108(a)(C).
192　I.R.C § 108(a)(D).
193　I.R.C § 108(D)(E).
194　I.R.C § 108(a).
195　I.R.C § 108(a)(3).
196　増井・前掲注(149)265頁。

①純事業損失（NOL＝Net Operating Loss）[197]

②繰越一般事業税額控除（General Business Credit）[198]

③代替ミニマム税額控除（minimum tax credit）[199]

④純キャピタルロス繰越額（Net capital loss carryover）[200]

⑤資産の基準価格（basis reduction）（減価償却資産の未償却残高や土地等の税務上の簿価）[201]

⑥受動的活動損失（Passive activity loss）及び税額控除繰越額（credit carry-overs）[202]

⑦外国税額控除（foreign tax credit carryovers）[203]

すなわち，原則として租税属性の減額の順序は，まず，当該免除が行われた課税年度の①純事業損失があればその額が減額され，当該課税年度の純事業損失を超過した場合には，当該年度に繰り越されてきた純事業損失が減額される。

なお，2017年12月31日以前に終了する課税年度から生じた純事業損失については，原則として，2年間の繰戻し（carryback）と20年間の繰越し（carryforward）が認められている。

また，2018年1月1日以後に終了する課税年度より生じた純事業損失は，原則として翌課税年度以降，無期限に繰り越し，所得から控除することができる。ただし，所得から控除できる純事業損失は所得の80％までとされた。

第3節　本邦税制との比較

アメリカの債務免除益に関する取扱い及び企業再生税制を概観した。アメリカでは，債務免除益は，原則，総所得算入となる。そして，I.R.C第108条は，破産・債務超過納税者の債務免除益総所得算入に対応する形で，租税属性のうち，将来的に納税者にタックス・ベネフィット（tax benefit）をもたらす特定のものにつ

197　I.R.C § 108 (b)(2)(A).
198　I.R.C § 108 (b)(2)(B).
199　I.R.C § 108 (b)(2)(C).
200　I.R.C § 108 (b)(2)(D).
201　I.R.C § 108 (b)(2)(E).
202　I.R.C § 108 (b)(2)(F).
203　I.R.C § 108 (b)(2)(G).

いて，債務免除益の額だけ減額を要求している（納税者が個人か法人かを問わない）。この租税属性減ルール（reduction of tax attribute）により，納税者は債務免除益総所得不算入の代わりに，租税属性減額による現在所得の増大（あるいは現在損失の減額）や将来所得の増大（将来損失の減額）という形で債務免除益の課税ないし課税の繰り延べが図られている。ただし，I.R.Cに列挙された租税属性が債務免除益額だけ減額されゼロになったとしても，なお債務免除益が残った場合には，さらなる租税属性の減額は行われず，また，残った債務免除益は総所得に算入されない。したがって，残った債務免除益は，実質的に非課税となり，第108条の枠内で債務免除益課税繰延べが貫徹されているわけではないと考えられる。このように，純事業損失を含む租税属性を減額し尽くしても債務免除益が残るような場合，つまり債務免除益非課税が生ずる場合とは，基本的に，個人の場合には破産の原因となった支出が個人消費に当てられた場合，法人の場合には損失が生じたにもかかわらず法人が配当を行った場合と考えられる。要するに，これらの場合が他の場合よりも税法上優遇されていることになる[204]。

さらに，日本の企業再生税制とI.R.C第108条との決定的な違いは，日本の企業再生税制は期限切れ欠損金を優先的に利用することにより，資産の評価，繰越欠損金を温存するのに対して，I.R.C第108条は，まず，純事業損失を初めとする租税属性を減額し，減額してもなお，債務免除益がある場合には，減額しきれない範囲で非課税としている点にある。すなわち，債務免除益が計上された事業年度以後の事業年度において，日本の企業再生税制を適用した法人は，平時の競合他社と比較して，法人税の納付を免れるため明らかに有利といえ，I.R.C第108条を適用した法人は，平時の競合他社と同様に法人税を納付することになるから特段有利とはいえないことになる。

第7章　企業再生税制に対する提言

第1節　まとめ

第1章において，企業再生税制の問題は，①期限切れ欠損金を優先利用するこ

204　高橋祐介「企業再生と債務免除益課税」総合税制研究第12号166頁（納税協会連合会，2004）。

とにより，債務免除等が行われた事業年度以後において繰越欠損金の全額控除が行われ，十分な利益を計上し，株主に対して配当をしているにもかかわらず法人税等を納付せず，租税の公平が保たれていないばかりか，市場競争を歪める可能性があること，②会社更生法，民事再生法などの手続きの違いにより，欠損金の使用する順序が異なることについて，合理的で明確な理由が説明されていないこと，③繰越欠損金控除の特例における卒業要件について，配当に関する規定がないこと，上場を維持したまま再生をした場合の取扱いに疑義があること，準則型私的整理のうち株式会社地域経済活性化支援機構及び株式会社東日本震災事業者再生支援機構の行う再生については繰越欠損金控除の特例期間が他の手続きと比較して有利であることの3点を指摘した。

　そして，これらの問題は，債務免除益等が計上された以後の事業年度において生じており，その生じた要因は，期限切れ欠損金を使用した後に，繰越欠損金を使用したためと考えられ，企業再生税制の課題は，企業再生税制を適用した法人に対して，いつまで，どのような状態になるまで，税負担を軽減するのか検討する必要があることを指摘した。

　第2章では，企業再生税制の意義を考察した。会社更生法の制定当時は，企業再生税制は会社更生法との関係においては「会社の更生」を目的とするものであった。現在において企業再生税制の意義は，会社更生法，民事再生法及び準則型私的整理の「意義」を政策的に達成するものと考えるのが自然であることから，企業再生税制はいわゆる政策税制の意味合いが強いとの結論を得た。

　第3章では，会社更生法，民事再生法の意義を明らかにした上で，これら手続法の意義が，企業再生税制の意義として適切なものであるのか，検討した。民事再生法は，その対象となった法人の解体・清算に伴う経済損失を回避することを事業再生の意義としていることから，民事再生法の適用となった法人に対して，企業再生税制を適用して税負担を軽減しても特段の問題はなさそうであること，一方で，会社更生法は，その対象となった法人の株主に対して利益分配をすることまでも目的としていると考えると，日本の法人の約6割は，所得金額が0円または欠損であるところ，そのような状態にまで企業再生税制を適用して税負担を軽減することについては，他の法人と比較して明らかに公平，中立を損なうものであるとの結論を得た。

　第4章では，法人税法上，債務免除益を非課税とする考え方が成り立つか検証した。その結果，我が国の法人税法において，債務免除益は益金を構成すると考えた方が合理的であり，収益と認識しない，非課税とするといった考え方は合理的ではなく，なじまないものと考えられ，他に特段の事情がない限りこの取扱いを変える必要はないとの結論を得た。

　第5章では，繰越欠損金額の控除の意義，目的を確認するとともに，平時の法人には使用が認められず，清算時の法人に使用することが認められている期限切れ欠損金が，何故，企業再生という最終的な事業年度より前の段階で使用することが認められるのか検討した。

　その結果，期限切れ欠損金を使用することについて，シャウプ勧告が無期限の欠損金繰越を提唱していたこと，無期限の欠損金繰越制度や完全還付制度を採用した方が租税の公平・中立は保たれることから，否定的な学説は認められなかった。期限切れ欠損金を使用するタイミングについては，倒産時を「経済活動の終了」の時と考え，平時には使用できない期限切れ欠損金を使用するとの考え方に示唆を受けた。また，会社更生法を適用した場合と民事再生法を適用した場合の欠損金を使用する順序について合理的な根拠を見出すことはできず課税の公平の観点から統一すべきと考えられた。そして，繰越欠損金を使用した後に，資産の評価損益を計上し，最後に期限切れ欠損金を使うべきとの考えを得た。

　第6章では，日本の企業再生税制とアメリカのI.R.C第108条との決定的な違いは，日本の企業再生税制は期限切れ欠損金を優先的に利用することにより，資産の評価，繰越欠損金を温存するのに対して，I.R.C第108条は，まず，純事業損失を初めとする租税属性を減額し，減額してもなお，債務免除益がある場合には，減額しきれない範囲で非課税としている点にあった。すなわち，債務免除益が計上された事業年度以後の事業年度において，日本の企業再生税制を適用した法人は，平時の法人と比較すると繰越欠損金の全額控除を行うことにより法人税の納付を免れることが可能であることから明らかに有利といえ，アメリカのI.R.C第108条を適用した法人は，平時の競合他社と同様に法人税を納付することになるから特段有利とはいえず，この点で，アメリカのI.R.Cの方が，中立性が高いといえる。

　以上，本稿における考察から次のことがいえる。

　第1に，企業再生税制は，その立法の沿革から政策税制的な性格が強く，その

目的は，再生中の法人が，会社更生法，民事再生法及び準則型私的整理により策定された再建計画に基づき再生を行うところ，税制も再生中の法人の税負担を軽減することにより再生の障壁とならないようにするものであること，第2に，再生中の法人の税負担を軽減させる手段は，現行法人税法においては債務免除益を非課税とする考えは根拠に乏しく，期限切れ欠損金を使用する方が論理的であること，第3に，配当をしながら法人税を納付しないなどの問題は，債務免除益等が計上された以後の事業年度において生じており，そうするとすべての租税属性を使用した後に期限切れ欠損金を使用するべきであり，債務免除益等が計上された事業年度以後に租税属性を繰越すべきでないといえる。

第2節　企業再生税制に対する提言

　以上のような認識の上に立って，企業の円滑な再生を目的として，企業再生税制について次のように提言する。

　企業再生税制の意義は，「租税の公平，中立性を遵守しつつ再生企業の税負担を軽減することにより，企業の再生を支援する税制」とする。

　そして，具体的には次のような制度とする。

　1　すべての租税属性を使用した後に期限切れ欠損金を使用すること。

　2　欠損金等を使用する順序は，繰越欠損金，資産評価損益，期限切れ欠損金とすること。

　3　資産評価損益には，近い将来発生する蓋然性の高い費用を含めること。

　4　1から3を適用してもなお相殺しきれない債務免除益等については，課税を一定期間繰延べること。

　欠損金を使用する順序を図示すると次のようになる。

現状

根拠手続		再建型				
		会社更生法	民事再生法		準則型私的整理	
			損金経理方式	別表添付方式	別表添付方式	―
欠損金の使用順序	1st	期限切れ欠損金	繰越欠損金	資産評価損益	資産評価損益	繰越欠損金
	2nd	資産評価損益	資産評価損	期限切れ欠損金	期限切れ欠損金	期限切れ欠損金
	3rd	繰越欠損金	期限切れ欠損金	繰越欠損金	繰越欠損金	

提言後

根拠手続		再建型				
		会社更生法	民事再生法	民事再生法	準則型私的整理	
			損金経理方式	別表添付方式	別表添付方式	―
欠損金の使用順序	1st	繰越欠損金	繰越欠損金	繰越欠損金	繰越欠損金	繰越欠損金
	2nd	資産評価損益	資産評価損益	資産評価損益	資産評価損益	期限切れ欠損金
	3rd	期限切れ欠損金	期限切れ欠損金	期限切れ欠損金	期限切れ欠損金	

　企業再生税制の意義を，「租税の公平，中立性を遵守しながら再生企業の税負担を軽減することにより，企業の再生を支援する税制」としているのは，企業再生税制は政策税制の意味合いが強く，企業の再生を意識するあまり，特定の企業，団体のみが有利に扱われ正常な市場競争を歪めかねない制度となることを防止するためである。

　上述したとおり，企業再生税制の問題点は，債務免除益が計上された以後の事業年度で生じており，租税の公平，中立性を維持できる範囲で税負担を軽減するためには，債務免除益が計上された事業年度のみを特例措置の対象とし，それ以降の事業年度については，平時の法人と取扱いを同じにするべきと考える。

　したがって，債務免除益が計上される事業年度で資産評価損益を計上することとし，資産評価損益には，近い将来発生する蓋然性の高い費用を含めることとする。この近い将来発生する蓋然性が高い費用とは，例えば，計画認可後に予定されるリストラに伴う多額の退職金の支出や，支店の統廃合等に係る事業再構築費用などが挙げられる。

　そして，それでもなお，相殺しきれない債務免除益等がある場合には，課税を繰り延べることとする。上述したアメリカのように租税属性を減額してもなお債務免除益等がある場合に非課税とすることも考えられるが，我が国の法人税法では，債務免除益等を非課税とする考え方はなじまないことは既に述べたとおりである。

　このような制度とすることにより，債務免除益等が計上された事業年度において大部分の租税属性が減額され，それ以後の事業年度においては，平時の法人と同じ状態となり，租税の公平，中立性が維持できるものと考えられる。

おわりに

　企業再生税制は，事業の再生を意識するあまり，再生中の企業の税負担を過剰に軽減しているのではないか。本稿は，このような疑問を出発点として，企業再生税制を適用した法人に対して，いつまで，どのような状態になるまで，税負担を軽減するべきなのか検討し，企業再生税制のあるべき姿を追求することを試みた。

　そして，企業再生税制の問題点は，債務免除益が計上された以後の事業年度で生じており，租税の公平，中立性を維持できる範囲で税負担を軽減するためには，債務免除益が計上された事業年度のみを特例措置の対象とし，それ以降の事業年度については，平時の法人と取扱いを同じにするべきとの結論を得た。

　本稿では，企業再生税制の対象となる債務者について検討しているところ，企業再生の場面には，当事者である債務者と債権者の他に，スポンサーという立場の者がしばしば登場する。スポンサーは，再生企業に様々な手法を用いてニューマネーを投下しようとする。

　一般的に，繰越欠損金を有する法人を買収しても，法人税法第57条の2《特定株主等によって支配された欠損等法人の欠損金の繰越しの不適用》の規定により欠損金の利用は制限される。この規定は，欠損金を有する法人を買収した上で，利益の見込まれる事業をその法人に移転することによって課税所得を圧縮する租税回避行為を防ぐために平成18年の税制改正で導入されたものである[205]。

　しかしながら，この規定は，欠損金を有する法人に更生手続開始の決定等があった場合には，適用除外となる。要するに，企業再生税制を適用した法人をスポンサーが買収した場合は，法人税法第57条の2の規定の適用除外となるのである。

　このような適用除外を簡単に認めて良いのであろうか。疑問が湧く。企業再生税制とスポンサーの関係について，特に法人税法第57条の2との関係については，今後の研究テーマとしたい。

205　国税庁「平成18年 税制改正の解説」352頁。

最後に，本稿の執筆に際し，熱心にご指導を頂いた，筑波大学大学院の本田光宏教授に感謝の意を表します。

【参考文献等】

［書籍］

1　我妻榮＝有泉亨『我妻・有泉コンメンタール民法—総則・物権・債権—』（日本評論社，2019）

2　磯村哲『注釈民法（12）債権（3）』（有斐閣，1986）

3　伊藤公哉『アメリカ連邦税法 所得概念から法人・パートナーシップ・信託まで〔第7版〕』（中央経済社，2019）

4　伊藤眞『会社更生法』（有斐閣，2012）

5　伊藤眞『破産法・民事再生法〔第4版〕』（有斐閣，2018）

6　伊藤眞＝田原睦夫『新注釈民事再生 上』（金融財政事情研究会，2006）

7　稲見誠一・佐藤信祐『企業再生の税務〔第2版〕』（中央経済社，2010）

8　位野木益男『会社更生法要説』（学陽書房，1952）

9　位野木益男編著『会社更生法〔昭和27年〕（1）日本立法資料全集47』（信山社，1994）

10　位野木益男編著『会社更生法〔昭和27年〕（2）日本立法資料全集47』（信山社，1994）

11　今中利昭＝今泉純一＝中井康之著『実務倒産法講義 上巻〔改訂増補版〕』（民事法研究会，2006）

12　今中利昭＝今泉純一＝中井康之著『実務倒産法講義 下巻〔改訂増補版〕』（民事法研究会，2006）

13　打田畯一＝上田章『会社更生法』（布井書房，1953）

14　江頭憲治郎『株式会社法』（有斐閣，2014）

15　江頭憲治郎『株式会社・有限会社法〔第2版〕』（有斐閣，2002）

16　太田達也『事業再生の法務と税務』（税務研究会出版局，2013）

17　岡村忠生『法人税法講義〔第3版〕』（成文堂，2007）

18　金子宏『租税法理論の形成と解明（上）』（有斐閣，2010）

19　金子宏『租税法理論の形成と解明（下）』（有斐閣，2010）

20　金子宏『所得概念の研究 所得課税の基礎研究 上巻』（有斐閣，2012）

21　金子宏＝中里実＝J.マーク・ラムザイヤー編『租税法と市場』（有斐閣，2014）

22　金子宏『租税法〔第21版〕』（弘文堂，2016）

23　金子宏＝増井良啓＝佐藤英明＝渋谷雅弘『ケースブック租税法〔第5版〕』（弘文堂，2017）

24　兼子一＝三ケ月章『條解會社更生法』（弘文堂，1953）

25 兼子一＝三ケ月章『条解会社更生法 上』（弘文堂，1973）

26 兼子一＝三ケ月章『条解会社更生法 下』（弘文堂，1973）

27 神田秀樹『会社法〔第21版〕』（弘文堂，2019）

28 小西砂千夫『日本の税制改革 最適課税論によるアプローチ』（有斐閣，1997）

29 酒井克彦『プログレッシブ税務会計論Ⅲ 公正処理基準』（中央経済社，2019）

30 酒井貴子『法人課税における租税属性の研究』（成文堂，2011）

31 園尾隆司＝小林秀之『条解民事再生法〔第3版〕』（弘文堂，2013）

32 事業再生研究会『あるべき私的整理手続の実務』（民事法研究会，2014）

33 事業再生の迅速化研究会『事業再生の迅速化』（商事法務，2014）

34 事業更生手続研究会『最新会社更生法―要点解説と条文対照』（新日本法規，2003）

35 島田哲宏『詳解繰越欠損金の税務』（大蔵財務協会，2012）

36 高中正彦ほか『実務民事再生法』（税務経理協会，2000）

37 高野総合会計事務所『繰越欠損金と含み損の引継ぎを巡る法人税実務Q&A』（税務研究会出版局，2015）

38 武田昌輔編著『コンメンタール法人税法』（DHC，1979）

39 谷口勢津夫『税法基本講義〔第6版〕』（弘文堂，2018）

40 谷保廣＝岩瀬哲正『Q&A評価損と欠損金をめぐる税務と会計』（清文社，2012）

41 長門貴之『事業再生と課税』（東京大学出版会，2017）

42 中里実『キャッシュフロー・リスク・課税』（有斐閣，1999）

43 中里実『タックス・シェルター』（有斐閣，2002）

44 中里実＝弘中聡浩＝渕圭吾『租税法概説』（有斐閣，2013）

45 中村慈美『不良債権処理と再生の税務』（大蔵財務協会，2014）

46 中村利雄『法人税の課税所得計算 その基本原理と税務調整〔改訂版〕』（ぎょうせい，1990）

47 成道秀雄『税務会計―法人税の理論と応用―』（第一法規，2015）

48 成道秀雄＝松嶋隆弘＝坂田純一編『法人税法の理論と実務』（第一法規，2014）

49 野村智夫＝竹俣耕一『企業再建 清算の会計と税務〔第4版〕』（中央経済社，2011）

50 松沢智『新版租税実体法 法人税法解釈の基本原理』（中央経済社，1994）

51 畠山武道＝渡辺充『現代法律学講座8 新版租税法』（青林書院，2000）

52 長谷川俊明『訴訟社会アメリカ 企業戦略構築のために』（中公新書，1988）

53 花村良一『民事再生法要説』（商事法務研究会，2000）

54 平野裕之『債権総論』（日本評論社，2017）

55 深山卓也＝花村良一他『一問一答 民事再生法』（商事法務研究会，2000）

56 福岡真之助『アメリカ連邦倒産法概説』（商事法務，2017）

57 福永有利『詳解民事再生法 理論と実務の交錯〔第2版〕』（民事法研究会，2009）

58 堀内秀晃＝森倫洋＝宮崎信太郎＝柳田一宏『アメリカ事業再生の実務―連邦倒産法Chapter11とワークアウトを中心に―』（金融財政事情研究会，2013）

59　増井良啓『結合企業課税の理論』（東京大学出版会，2002）
60　松沢智『新版租税実体法 法人税法解釈の基本原理』（中央経済社，1994）
61　水野忠恒『租税法〔第5版〕』（有斐閣，2011）
62　森・濱田松本法律事務所＝藤原総一郎『企業再生の法務〔改訂版〕』（金融財政事情研究会，2012）
63　山本和彦＝中西正＝笠井正俊『倒産法概説〔第2版補訂版〕』（弘文堂，2015）
64　山本守之『体系法人税法〔33訂版〕』（税務経理協会，2016）
65　山本嘉盛＝庄司隆治『会社更生法の解説』（法務調査会，1952）
66　吉國二郎『法人税法講義』（大蔵財務協会，1954）

［論文］

1　池上恭子「米国連邦倒産法チャプター11による企業再建の動向—GMおよびChryslerの事例を中心として—」海外事情研究第40巻第2号（熊本学園大学付属海外事情研究所，2013）
2　伊藤眞「会社更生手続の意義」判例タイムズNo.1132（判例タイムズ社，2003）
3　占部裕典「法人税における政策税制 その機能と法的限界」『政策税制の法的限界の検討』日税研論集第58号（日本税務研究センター，2008）
4　大江信也「特定株主等によって支配された欠損等法人の欠損金の繰越しの不適用」『欠損金の繰越し制度等の理論と実務』日税研論集第59号（日本税務研究センター，2009）
5　岡正晶「倒産税務／倒産会計」高木新二郎＝伊藤眞『倒産手続における新たな問題 特殊倒産手続 講座倒産の法システム 第4巻』（日本評論社，2006）
6　織田吉蔵「法人の繰越欠損金と所得税」会計19巻5号（1926）
7　首藤重幸「租税における公平の法理」『公平・中立・簡素・公正の法理』日税研論集第54号（日本税務研究センター，2004）
8　首藤重幸「政策税制の法的限界の検討の研究について（総論）」『政策税制の法的限界の検討』日税研論集第58号（日本税務研究センター，2008）
9　鈴木学「企業が上場を維持したまま民事再生手続を進めた初めての事例」金融法務事情No.1909（金融財政事情研究会，2010）
10　高木新二郎「私的整理の過去・現在・将来」高木新二郎＝伊藤眞『倒産手続における新たな問題 特殊倒産手続 講座倒産の法システム 第4巻』（日本評論社，2006）
11　高橋祐介「事業再生と法人課税」『租税法と市場』（有斐閣，2014）
12　高橋祐介「企業再生と債務免除益課税」総合税制研究第12号（納税協会連合会，2004）
13　武田昌輔「欠損金額の繰越し制度等の理論と実務（総説）」日税研論集第59号（日本税務研究センター，2009）
14　武田昌輔「欠損金・損失金についての課税上の問題点」『欠損金』日税研論集第26号（日本税務研究センター，1994）

15　武田昌輔「税務会計における基本問題」日税研創立10周年記念論文集（日税研論集第28号）（日本税務研究センター，1994）

16　武田昌輔＝上松公雄「欠損金に係る判決・裁決」『欠損金』日税研論集第26号（日本税務研究センター，1994）

17　田中治「租税法における中立の法理」『公平・中立・簡素・公正の法理』日税研論集第54号（日本税務研究センター，2004）

18　知原信良「民事再生手続における課税上の諸問題」『ビジネス・タックス　企業税制の理論と実務』（有斐閣，2005）

19　中里実「法人課税の時空間（クロノトポス）法人間取引における課税の中立性」『主権と自由の現代的課題』杉原泰雄教授退官記念論文集（勁草書房，1994）

20　中里実「総括」『欧米4か国における政策税制の研究』（日本住宅総合センター，2014）

21　成道秀雄「企業清算支援税制」日税研論集第66号（日本税務研究センター，2015）

22　成道秀雄「会社更生等による債務免除等があった場合の欠損金の損金算入制度」『欠損金の繰越し制度等の理論と実務』日税研論集第59号（日本税務研究センター，2009）

23　中島弘雅『体系倒産法1　破産・特別清算』（中央経済社，2007）

24　野田秀三「欠損金の繰越制度」『欠損金』日税研論集第59号（日本税務研究センター，1994）

25　平石雄一郎「収益における実現」日税研創立10周年記念論文集（日税研論集第28号）（日本税務研究センター，1994）

26　福岡真之介「大規模 DES により株式を交付する再生計画の諸論点」NBL941号（商事法務，2010）

27　増井良啓「所得税法上の純損失に関する一考察」『所得税法における損失の研究』日税研論集第47号（日本税務研究センター，2001）

28　増井良啓「租税属性の法人間移転」『結合企業課税の理論』（東京大学出版会，2002）

29　松嶋英機「会社更生手続と事業再構築制約論」金融財政事情 No.1902（金融財政事情研究会，2010）

30　守永誠治「商法上の欠損金」『欠損金』日税研論集第26号（日本税務研究センター，1994）

31　三ケ月章「会社更生法の司法政策的意義」『会社更生法研究』（有斐閣，1970）

32　三ケ月章「会社更生法の司法政策的意義（一）—理念と現実の開きの正規と対策の提案」法学協会雑誌第83巻第5号（有斐閣，1966）

33　柳綾子「企業再生税制の研究—債務の株式化と債務免除益課税」成蹊大学大学院博士学位論文（2016）

34　山本和彦「別除権協定の効果について　協定に基づく債権の共益債権性の問題を中心に」『現代民事法の実務と理論』田原睦夫先生 古希・最高裁判事退官記念論文集（金

融財政事情研究会，2013）

［データベース］

1　国土交通省「交通政策審議会航空分科会　公的支援に関する競争政策検討小委員会報告書」
https://www.mlit.go.jp/report/press/kouku01_hh_000047.html（2020.1.4）

2　公正取引委員会HP 競争政策と公的再生支援の在り方に関する研究会 平成26年11月21日第7回会合
https://www.jftc.go.jp/soshiki/kyotsukoukai/kenkyukai/kyousouseisaku/dai7kai_files/siryo7-4.pdf（2020.1.5）

3　株式会社地域経済活性化支援機構HP
株式会社企業再生支援機構再生支援案件事例集（平成24年11月）
http://www.revic.co.jp/pdf/publication/examples.pdf

4　帝国データバンクHP 倒産情報 倒産集計一覧
https://www.tdb.co.jp/tosan/syukei/（2019.12.25）

5　日本航空株式会社HP IRライブラリー 過年度データ
https://www.jal.com/ja/investor/library/data.html（2019.12.25）

6　日本航空株式会社HP IR情報 株式情報 配当情報
https://www.jal.com/ja/investor/issue/dividend/（2020.1.8）

7　株式会社プロパストHP IRトップ IRライブラリー（決算短信）
https://www.properst.co.jp/ir/irlibrary/index.html（2020.1.4）

8　Legal Information Institute HP 11 U.S. Code Title 11—BANKRUPTCY
https://www.law.cornell.edu/uscode/text/11

［その他］

1　日経新聞2013年2月18日付朝刊
2　「会社更生法制定破産法和議法改正立案経過」（全10冊）
3　国税庁「昭和40年 改正税法のすべて」
4　国税庁「平成16年 税制改正の解説」
5　国税庁「平成17年 税制改正の解説」
6　国税庁「平成22年 税制改正の解説」
7　国税庁「平成24年 税制改正の解説」
8　国税庁「平成27年 税制改正の解説」
9　国税庁文書回答事例「特定認証紛争解決手続に従って策定された事業再生計画により債権放棄等が行われた場合の税務上の取扱いについて」平成20年3月28日
10　国税庁文書回答事例「企業再生税制適用場面においてDESが行われた場合の債権等の評価に係る税務上の取扱いについて（照会）」平成22年2月15日

11 国税庁文書回答事例「『RCC企業再生スキーム』に基づき策定された再生計画により債権放棄等が行われた場合の税務上の取扱いについて」平成23年9月15日

12 国税庁文書回答事例「株式会社地域経済活性化支援機構が買取決定等を行った債権の債務者に係る事業再生計画に基づき債権放棄等が行われた場合の税務上の取扱いについて」平成26年6月26日

13 国税庁文書回答事例「株式会社東日本大震災事業者再生支援機構が買取決定等を行った債権の債務者に係る事業再生計画に基づき債権放棄等が行われた場合の税務上の取扱いについて」平成25年6月26日

14 自由民主党・公明党「平成27年 税制改正大綱」

15 日本公認会計士協会「経営研究調査会研究報告第31号 財産評定等に関するQ&Aと事例分析」(日本公認会計士協会, 2007)

16 日本公認会計士協会「会計制度委員会研究報告第11号 継続企業の前提が成立していない会社等における資産及び負債の評価について」(日本公認会計士協会, 2005)

17 日本税理士会連合会税制審議会「平成20年3月17日 企業会計と法人税制のあり方について―平成19年度諮問に対する答申―」
http://www.nichizeiren.or.jp/wp-content/uploads/doc/nichizeiren/business/taxcouncil/toushin_H19.pdf

[判例]
1 大阪地裁平成24年2月28日判決
2 仙台高判平成17年10月26日税資255号順号10174
3 大阪地裁平成元年3月28日訟月35巻10号1964頁
4 大阪高裁平成2年12月19日訟月37巻8号1482頁
5 福岡地判昭和42年3月17日行裁例集18巻3号282頁

[海外論文等]
1 Campisano and Romano,note 24,709
2 See Douglas G.Baird,「The Initiation Problem in Bankruptcy」International Review of Law and Economics (1991), I1 (223-232)
3 Hearing on H.R.9973 supra note 344, at 62,66-67
4 Hearing on H.R.5043 supra note 346, at 3,8-9

流通過程における所有権留保の目的物にかかる譲渡担保権の設定について

古谷　政晃

第1章　序論

第1節　はじめに

　近時の中小企業金融において，不動産担保や個人保証に過度に依存しない融資として動産や債権を担保とする融資であるアセット・ベースト・レンディングが注目され，活用されている。以前に比べるとアセット・ベースト・レンディングの取り組み経験がある金融機関は増加し，2016年度のアセット・ベースト・レンディング実行件数は10,921件，実行総額は794,417百万円とされ，2011年度のアセット・ベースト・レンディング実行件数3,371件，実行総額187,532百万円から大幅に増加している[1]。

　前述したとおり，アセット・ベースト・レンディングは，金融機関が債務者の動産や債権に担保権の設定を受けることになるのであるが，その担保権設定は非典型担保である譲渡担保権を利用することとなる。そして，この譲渡担保権は民法上に規定がなく，これまでの判例法理によって積み重ねられてきた。このため，未だ解決されない課題が残されており，金融実務においても手探りの状態で対応しているのが実態といえるだろう。

　その課題のうちの1つが，所有権留保の目的物に譲渡担保権が設定された場合である。従来の金融実務においては，所有権が留保された機械等の特定動産に譲渡担保権の設定を受けようとしても当該譲渡担保権は無効であると理解されてい

1　経済産業省「企業の多様な資金調達手法に関する実態調査報告書（平成30年5月公表）」株式会社帝国データバンク
http://www.meti.go.jp/policy/economy/keiei_innovation/sangyokinyu/itakuhoukoku/04.pdf
（2020.1.25）

217

た[2]。したがって，金融機関は，譲渡担保権の設定を受けようとする機械等の売買代金が支払われていることを確認し（または，融資代わり金にて機械等の売買代金を支払わせ），譲渡担保権設定者に所有権が帰属していることを確認したうえで譲渡担保権の設定を受けているのである。そして，このような理解は，在庫動産等の流動集合動産においても同様と考えられている[3]。

そして，このような理解は，判例法理においても同様となっている。所有権が留保された機械等の特定動産に譲渡担保権の設定を受けた場合の当該譲渡担保権の有効性については，大審院判例[4]にて無効であることが前提とされて以来，現在においても当該判断が維持されているように見受けられる。そして，特定動産ではなく，いわゆる流通過程における所有権留保の目的物について流動集合動産譲渡担保権の設定を受けた場合の当該譲渡担保権についても，譲渡担保権者が留保所有権者である売主に対して譲渡担保権を主張できないことが最高裁[5]によって今般示されたのである。

第2節　問題の所在

しかし，前節で述べたような取り扱いとなると，実務上問題が生じることとなる。ここでは，その問題点について触れてみる。

所有権留保は，大きく2つに場合分けすることが可能であり，1つ目は，機械等の特定動産について所有権を留保し，売買契約を行う場合である。この場合は，売買取引は1回きりであり，売買代金を分割して支払うこととなるため所有権留保が活用されることとなるが，売買目的物の特定について大きな問題が生じることはまずない。売買目的物である機械等については，製造番号等により管理されることが一般的であると考えられるし，製造番号等がなかったとしても，売主や買主が目的物を把握することは容易である。また，売買目的物である機械等については，第三者に売却すること等は予定されておらず，買主にて当該機械等を利

2　遠藤俊英ほか監修『金融機関の法務対策5000講　IV巻　担保編』864頁（金融財政事情研究会，2018）。

3　ABL実務研究会＝奥野総合法律事務所・外国法共同事業編著『ABL実行の手引き　融資から回収まで』75頁（経済法令研究会，2015）。

4　大判昭和13年4月19日全集5輯414頁。

5　最判平成30年12月7日民集72巻6号1044頁。

用することを目的とするものである。第三者に売却されるとしたら，買主に害意ある場合である。

　次に，種類物について所有権を留保し，売買契約を行う場合である。具体的には，文房具，貴金属等といった商品を仕入れ，それを販売するという事業を想定すればよい。先に述べた特定物の場合とは異なり，売買目的物は，買主の通常の営業過程で第三者に売却されることが想定されているものである。当該目的物が所有権留保特約付で売買がなされた場合，売買代金が分割して弁済されるのではなく，一定期間の期限の利益が与えられることとなり，買主はその間に売買目的物を第三者に売却するなりその他の方法で資金調達するなりして期限内に売買代金債務を完済することとなる。いわゆる流通過程の所有権留保と呼ばれる類型である[6]。

　ところで，昨今の金融実務において，機械等の特定動産にかかる所有権留保が問題となることは少ないと思われる。その理由としては，前述したように，金融機関が機械等の特定動産に譲渡担保権の設定を受ける場合，当該特定動産の売買代金債務が完済となっているかを確認しているためである。その確認方法としては，領収書，振込の記録または手形の決済等を確認するというような方法である。

　他方，種類物について所有権が留保されている場合は，金融機関において，当該種類物について譲渡担保権設定者である買主に所有権が帰属しているか，それとも留保所有権者である売主に所有権が留保されているのかを確認することは困難を極める。それは，企業の活動において，商品となる種類物を一定間隔で仕入れ続け，それを販売するということは一般的であるためである。すなわち，買主が仕入れた種類物について，都度売買代金債務を完済していったとしても，常に仕入れが発生し続けることになるため新たに売買代金債務が発生することとなり，買主は売主に所有権が留保された商品在庫を常に抱えることとなる。そして，このサイクルは，企業が仕入れをやめない限り続くこととなる。

　このような状況下において，金融機関が商品在庫に譲渡担保権の設定を受けようとする場合，商品在庫の保管場所を特定したうえで，流動集合動産譲渡担保権を利用することとなる。しかし，金融機関としては，売主と買主の売買契約を確

6　安永正昭『講義物権・担保物権法〔第3版〕』451頁（有斐閣，2019）。

認し，所有権留保特約の有無を確認することは可能であるが，具体的にどの商品在庫について所有権が留保されているのか確認する術を持たないし，実務上も確認することはできない。このことは，留保所有権者である売主にも当てはまるし，それどころか在庫商品を保管している買主にも当てはまることが多いと考えられる。買主において，所有権が売主に留保された在庫商品と買主に帰属する在庫商品を明確に区分して保管しているようなケースは多くないことが想定され，また，在庫商品を第三者に売却する場合においても，所有権が留保された在庫商品からではなく買主に所有権が帰属している在庫商品から運び出されるとは限らないためである。当事者間の特段の合意がない限り，当該当事者間で売買契約を締結した目的物すべてについて売買代金債務が完済されるまで所有権が留保されるというような取り扱いとなるものではなく，所有権が留保されているのは個々の動産[7]であることから，所有権留保の目的物を個別具体的に把握する必要が出てくるが，それを証明することは不可能に近いのであろう。

　また，一般的に，動産は時間の経過とともに減耗し，その価値が減少することとなるものとされている[8]。しかしながら，すべての動産についてこれが当てはまるというものではない[9]。たとえば，貴金属類，時計，酒類等というような物であれば，一定の相場が形成されており，価額が下落することもあれば上昇することもある。また，場合によっては為替相場等も関係してくることとなる。すなわち，売買代金債務よりも目的物の価額が上昇するという事態も想定され，具体的には，売買代金債務が1億円であるのに対し，所有権留保の目的物の価額が1億2千万円になっているということがあり得ても不思議ではない。

　そして，このような場合，対象物の価値と売買代金債務の差額である2千万円

7　最判平成30年12月7日民集72巻6号1044頁においても，「毎月21日から翌月20日までを一つの期間として，期間ごとに納品された金属スクラップ等の売買代金の額が算定され，一つの期間に納品された金属スクラップ等の所有権は，上記の方法で額が算定された当該期間の売買代金の完済まで被上告人に留保されることが定められ，これと異なる期間の売買代金の支払を確保するために被上告人に留保されるものではない。上記のような定めは，売買代金の額が期間ごとに算定される継続的な動産の売買契約において，目的物の引渡しからその完済までの間，その支払を確保する手段を売主に与えるものであって，その限度で目的物の所有権を留保するものである」と指摘されている。

8　田高寛貴ほか『担保物権法』151頁（日本評論社，2015）。

9　林錫璋「所有権留保目的物の第三取得者と清算金請求権」判タ390号76頁（1979）。

の取り扱いはどのようになるのかが問題となる。所有権留保を実行した場合，清算義務が認められないのであれば留保所有権者である売主が1億2千万円を取得することとなる。所有権留保の目的物にかかる所有権は売主に帰属しており，所有権に基づいて当該目的物を回収したに過ぎないためである。価額の上昇は偶然によるものであり，差額の取得について不当利得はない。

　他方，仮に清算義務が認められるとしても，所有権が留保された目的物について，譲渡担保権の設定が認められるのかという問題もある。譲渡担保権の設定が認められないのであれば，差額の2千万円について，譲渡担保権者が優先回収を主張することができなくなる。すなわち，一般債権者と平等に回収することとなるのである。他の債権者よりも優先的に回収すべく債務者と交渉し，譲渡担保権の設定を受けたにもかかわらず当該目的物から生じた清算金について優先回収できなくなるのは不合理であるといえよう。また，債権保全という目的にも反することとなる。そして，このような事態は企業の資産の有効活用の観点からも看過することができない。相場の上昇による在庫動産の価額の上昇を利用して企業が資金調達をするという選択肢が奪われることとなるためである。

　このようなことから，所有権が留保された在庫動産に譲渡担保権が設定された場合，当該譲渡担保権が無効となると，在庫動産等を担保とする融資が委縮することとなり，企業の円滑な資金調達に支障をきたすこととなりかねない。

　そこで，本研究は，いわゆる流通過程における所有権留保の法的性質について検討したうえで，流通過程における所有権留保の目的物に設定された譲渡担保権の有効性を検討する。

第3節　本論文の内容

　流通過程における所有権留保の法的性質や流通過程における所有権留保の目的物に設定された譲渡担保権の有効性を検討するにあたり，まずは，所有権留保の法的性質について，その学説および判例の展開を調査することとする。特に判例については，所有権留保の取り扱いが問題となっている事案を取り上げ，所有権留保がどのように解されているのか確認していくこととする。

　次に，流通過程における所有権留保の法的性質について，その学説および判例を取り上げる。そして，代物弁済予約等における清算義務，譲渡担保権における

清算義務および所有権留保の清算義務にかかる学説および判例と比較し，あらためて所有権留保における清算義務を検討する。そのうえで，流通過程における所有権留保の法的性質と，流通過程における所有権留保の目的物に譲渡担保権が設定された場合について検討を行うこととする。

第2章　所有権留保

第1節　所有権留保

　所有権留保とは，動産売買において買主が割賦払い等により後払いとし，売買代金完済以前に売買目的物が買主に引き渡される場合，売買代金債権の担保のために，買主の売買代金完済まで売主が当該目的物の所有権を自己に留保する取り扱いである。売主は買主の代金債務不履行のときに留保している所有権に基づいて売買目的物を取り戻し，そこから代金債権を優先的に回収しようとするもの[10]であり，民法典に定めのない非典型担保とされている。具体的には，売買契約中の特約として，買主が売買代金を完済するまでは，売主に売買目的物の所有権を留保するという条項を入れる[11]こととなる[12]。

第2節　売買代金債権の回収方法

　ところで，民法典に定められている売買代金債権回収方法のうち，当事者間の合意を必要としないものとしては，民法第541条に基づく契約の解除，民法第311条第5号および第321条に基づく先取特権があげられる[13]。

　まず，民法第541条に基づく契約の解除であるが，売主が解除を行った場合，民法第545条第1項の定めに従って売買の両当事者に原状回復義務が生じることとなる。そのため，買主は売買目的物を売主に返還し，売主は受領済みの売買代

10　道垣内弘人『担保物権法（現代民法Ⅲ）〔第4版〕』365頁（有斐閣，2017），安永・前掲注(6)443頁。

11　安永・前掲注(6)443頁。

12　なお，割賦販売法第7条により，政令で定められた指定商品については，同法第2条第1項第1号に規定する割賦販売の方法により販売された場合，賦払金の全部の支払いの義務が履行される時までは，割賦販売業者に留保されたものと推定されることとなる。

13　道垣内・前掲(10)366頁。

金があればそれを買主に返還することとなる。そして，売主に何らかの損害が発
生しているのであれば，民法第415条に基づき買主に対して損害賠償請求を行う
こととなる[14]。売主は，このような手段を講じることによって，自らの債権を回
収していくことになるのである。しかし，この原状回復義務は第三者の権利を害
することができない[15]ため，買主が売買目的物を第三者に売却した場合や譲渡担
保権を設定した場合においては，売主が売買目的物の返還を受け，他の債権者に
先駆けて回収を図ることができない[16]。

　次に，民法第311条第5号および第321条に基づく先取特権であるが，売主が先
取特権を主張した場合，民法第303条の定めに従い，売主は他の債権者に先立っ
て自己の債務の弁済を受ける権利を有することとなる。しかし，買主が売買目的
物を第三者に引き渡した後はその動産について先取特権を行使することができな
くなる[17]とされている。そのため，買主が売買目的物を第三者に売却し，引き渡
した場合には，売主は先取特権を主張することができなくなる[18]。また，買主が
売買目的物に譲渡担保権を設定した場合においては，判例[19]によると，「動産売買
の先取特権の存在する動産が右譲渡担保権の目的である集合物の構成部分となっ
た場合においては，債権者は，右動産についても引渡を受けたものとして譲渡担
保権を主張することができ，当該先取特権者が右先取特権に基づいて動産競売の
申立をしたときは，特段の事情のない限り，民法333条所定の第三取得者に該当す
る」とされていることから，先取特権を譲渡担保権者に主張することができない。

　また，これらとは異なり，当事者間の合意による売買代金債権回収方法として
は，民法第369条に基づく抵当権，民法第398条の2に基づく根抵当権の設定およ
び保証金の差入れ等が考えられる。これらの方法を採用した場合，解除や先取特
権よりも確実に売買代金債権が回収可能であるが，抵当権や根抵当権を設定する
場合には，買主が担保余力の見込まれる不動産を所有しているか，買主の代わり
に担保余力が見込まれる不動産を担保提供する物上保証人を探す必要があるこ

14　民法第545条第3項により，損害賠償の請求は妨げられないこととされている。
15　民法第545条第1項但し書き。
16　道垣内・前掲注(10)367頁。
17　民法第333条。
18　道垣内・前掲注(10)367頁。
19　最判昭和62年11月10日民集41巻8号1559頁。

と，保証金を差し入れる場合には，買主が保証金として差し入れる資金を調達しなければならず，保証金として差し入れている期間は当該資金の活用ができないことから，これらの方法が合意に至るのは困難である。これらのことからわかるように，民法典に定められている売買代金債権回収方法では，売主が優先的に売買代金債権を回収することは容易ではない。

　ここまで民法典に定められた売買代金債権回収方法を述べてきたが，これらの方法に対して，所有権留保は売買契約の特約で簡単に設定することができる[20]。不動産の有無や当該不動産の評価を調査したりする必要もない。しかも，買主がその債務について不履行の場合には第三者に対してでも目的物の返還を求めることができ，残代金の回収について簡易かつ強力な担保手段とされているのである[21]。このように，売主にも買主にも特段の手続等の負担が発生することがなく，売主としても売買代金債権の回収が容易なことから，実務上は流通過程における所有権留保も含めて所有権留保が広く利用されている[22]のである。

第3節　所有権留保の法的性質にかかる学説

　まず，所有権留保の法的性質にかかる学説について確認する。所有権留保の法的性質における学説は，所有権的構成と呼ばれるものと担保権の構成と呼ばれるものが存在する。しかし，所有権的構成と担保権の構成の分類方法は必ずしも一定ではない。単純に所有権が売主に帰属している場合を所有権的構成と呼び，買主または売主と買主の両方に所有権が帰属している場合を担保権的構成と呼ぶ場合もあれば[23]，所有権が留保されるという形式面を重視する考え方を所有権的構成と呼び，所有権留保は実質的には担保権であるとする実質面を重視する考え方を担保権的構成と呼ぶ場合[24]もあり，そのため，ある学説が所有権的構成とされ

20　青山義武「判解」最高裁判所判例解説　民事篇（昭和32年度）78頁によると，「特約のない場合にも，当事者の意思解釈の問題として，一般にはやはり，所有権留保があると推定するのが合理的」と指摘されているように，特約の有無は必要条件とはいえないとの見解もある。
21　安永・前掲注(6)444頁。
22　堀田康司・柳勝司編『物権・担保物権法［スタンダール民法シリーズⅡ］』（嵯峨野書院，2019）352頁〔藤野博行〕。
23　平野裕之『担保物権法』233-234頁（日本評論社，2017）。
24　生熊長幸『担保物権法［第2版］』364頁（三省堂，2018）。

ているケースもあれば担保権的構成とされているケース[25]もある。本論文においては，所有権が留保されるという形式面を重視する考え方を所有権的構成と呼び，所有権留保は実質的には担保権であるとする実質面を重視する考え方を担保権的構成と呼ぶこととするが，学説の確認については所有権の帰属という点で分類し，現在までにどのような学説が展開されているかを確認することとする[26]。

第1款　所有権は売主に帰属するとする学説

　この学説は，所有権留保を契約文言通りに解し，売主に所有権が帰属することを前提とするものである。しかし，この学説の中でも買主には債権的な権利があるのみを認める学説と買主に何らかの物権的な権利や立場を認めるとする学説に分けることができる。

　まずは，買主に債権的な権利のみを認める学説であるが，この学説は，買主は売買目的物の債権的な使用権とともに，債権的な期待権，すなわち債務を完済することによって売買目的物の所有権を所得する期待権を取得するものにすぎないとする説[27]である。売買契約の特約文言に従い，売主は，「停止条件の完成即ち債務の履行ある迄は，目的物の完全なる所有者である」とされているものの，「目的物の上に権利を行使し得るわけであるが，其行使に就いては，条件付き法律行為の当事者として第128条の制限を受くるのみならず，……留保約款に依り唯債権担保の目的のためのみに留保し得るものなれば，担保の目的に反せざる限度に於て其所有権を行使すべき債務を負担する」[28]ものとされている。

　他方で，買主は「履行を為す迄は目的物の所有権を有しない」とされ，買主が「其占有物を第三者に譲渡したときは，其譲渡は無効」とされている。しかし，買主には何も権利がないというものではなく，「条件成就以前に於ても一種の期待権を有するのであつて，債務者は此期待権につき第129条に従ひて処分，相続，

25　たとえば，売主は担保目的に制約された所有者であり，買主は物権的な所有権取得期待権者とする学説について，平野・前掲注(23)では所有権的構成としているが，生熊・前掲注(24)364頁では担保権的構成としている。

26　なお，本論文で紹介する学説をさらに細分化することができるが，田村耕一『所有権留保の法理』274頁以下（信山社，2012）に詳しい。

27　高橋眞『担保物権法〔第2版〕』316頁（成文堂，2010）。

28　勝本正晃『担保物権法論』299頁（日本評論社，1940）。

保存等を為し得る」[29]とされているのである。

　次に買主に物権的な権利や立場を認める学説であるが，この学説は，売主に売買目的物の所有権が帰属するが，買主に物権的な権利や地位を認めるというものである。先ほど挙げた学説との大きな相違点としては，買主の権利が債権的なものなのか物権的なものなのかという点である。その具体的な内容としては，売主に売買目的物を所有する権利が帰属するが，その所有権は担保目的に制限され，買主に物権的期待権と呼ばれる物権的な権利が帰属するとする見解[30]である。また，この他にも，売買目的物の所有権は売主に帰属し，売主によるその所有権の行使は，売買契約における代金支払手段として行われている以上，債権回収を確保する範囲に限られるとしたうえで，買主には当該売買代金の支払後，当該目的物の所有権を取得しうるという物権的な期待権を取得し，この物権的期待権には，将来所有権を取得しうるという物権的地位のほかに，目的物の利用権，被担保債権の弁済による受戻権，受戻権を失う場合の清算請求権等を含むとする見解[31]や買主は「所有権を取得するのではなく，目的物の利用権および所有権を取得できるという期待権から成る物権的地位を取得する」という見解[32]等が存在し，買主が有する期待権や地位につき，債権ではなく物権的な効力を認めようとするものである。

第2款　所有権は売主・買主双方に帰属するとする学説

　この学説は，売主と買主の双方に所有権の帰属を認めつつ，買主に何らかの物権的な権利を認めるというものとである。具体的には，「所有権が売主と買主に分属していることを肯定し……当事者の用いている法形式を離れ，残存代金を被担保債権とする担保権（留保所有権）が売主に存し，所有権よりこれを差し引いた物権的地位が買主に帰属すると構成すればよい」とする見解[33]，「買主による使用収益を可能とする物権的な権利を認め，また，売主は所有権という形式タイト

29　勝本・前掲注(28)301頁。
30　道垣内・前掲注(10)368頁。
31　鳥谷部茂「第九章 非典型担保」石田喜久夫ほか編『青林法学双書 物権法』319頁（青林書院，1993）。
32　高橋・前掲注(27)316頁。
33　高木多喜男『担保物権法〔第4版〕』380頁（有斐閣，2005）。

ルを保持し，代金の支払がなされないと自己の名で目的物を処分する権限を有し，売却のために目的物の引渡しを求めることができる」としたうえで，「売主に担保のみの内容の所有権が残っていても，売主の所有権移転義務は履行済みというべき」とするという見解[34]，「実質的には，所有権は売主に残っているがそれは本来の意味での所有権ではなく，担保的内容に縮減された所有権に過ぎず，買主にも，単に代金完済による所有権取得という条件付き権利が付与されているだけでなく，将来完全な所有権を手に入れるという物権的期待権が分属しているものと説明される」とする見解[35]等がある。これらは買主に物権的な権利や地位を認めるという点で，前款で述べた売主に所有権が帰属するとする学説のうち買主に物権的な権利や地位を認める学説と類似しているが，その物権的な権利や地位を所有権とみるのかという点で異なっているものといえよう。

第3款　所有権は買主に帰属するとする学説

　この学説は，対象物件の所有権は買主に帰属し，売主には担保権（学説によっては抵当権）が帰属するとするものである。「所有権留保のメカニズムは，売買目的物の所有権が引渡しによって売主から買主へと移転し，その後，残代金を担保するために，買主が売主のために設定する譲渡担保によって，売買目的物の所有権が，見かけ上，買主から売主へと移転するように見えるだけである。つまり，実際の所有権は，目的物の引渡しによって買主に移転したままであり，売主は，売買残代金の支払いを受けるまでの間，所有権ではなく，債権担保としての譲渡担保権を有しているに過ぎない」とする見解[36]，「所有権留保制度は，売買代金を担保するために所有権を留保するにすぎない以上，売主の留保した『所有権』は一種の担保権であると解すべき」とし，「所有権留保付売買を担保権の設定として考え」るとする見解[37]，「所有権留保売買によって，買主に目的物の所有権が移転し，直接占有も移され，続いて（時間的にはその直後に），その所有権に対し

34　平野・前掲注(23)234頁。なお，平野裕之『民法総合3　担保物権法』308頁（信山社，2007）においては，「所有権的構成を認めるが，買主にも使用収益を可能とする物権的な権利の分属を認め」るとし，所有権が売主，買主の両方に帰属するとしている。
35　河上正二『担保物権法講義』407頁（日本評論社，2015）。
36　加賀山茂『債権担保法講義』555頁（日本評論社，2011）。
37　近江幸治『担保物権法〔新版補正版〕』302頁（弘文堂，1998）。

て売主が抵当権を取得する」とする見解[38]等があげられる。この学説においては，買主が売主の売買代金債権を担保するために担保権を設定しているという点が特徴として挙げられる。

第4款　小括

　ここまで所有権留保の法的性質に関する学説を挙げたが，所有権の帰属についてどのように考えるのか，買主の権利はどのようなものかという点で異なる。しかし，所有権が売主に帰属するとする学説においても，留保された所有権の行使について，債権的であるか物権的であるかは別として，担保の範囲内で認められると考えられており，また，所有権が売主・買主双方に帰属するとする学説や買主に帰属するとする学説においては，売主に担保権が認められていることから，いずれの学説においても所有権留保は売買代金債権を担保する目的であるという点には異論がないといえよう。

第4節　所有権留保に関する裁判例

第1款　総論

　前節において所有権留保の法的性質に関する学説を述べたが，他方で，裁判所は所有権留保をどのように解しているのであろうか。所有権留保に関する裁判例を取り上げ，所有権留保の法的性質にかかる判例法理を確認していくこととする。

第2款　所有権が留保された目的物に譲渡担保権が設定された事案
第1目　大判昭和13年4月19日全集5輯9号4頁

　本判決は，印刷機およびその付属物について，売買代金を完済する前に譲渡担保設定がなされたものであり，当該印刷機等の留保所有権者である売主と当該譲渡担保権者がその所有について争った事案である。大審院は，「無権利者ヨリ動産ヲ譲受ケタル者カ従前ノ占有者ヨリ現實ノ引渡ヲ受ケスシテ同法大百八十三條所定ノ方法即チ所謂占有ノ改定ニ依リ占有権ヲ承継取得セルニ過キサルトキハ同法第百九十二條ニ依リ占有動産上ノ権利ヲ即時取得スルコトヲ得サルモノト云ハ

38　米倉明『所有権留保の研究』378頁（新青出版，1997）。

サルヘカラス」と判断し，買主は印刷機およびその付属物について売買代金を完済していなかったことから所有権を取得してはおらず[39]，無権利者としているのである。そして，無権利者から設定を受けた譲渡担保権が有効とされるためには即時取得が認められる場合であるとし，本事案では譲渡担保権の対抗要件が占有改定であったことから即時取得が認めらなかった[40]。買主から譲渡担保権の設定を受けた譲渡担保権者は，無権利者から動産を譲り受けた者とされていることから，譲渡担保権は無効と判断されたものといえよう。

第2目　東京地判昭和52年5月31日判時871号53頁

　次に，売買代金完済までその所有権を留保する約定で購入した機械設備について譲渡担保権の設定がなされ，留保所有権者と譲渡担保権者がその所有について争った事案である。本事案において，裁判所は，「本件物件のように価額の高い設備機械は，所有権留保約款付で，代金は割賦払いの約定で売買されるのが通常であることが認められ，そのことは，メッキ業を営む被告も当然知っておくべきことというべきであるから……その所有権の帰属についての調査をすることなく，本件物件が訴外会社の所有と信じたことには過失があるといわなければならない」と判断し，譲渡担保権者の過失を認定し，即時取得を認めなかった。これは即時取得を論点としているものであり，その前提として，無権利者から設定を受けた譲渡担保権は無効であると解釈しているものと考えられるため，大判昭和13年4月19日全集5輯9号4頁の判決に沿った下級審判決であるといえる。

第3目　最判昭和55年7月15日判タ421号73頁

　本事案は刑事事件であるが，自動車販売会社から所有権留保特約付割賦売買契約に基づいて引渡しを受けた自動車を金融業者に対し自己の借入金の担保として提供した所為が横領罪に該当するとされた事例である。裁判所は，「貨物自動車三台の所有権が三菱ふそうに帰属していたことは明らかであつて，これを同社に無断で，他に担保として供した被告人の原判示各所為がそれぞれ横領罪に該当することは到底否定できない」として買主の譲渡担保権設定につき横領罪が成立す

39　印刷機およびその付属物の売買契約において，代金完済がなされるまで所有権は取得しないという特約（いわゆる所有権留保特約）が当事者間で存在していた。

40　対抗要件が占有改定であった場合に即時取得を認めないとする判例として，最判昭和35年2月11日民集14巻2号168頁がある。

ることとしている。これは，買主である譲渡担保権設定者が無権利者であること
を前提としており，やはり大判昭和13年４月19日全集５輯９号４頁の判決に沿っ
た判断をしているものといえる。なお，譲渡担保権者からは所有権留保の担保的
機能が主張されたようであるが，「所論は割賦販売における売主の所有権留保特
約の担保的機能を強調し，目的物の所有権の帰属はその実態に即して判定すべき
であるというのであつて傾聴すべき点もないではないが，少なくとも本件に関す
る限り各自動車の所有権が三菱ふそうであつたことは否み難いところであるから
右所論は採るを得ない」と述べられており，所有権留保の担保権としての側面は
受け入れられなかった。横領罪の客体は，自己の占有する他人の物であることか
ら[41]，裁判所は買主が占有する目的物について，売主に所有権が帰属すると判断
しているものといえる[42]。

第４目　最判昭和58年３月18日判タ512号112頁

　本事案は，対象物が特定動産ではないという点がこれまでの事案と異なるもの
である。具体的には，代金完済まで所有権を留保する旨の特約をつけて購入した
店舗の賃借権，敷金返還請求権，電話加入権，営業権および店舗内に備え置かれ
た動産について買主が譲渡担保権を設定した事案であり，当該動産を留保所有権
者である売主が処分したことにつき譲渡担保権の侵害があったとして争われたも
のである。裁判所は，「上告人は買主である太田が代金の分割払を怠つたため本
件売買契約の目的である賃借権等及び本件動産を何時でも他に処分することがで
きる権利を有していたのに対し，被上告人は上告人が右の処分をする前に残代金
を提供しなければ上告人に対し本件動産についての譲渡担保権を主張できない立
場にあつたことが明らか」と判断した。本事案は，無権利者である買主から譲渡
担保権の設定を受けていることから，譲渡担保権の有効性については即時取得の
成立により判断されるとした大判昭和13年４月19日全集５輯９号４頁の判決とは
理由付けが異なり，譲渡担保権者は留保所有権者である売主に対し譲渡担保権を
主張できないとしている点に注目すべきであろう。これは，譲渡担保権者は無権

41　刑法第252条。西田典之，橋爪隆補訂『刑法各論〔第７版〕』253頁（弘文堂，2018）。
42　西田・前掲注(41)261頁においても，「実質的には担保であるとしても，売主に留保された
所有権は，なお刑法的に保護されるべき」としており，「代金の支払い状況によっては可罰的違
法性の欠如する場合を認めるべき」としている。

利者である買主から譲渡担保権の設定を受けており，当該譲渡担保権は無効であると解釈するものなのか，それとも譲渡担保権設定者と譲渡担保権者間の担保権設定行為は有効であるものの，当該譲渡担保権について留保所有権者に主張するためには売買代金の完済が必要であると解釈するものなのか定かではない。特に後者について，本判決は，「所有権は売主に帰属するとの構成を前提としつつも，『買主に所有権がない以上は処分権限がなく，したがって譲渡担保の設定はできない』と単純に解しているわけではな」く，「将来取得する物に対する譲渡担保を現時点で契約することは可能であることを前提に，『代金が完済されるまでは買主に処分権がないため売主に対抗できない』とされているに過ぎない」とする見解[43]がある。

第5目　東京地判平成5年5月30日判タ845号271頁

本件は，所有権が留保された自動車について，買主から譲渡担保の設定を受けた譲渡担保権者が担保権の実行を行った事案である。当該事案では，譲渡担保権設定者である買主が，当該譲渡担保設定契約について公序良俗に反して無効であることを主張して争ったものであるが，裁判所は「本件担保契約締結時に訴外会社に所有権が留保されていたことや担保権実行時には契約締結時より更に評価額が下がることが予想されること等を考え合わせると，本件担保の目的物価額と債権額とが著しく均衡を失するものとは認め難いし，後述するように，本件担保契約の実行に際して被告に清算義務が課されること等にも照らすと，本件担保契約が公序良俗に反するものとは認めがたい」と判断しており，買主と譲渡担保権者間の担保設定契約を有効としたうえで譲渡担保権の実行を認めたものである。なお，本事案において，買主は譲渡担保権者への債務額と担保対象物の価額が明らかに不均衡であることから譲渡担保権が公序良俗に反し無効であることを主張しており，買主に所有権がないことから譲渡担保権が無効であることを主張していない。この点からすると，裁判所は，所有権が売主に留保されている自動車について買主が譲渡担保権の設定をする権限があったのかについて何も判断していないものと考えられる。

43　田村・前掲注(26)329-330頁。

第6目　東京地判平成5年9月16日判タ845号251頁

　本事案は，所有権留保特約が付された自動車の売買代金について，分割弁済中の最中に当該自動車（登録名義は売主）に譲渡担保権の設定がなされたものであり，譲渡担保権設定者である買主が，譲渡担保権者に対して当該自動車の返還を求めた事案である。裁判所は，「本件譲渡担保権の法律的性質について検討するに，譲渡担保権は外部的に権利を移転することにより成立するのであるから，原則として譲渡が不可能な権利について譲渡担保権を設定することはできない。本件自動車には原告に対する売主である東京ビー・エム・ダブリュー株式会社の所有権が留保されているのであるから，この留保されている所有権について原告が処分権を有するものではなく，本件自動車の所有権を対象とする譲渡担保権が成立するものではない」とし，「本件譲渡担保は無効のもの」としている。この判決においては，譲渡担保権が無効であることがはっきりと述べられており，大判昭和13年4月19日全集5輯9号4頁の判決の見解に沿うものといえよう。

第7目　最判平成30年12月7日民集72巻6号1044頁

　本件は，所有権留保特約を付して継続的に販売している金属スクラップについて，買主が流動集合動産として譲渡担保権を設定した事案である。留保所有権者と譲渡担保権者がその権利を争ったものであるが，所有権留保の目的物が継続的な売買取引による在庫商品であるという点で従来の事例と異なる。裁判所は，「本件動産の所有権は，本件条項の定めどおり，その売買代金が完済されるまで被上告人から美崎産業に移転しないものと解するのが相当である。したがって，本件動産につき，上告人は，被上告人に対して本件譲渡担保権を主張することができない」と判断しているが，直接的に譲渡担保権が無効であると言及するに至っていない。所有権は譲渡担保権設定者である買主に移転しないと解したうえで，譲渡担保権者は留保所有権者である売主に当該譲渡担保権を主張できないとしていることから，本件譲渡担保権は無権利者である譲渡担保権設定者が設定したものということとなり，本件譲渡担保権は無効であると解釈することができる。これは大判昭和13年4月19日全集5輯9号4頁の判決を踏襲した解釈であるといえよう。他方，譲渡担保権設定者と譲渡担保権者間の譲渡担保契約は有効であるものの，所有権は売買代金が完済されるまで買主である譲渡担保権設定者に移転しないのであるから，譲渡担保権を留保所有権者である売主に主張をすることはでき

ないという解釈の余地も残されていると考えられる[44]。また，裁判所は「上記のような定めは，売買代金の額が期間ごとに算定される継続的な動産の売買契約において，目的物の引渡しからその完済までの間，その支払を確保する手段を売主に与えるものであって，その限度で目的物の所有権を留保するものである」とも判示していることから，所有権留保が売買代金債権の担保目的である点は認めているようである。

　なお，本判決の原審[45]においては，「本件動産のうち，控訴人において代金の完済を主張立証した動産を除く部分については，その所有権が美崎産業に移転していないこととなる。これを前提とすると，当該部分について本件譲渡担保は効力を有せず，控訴人は，これを被控訴人に対して主張することはできないものと解される」とし，譲渡担保権が無効であることに言及している。

第3款　所有権留保の目的物が第三者に売却された事案
第1目　東京地判昭和53年1月27日判時909号73頁

　本件は，所有権留保特約付売買が行われた船舶において，買主が当該船舶を第三者に売却した事案である。裁判所は，所有権留保の目的について，「このような代金完済まで売主に目的物の所有権を留保する旨の約定が，一般に売主の代金債権の担保という目的に出るものであることはこれを肯定することができる」としているものの，「そのことから直ちに，売主に留保された権利が右の担保目的の範囲に限定されるとか，目的物の所有権から売主に留保された部分を除いた物権的地位が買主に帰属するとか，一たん所有権は買主に移転し，買主が再び売主のために譲渡担保権を設定したのと同じ法律関係となるものとする見解を採用することはできない」と判断した。「売主はもともと目的物につき完全な所有権を有していた」として，あくまで目的物の所有権は留保所有権者である売主に帰属するものとし，「売買契約においては目的物の所有権移転時期を当事者の合意により自由に定めることができるのであるから，代金完済まで所有権を売主に留保

44　同様の趣旨として，田村耕一「継続的な売買契約における所有権留保とその売却物を含む集合動産譲渡担保の設定について，譲渡担保権者は売買代金が完済されていない売却物に対して譲渡担保権を主張することができないとした事例」広島法科大学院論集第15号148頁（2019）。
45　東京高判平成29年3月9日金法2091号71頁。

するという売買当事者の合意には，その合意どおりの効果を認め，代金完済をまつて初めて所有権が買主に移転すると解するのが相当」としていることからも，所有権留保において，所有権が売主と買主の両方に帰属するとする学説や買主に帰属するとする学説を否定したのである。

第4款　所有権が留保された目的物を買主の債権者が差し押さえた事案
第1目　最判昭和49年7月18日民集28巻5号743頁

　本事案は，売買代金完済に至るまで所有権を売主に留保する旨の合意がされている動産において，買主が和議開始申立を行ったため留保所有権者である売主に当該動産が返還され，第三者に売却された事案である。その後，買主の債権者が当該動産を差し押さえたことから当該動産を留保所有権者である売主から買い受けた第三者が第三者異議の訴を起こしたものである。当該動産を差し押さえた買主の債権者は，「所有権留保は代金債権確保のための担保の一形式であるから，譲渡担保権におけると同じく，売主又は売主から目的物を買い受けた者の主張しうる権利は，目的物についての優先弁済権のみであって，担保の目的を超えて所有権を主張し，第三者意義の訴によって強制執行を全面的に排除することは許されず，民訴法565条の優先弁済の訴が許されるにとどまる」[46]と主張して争ったのに対し，裁判所は，「動産の割賦払約款付売買契約において，代金完済に至るまで目的物の所有権が売主に留保され，買主に対する所有権の移転は右代金完済を停止条件とする旨の合意がなされているときは，代金完済に至るまでの間に買主の債権者が目的物に対して強制執行に及んだとしても，売主あるいは右売主から目的物を買い受けた第三者は，所有権に基づいて第三者異議の訴を提起し，その執行の排除を求めることができると解するのが相当である」と判断しているが，その判断理由としては「所有権に基づいて」という点のみであり，留保所有権者である売主から買い受けた第三者に所有権が帰属していることを強調している[47]。

第2目　東京地判昭和50年2月27日金法753号36頁

　本事案は，売買代金完済までその所有権を売主に留保する約定となっている動

46　東条敬「判解」最高裁判所判例解説 民事篇（昭和49年度）76頁。
47　田高寛貴『担保法体系の新たな展開―譲渡担保を中心として―』278頁（勁草書房，1996）。

産において，買主の債権者が差押えを行い，留保所有権者である売主が第三者異議の訴を起こした事案である。裁判所は，「物件先渡形式の割賦払約款付の売買契約において，売主が目的物件の所有権を割賦代金の完済に至るまで自己に留保する特約を付する目的が，買主からの代金の支払を確保するにあること，すなわち，代金債権の担保のためであること」としているものの「本件物件の所有権は，被告による差押の当時及び現在においてなお原告に属するものというべき」であることから，所有権留保が売買代金債権を担保するために行われていることを認めつつも，所有権は売主に帰属するとし，売主の第三者異議の訴を認めている。なお，売主の第三者異議の訴を認める理由として，「自己にその所有権を留保し，代金の支払について買主に心理的強制を加えるとともに，このことにより代金の完済を受けるまでの間，買主の債権者による右物件に対する法律的介入を排除することにより，長期間に亘る代金回収を確実かつ容易ならしめようとするにあるものと解され……所有権留保の趣旨は第三者の介入排除に重要な実質的目的があるものと解される」ことを挙げている。とはいえ，目的物の所有権が売主に帰属していると解していることが第三者異議の訴を認める最大の要因となっているのではないだろうか。

第5款　所有権が留保された目的物が第三者の土地所有権の行使を妨害している事案

第1目　最判平成21年3月10日民集63巻3号385頁

　本件は，所有権が留保された自動車が第三者の土地上に存在し，その土地所有権の行使を妨害している場合において，留保所有権者である売主が当該自動車の撤去義務や不法行為責任を負うか争われた事案である。裁判所は，「動産の購入代金を立替払する者が立替金債務が完済されるまで同債務の担保として当該動産の所有権を留保する場合において，所有権を留保した者（以下，「留保所有権者」といい，留保所有権者の有する所有権を「留保所有権」という。）の有する権原が，期限の利益喪失による残債務全額の弁済期（以下「残債務弁済期」という。）の到来の前後で……異なるときは，留保所有権者は，残債務弁済期が到来するまでは，当該動産が第三者の土地上に存在して第三者の土地所有権の行使を妨害しているとしても，特段の事情がない限り，当該動産の撤去義務や不法行為責任を負

うことはないが，残債務弁済期が経過した後は，留保所有権が担保権の性質を有するからといって上記撤去義務や不法行為責任を免れることはないと解するのが相当である」と判断し，その理由として，「留保所有権者が有する留保所有権は，原則として，残債務弁済期が到来するまでは，当該動産の交換価値を把握するにとどまるが，残債務弁済期の経過後は，当該動産を占有し，処分することができる権能を有するものと解されるから」としている。

　本判決において注目すべき点としては，所有権留保の法的性質について，売買代金の残代金弁済期到来前までは「当該動産の交換価値を把握するにとどまる」ものとして所有権者としての責任を認めなかった点と，「担保権の性質を有する」とした点である。このことは「所有権留保につき，第三者との関係においても，一定限度で担保の実質に応じた法的処理を認めた」[48]ものと評価されており，売主が留保した所有権について何らかの制限を加えていること，所有権留保は担保権としての性質を有していることが認められたものと考えられる。

第6款　倒産処理時において所有権留保を別除権としている事案
第1目　札幌高決昭和61年3月26日判タ601号74頁

　本件は，自動車の所有権留保特約付売買契約の買主の代金債務を代位弁済した信販会社が，買主の破産管財人に対し自動車の取戻権を主張した事案である。裁判所は，「抗告人の主張にかかる前記事実関係を前提とすれば，本件所有権留保ないし本件譲渡担保の実質的な目的は，あくまでも本件立替委託契約とこれによる本件弁済に基づく抗告人の求償債権を担保することにあり，いずれにしても本件自動車の所有権の抗告人に対する移転は確定的なものではないと解される。そうすると，抗告人としては，本件留保所有権ないし本件譲渡担保権に基づく別除権者として権利行使をなすべきであつて，本件自動車に対する所有権を主張してその引渡を求める取戻権は有しないものというべきである」とした。本判決が引用した最判昭和41年4月28日民集20巻4号900頁は，譲渡担保権について取戻権を認めなかった事案であるが，取戻権を認めなかったことから所有権留保が担保目的であるという点を裁判所が認めたものといえよう。

48　柴田義明「判解」最高裁判所判例解説 民事篇（平成21年度）217頁。

第2目　東京地判平成18年3月28日判タ1230号342頁

　本事案は，自動車につき所有権留保特約付売買契約を締結したが，買主が代金債務を完済する前に民事再生を申し立て，再生手続開始が決定された事案である。本事案において裁判所は，「本件売買契約の内容にかんがみると，本件売買契約は，所有権留保特約付売買契約の形式を採っているものの，実質的には，債権担保の目的のために締結されたものであり，本件においては，本件各自動車を被告会社に売却した上で，本件各自動車について非典型の担保権（いわゆる所有権留保）を設定したものと認めることが相当である」ことから，留保所有権者である売主が「本件各自動車について担保権を有していることにかわりはなく」，民事再生法第「53条1項にいう別除権に当たる」とした。所有権留保が非典型の担保権であると明確に認め，担保権であることから民事再生法第52条第1項に定める取戻権ではなく，同法第53条第1項に定める別除権としたものである。

第3目　最判平成22年6月4日判決民集64巻4号1107頁

　本事案は，販売会社とユーザーの間で自動車について所有権留保特約付売買契約がなされ，ユーザーに代わって当該自動車の売買代金の立替払いをした者が，販売会社に留保されていた当該自動車の所有権について移転を受けたものである。ユーザーは，立替払いをした者に対し立替払金を分割弁済していたが，完済するまでに再生手続が開始した。再生手続開始時点においては，当該自動車につき所有者として登録されていたのは販売会社であったことから，立替払いをした者が留保所有権を主張し，再生手続において別除権として行使することが可能か争われた事案である。裁判所は，「再生手続が開始した場合において再生債務者の財産について特定の担保権を有する者の別除権の行使が認められるためには，個別の権利行使が禁止される一般債権者と再生手続によらないで別除権を行使することができる債権者との衡平を図る等の趣旨から，原則として再生手続開始の時点で当該特定の担保権につき登記，登録等を具備している必要があるのであって（民事再生法45条参照），本件自動車につき，再生手続開始の時点で被上告人を所有者とする登録がされていない限り，販売会社を所有者とする登録がされていても，被上告人が，本件立替金等債権を担保するために本件三者契約に基づき留保した所有権を別除権として行使することは許されない」と判断している。これは，本事案において別除権の行使につき自動車登録を必要としたものである

が，再生手続において所有権留保が取戻権ではなく別除権として取り扱われることを前提としているものである。

第4目　東京高判平成23年6月7日D1-Law28220924

本件は，家庭用雑貨等の商品（動産）につき所有権留保特約を付して継続的に売買取引を行っていた買主について民事再生手続の開始がなされたものである。本事案において裁判所は，「本件における所有権留保特約は売買代金債権を保全するための担保権と解されるから，被控訴人ティー・アンド・ディーの民事再生手続上，控訴人は別除権者として取り扱われるべき」と判断した。自動車のような登録制度のない動産の所有権留保につき，担保権であることから民事再生手続において別除権として取り扱われること認めたものである[49]。なお，原審である東京地判平成22年9月8日判タ1350号246頁は，「上記所有権留保特約は，原告の下に商品の完全な所有権をとどめる趣旨ではなく，被告ティー・アンド・ディーに所有権を移転した上で，原告が，売却した商品について担保権を取得する趣旨のものであると解するのが相当である」とし，所有権留保の法的性質まで踏み込んだ見解を示していた。

第5目　東京地判平成27年3月4日判時2268号61頁

本事案は，売主がブルドーザーおよび自走式破砕機を所有権留保特約付きで売却し，買主が代金債務完済前に破産手続開始決定がなされた事案である。裁判所は「所有権留保特約は，法形式的には所有権を留保しているものであって，所有権の物権変動の対抗要件というものは観念できない。しかしながら，所有権留保特約は，代金債権の担保に目的があり，担保権の設定という物権変動を観念し得るところであり，また，その目的から破産手続との関係においても別除権（破産法65条）として扱われるべき」とし判断している。既に取り上げた事案とは，再生手続ではなく破産手続であるという点で異なるが，所有権留保が売買代金債権の担保目的であり，別除権として扱われるべき点では従来の判例法理を維持しているものといえる。

第6目　最判平成29年12月7日民集71巻10号1925頁

本件は，自動車の購入者と販売会社との間で所有権留保特約付売買契約が締結

49　なお，上告受理申立ては不受理とされており，申立ての理由は定かではないが，最高裁が高裁の判断を認めたものなのか疑問が残る。

され，他方で売買代金債務を被保証債務とする保証人が存在した事案である。購入者が売買代金の支払いができなくなったことから保証人が保証履行したが，その後購入者の破産手続が開始された。保証人が，販売会社の留保所有権を主張し，別除権として行使することができるか争われた事案である。裁判所は，「自動車の購入者と販売会社との間で当該自動車の所有権が売買代金債権を担保するため販売会社に留保される旨の合意がされ，売買代金債務の保証人が販売会社に対し保証債務の履行として売買代金残額を支払った後，購入者の破産手続が開始した場合において，その開始の時点で当該自動車につき販売会社を所有者とする登録がされているときは，保証人は，上記合意に基づき留保された所有権を別除権として行使することができるものと解するのが相当である」と判断した。留保所有権が別除権として認定されており，従来の判例法理を維持しているものである。

第7款　小括

　以上，所有権を取り巻く裁判例を取り上げてきたが，所有権留保と譲渡担保権が争われる事案においては，目的物がどのようなものであれ，所有権が留保された目的物の買主は無権利者であり，当該無権利者から設定を受けた譲渡担保権は無効であると解する判例法理が確立されているように思われる。これらの裁判例から，所有権は留保所有権者に帰属しているとしていることは明らかであるが，所有権留保は担保目的であるというような点については触れられていない。とはいえ，最判平成30年12月7日民集72巻6号1044頁判決においては，前述したように，所有権は売買代金が完済されるまで譲渡担保権設定者である買主に移転しないのであるから，譲渡担保権設定者と譲渡担保権者間の譲渡担保権は有効であるものの，それを留保所有権者である売主に主張をすることはできないと解釈する余地も残されている。

　そして，下級審ではあるが，学説であげた所有権は売主・買主双方に帰属するとする学説や所有権は買主に帰属するとする学説を完全に否定するものまで存在している。

　また，第三者から目的物の差押えを受けた場合の裁判例においては，いずれの裁判例についても，留保所有権者や留保所有権者から対象物を買い受けた第三者に所有権が帰属することを主な理由として第三者異議の訴を認めている。

　これらのことから，所有権が留保された目的物は，その売買代金債務が完済となるまで所有権が買主に移転せず，留保所有権者である売主に帰属したままとなるという判例法理が確立しているように見受けられるのである。

　しかし，所有権が留保された目的物が第三者の土地所有権の行使を妨害している事案においては，所有権留保について，売買代金の残代金弁済期到来前までは目的物の交換価値を把握するにとどまるものとして所有権者としての責任を認めなかった。留保所有権者である売主に完全な所有権を認めるのであれば，交換価値を把握するにとどまらず，第三者に対して所有者としての責任を負うとしてもおかしくない。これは，所有権留保がその実質において担保権であるという点が重視されたものと考えられるが，所有権の帰属という点ではどのような前提を採っているのか判然としない。

　そして，破産手続や民事再生手続というような倒産処理時においては，留保所有権は取戻権ではなく，別除権であるという判例法理が確立されている。この点からすると，倒産処理時においては留保所有権が担保権の一種であると解されているといえよう[50]。学説においても，取戻権を認めるという立場[51]と別除権を認めるという立場があるが，別除権を認める立場が通説[52]となっている。ただし，所有権が誰に帰属しているのかという点については触れられておらず，不明確なままとなっている。

　このように，所有権留保の判例法理は統一的な見解となっているとはいいがたい状況となっているものと考えらえる。

第3章　流通過程における所有権留保

第1節　流通過程における所有権留保

　機械等の特定動産売買ではなく，企業活動の中で行われる商品や原材料の仕入時において利用される所有権留保が，流通過程における所有権留保に該当する。

50　伊藤眞『破産法・民事再生法〔第4版〕』484頁（有斐閣，2018）。
51　三上威彦『〈概説〉倒産法』117頁（信山社，2018）によると，かつては取戻権を行使できるとする見解が通説であった。
52　山本和彦『倒産処理法入門〔第5版〕』104頁（有斐閣，2018），三上・前掲注(51)117頁，224頁。

そして，流通過程における所有権留保は，特定動産における所有権留保と異なり，買主により第三者へ転売されることを前提としており，留保所有権である売主がそのことを認識しているという点に大きな違いがある。この違いについて，学説や判例はどのように解しているのであろうか。

第2節　流通過程における所有権留保にかかる学説

　流通過程における所有権留保において論点とされることは，買主が目的物を第三者に転売した場合の効果である。この点における学説について確認してみる。

第1款　所有権的構成

　所有権留保について所有権的構成をとった場合，買主に所有権が移転していないこととなるため買主は無権利者となる。無権利者である買主が第三者に転売した場合においては，転売の効果は生じず，当該第三者は当然所有権を取得することができない。例外的に第三者が所有権を取得できるとすれば，民法第192条に基づく即時取得が認められる場合である[53]。しかし，この原則的な取り扱いを貫くと，転売といった流通を前提とする流通過程における所有権留保において，第三者に不測の事態が生じ，取引の安全が害されることとなる。したがって，流通過程における所有権留保においては，その取扱いが修正されている。

第1目　留保所有権に基づく権利行使を権利濫用とする説

　所有権的構成の原則を貫くと，留保所有権者である売主は目的物を取得した第三者に対し，留保した所有権に基づき目的物の引渡請求をすることが可能である。しかし，売主に目的物が転売されることを認識している等の事情があれば売主の権利行使について制限するべきであると考え，売主の権利行使を権利濫用として制限するものである。

　この学説に対しては，所有権留保の目的物を購入した者は目的物の引渡しを拒むことができるが，他方で所有権を取得するものでもないため，中途半端な解決をもたらすと批判がなされている[54]。所有権は依然として留保所有権者である売

53　松井宏興『担保物権法（民法講義3）〔第2版〕』230頁（成文堂，2019）。
54　安永・前掲注(6)451頁。松井・前掲注(53)231頁。

主に帰属することとなるため[55]，たとえば目的物が自動車であり，登録名義が留保所有権者であるディーラーのままとなっていた場合，当該自動車の最終購入者であるユーザーは，ディーラーに対して登録名義の移転を請求できないということが起こりえるのである[56]。

第2目　留保所有権者が転売の権限を与えているとする説

この学説は，留保所有権者である売主が，買主が目的物を第三者に転売することを前提として売買契約を締結しているため，買主に対して，有効な転売を行うための権限が与えられると構成するものである。この場合，目的物の最終購入者が売買代金を支払えば，最終購入者が有効に所有権を取得することができるとされており[57]，多数説となっている[58]。

第3目　即時取得により所有権の取得を認める説

この学説では，所有権留保の目的物を取得した第三者につき，民法第192条の要件を満たしていれば即時取得が成立するというものである。具体的には「留保買主が目的物を他へ転売することが予定されているときには，いくら転得者が所有権留保の存在について知りまたは知りうべきであっても，留保売主の権利行使を許すのは妥当でない」ことから，「当該転売が，委任の範囲内であると信じ，かつ，信じたことに過失のなかった第三者は，民法192条により目的物の所有権を有効に取得すると解すべき」との見解[59]であるが，自動車等の登録制度がある動産については，過失が認定されやすく，民法第192条に基づく即時取得が認められない可能性が高いという批判がある[60]。

55　道垣内・前掲注(10)371頁。

56　安永・前掲注(6)451頁。

57　松井・前掲注(53)231頁。

58　高橋・前掲注(27)319頁，内田貴『民法Ⅲ　債権総論・担保物権〔第2版〕』549頁（東京大学出版会，2004），近江幸治『民法講義Ⅲ　担保物権〔第2版〕』327頁（成文堂，2005），松尾弘＝古積健三郎『物権・担保物権法（弘文堂NOMIKA）〔第2版〕』433頁（弘文堂，2008），河上・前掲注(35)411頁。本田純一ほか『新ハイブリット民法2 物権・担保物権法〔新版〕』303頁（法律文化社，2019）。また，生熊・前掲注(24)368頁において通説として紹介され，松井・前掲注(53)231頁において多数を占めている学説として述べられている。

59　道垣内・前掲注(10)370頁。

60　安永・前掲注(6)452頁。

第2款　担保権的構成

　所有権留保について担保権的構成をとった場合，目的物の転売により所有権留保という担保権がついたまま所有権が移転することとなるが，最終購入者が所有権留保について善意無過失であれば民法第192条に基づく即時取得により所有権留保の負担のない所有権を取得することとなり[61]，所有権留保を認識していたとしても売買代金完済をもって留保所有権が消滅するとする見解である[62]。

第3節　流通過程における所有権留保にかかる裁判例

第1款　流通過程における所有権留保において目的物が転売された事案

第1目　最判昭和50年2月28日民集29巻2号193頁

　本件は，ディーラーとサブディーラーが協力してユーザーに自動車の販売を行い，サブディーラーとユーザー間で当該自動車の売買契約を締結した後にディーラーとサブディーラー間で当該自動車の売買代金債務が完済するまではその所有権をディーラーに留保する内容の売買契約を締結したものである。その後，サブディーラーがディーラーに対する支払いを怠ったため，ディーラーがユーザーに対して，留保した所有権に基づき当該自動車の返還を求めた事案である。裁判所は，ディーラーである留保所有権者は「ディーラーとして，サブディーラーである国際自動車が本件自動車をユーザーである被上告人に販売するについては，前述のとおりその売買契約の履行に協力しておきながら，その後国際自動車との間で締結した本件自動車の所有権留保特約付売買について代金の完済を受けないからといつて，すでに代金を完済して自動車の引渡しを受けた被上告人に対し，留保された所有権に基づいてその引渡しを求めるものであり，右引渡請求は，本来上告人においてサブディーラーである国際自動車に対してみずから負担すべき代金回収不能の危険をユーザーである被上告人に転嫁しようとするものであり，自己の利益のために代金を完済した被上告人に不測の損害を蒙らせるものであつて，権利の濫用として許されないものと解するを相当とする」と判断した。本事例においては，①ディーラーがサブディーラーの転売に協力していること，②転売契約が，ディーラーとサブディーラーとの間の所有権留保特約付売買に先行してい

61　松井・前掲注(53)230頁。
62　高木・前掲注(33)386頁。

るかまたは同時であること，③ユーザーが売買代金を完済していることから，ディーラーの留保所有権に基づく引渡請求を権利濫用として制限したのである[63]。

第2目　最判昭和52年3月31日金法853号42頁

本件は，ディーラーとサブディーラーが協力してユーザーに自動車の売却を行い，ディーラーとサブディーラー間で当該自動車の売買代金債務が完済するまではその所有権をディーラーに留保する内容の売買契約を締結すると同時にサブディーラーとユーザー間で当該自動車の売買契約を締結したものである。その際，ディーラーは，サブディーラーが当該自動車をユーザーに売却することを予定しかつ承諾していたが，サブディーラーがディーラーに対する支払いを怠ったため，ディーラーがユーザーに対して，留保した所有権に基づき当該自動車の返還を求めた事案である。裁判所は，最判昭和50年2月28日民集29巻2号193頁判決を引用したうえで，ユーザーが，サブディーラーとユーザー間の売買契約に基づく代金を完済したとしても，ディーラーとサブディーラー間の売買契約に基づく「売買の代金支払いがない以上は本件自動車の所有権を取得することができないことを諒承していた等特別の事情の認められない限り」，ユーザーとしては「本件自動車の所有権を取得することができるものと考えるのが取引当事者の通常の意思に合致」し，ディーラーとしても「そのような結果となることを容認していたものというべき」と判断した。そのうえで，少なくともサブディーラーとユーザー間の売買契約に基づく代金完済の時点以後においては，ディーラーがサブディーラーに対する留保所有権を主張し，本件自動車の引渡しを求めることは，ユーザーに対して「不測の損害を蒙らせることとなり，権利の濫用にあたるものとして許さないと解するのが相当である」としているのである。この事案においても，最判昭和50年2月28日民集29巻2号193頁と同様に，①ディーラーがサブディーラーの転売に協力していること，②転売契約が，ディーラーとサブディーラーとの間の所有権留保特約付売買に先行しているかまたは同時であること，③ユーザーが売買代金を完済していることを理由として，ディーラーの留保所有権に基づく引渡請求を権利濫用と認定している[64]。

63　道垣内・前掲注(10)371頁，松井・前掲注(53)230頁。
64　道垣内・前掲注(10)371頁。

第3目　大阪高判昭和54年8月16日判時959号83頁

　本件は，建設機械について所有権留保特約付売買契約の締結がなされたが，留保所有権者である売主は，買主が当該建設機械を第三者に転売することを承知しており，買主により売買代金債務が完済される前に第三者に転売された事案である。裁判所は「流通過程にある商品につき買主が当該商品の転売を目的とする商人である場合には，その買主と売主との間の商品売買契約にいわゆる所有権留保の特約が付されたとしても，特段の事情がない限り，売主は，買主がその通常の営業の枠内でその商品を自己の名において転売することを承諾しているものと解するのが相当である。しかも，このような場合，売主としては，右のようにして買主に転売授権を認めた以上，一方で買主に転売授権をしておきながら，他方では売主・買主間の内部的な所有権留保特約を理由に，その転売授権に基づいて当該商品を買い受け，代金を完済した転買人の所有権取得を否定するということは，商取引における信義則に照らして許されないものというべきであるから，当該商品が右の転売授権に基づいて買主である商人の通常の営業の範囲内で転売された場合において，転買人が代金を完済しもはや買主が転買人に対して転買人の当該商品の所有権取得を争えなくなったときは，売主に留保された所有権は失われることを当然に承認しているものと解するのが相当である。したがって，買主から転売授権に基づいて商品を買い受け，代金を完済した転買人は，売主・買主間の所有権留保特約にもかかわらず，その商品の所有権を有効に取得するに至るものというべきである」とした。本判決は下級審であるものの，留保所有権者である売主の権利濫用について検討するものではなく，転売授権があったことを前提として判断がなされたものである。

第4目　最判昭和56年7月14日判時1018号77頁

　本件は，ユーザーのサブディーラーに対する注文に基づき，サブディーラーが，ディーラーから自動車を所有権留保特約付で買い受け，これをユーザーに売却したものである。その後，サブディーラーに対して第三者が強制執行等の申立てを行ったことから，ディーラーが留保所有権に基づき当該自動車の引渡しを求めた事案である。本件の特徴としては，ユーザーは，サブディーラーからこれまでに買い受けた自動車についていずれもその代金の支払いを完了したのにもかかわらず，所有者名義をユーザーとする旨の登録手続をしていなかったこと，本件によ

り購入した自動車の所有権がディーラーに留保されていることを予測していたこと，ディーラーは，サブディーラーとの間でサブディーラーがユーザーのような県外の顧客に新車を販売することを禁ずる旨の特約を結んでおり，サブディーラーとユーザーとの間の売買契約締結やその履行につきなんら関与しなかったことがあげられる。裁判所は，上記の事実を前提とすれば，「被上告人が上告人に対し所有権に基づき本件自動車の引渡しを求める本訴請求が権利の濫用にあたるとはいえないとした原審の判断は，正当として是認することができる」として，留保所有権者の所有権に基づく目的物の返還を認めた。

なお，本判決の原審[65]においては，ディーラーとサブディーラー間で県外で新車を販売することを禁ずる旨の特約を締結していたことからディーラーがサブディーラーとユーザーとの間の売買契約の履行に協力したものとは推認できないが，自動車が転売されることを予測していたことを認定しつつも，ユーザーは，本件自動車の所有権がディーラーに留保されている事実を容易に知りえることができたこと，ユーザーの売買代金債務は完済されていなかったことを指摘し，「控訴人が本件自動車の所有権に基づきその引渡しを被控訴人に求める本訴請求が，予測できない損害を被控訴人に被らせたものであるということはでき」ないことから，ディーラーの留保所有権に基づく引渡請求は権利の濫用にあたらないとしている。

本事案は，最判昭和50年2月28日民集29巻2号193頁と最判昭和52年3月31日金法853号42頁の判決時に権利濫用を認定した根拠が満たされていないことから権利濫用が認められなかったが，流通過程における所有権留保の従来の判例に従った判断であるといえよう。

第5目　最判昭和57年12月17日判時1070号26頁

本件は，サブディーラーがユーザーに対して自動車を転売することについてディーラーが了承のうえ，ディーラーとサブディーラー間で所有権留保特約付売買契約を締結したものである。その後，サブディーラーがユーザーに対して当該自動車を販売したが，サブディーラーがディーラーに対する売買代金債務を完済する前に破産したことを受け，ディーラーがユーザーに対して当該自動車の返還を求めた事案である。裁判所は，「ディーラーである上告人らは，サブディーラー

65　昭和54年11月29日判タ408号82頁。

である増田屋に対し，営業政策として，ユーザーに対する転売を容認しながら所有権留保特約付で本件各自動車を販売し，ユーザーである被上告人らは，右所有権留保特約を知らず，また，これを知るべきであつたという特段の事情なくして本件各自動車を買い受け，代金を完済して引渡しを受けた」ことを認定し，「かかる事情の下において，上告人らが増田屋との右売買契約を代金不払いを理由として解除したうえその留保所有権に基づいて被上告人らに対し本件各自動車の返還を請求することは，本来上告人らにおいてサブディーラーである増田屋に対して自ら負担すべき代金回収不能の危険をユーザーである被上告人らに転嫁しようとするものであり，かつ，代金を完済した被上告人らに不測の損害を被らせるものであつて，権利の濫用として許されないというべきである」としている。本事案においては，①ユーザーが売買代金を完済していること，②ディーラーとサブディーラー間の売買契約に所有権留保特約があり，その事実についてユーザーが不知であることを理由として，ディーラーの留保所有権に基づく引渡請求を権利濫用としているのである。権利濫用を認める場合において，裁判所の判断根拠が従来の裁判例と異なるものである。

第4節　小括

　ここまで流通過程における所有権留保の学説および判例を確認した。下級審においては，留保所有権者である売主が買主に対して転売の権限を与えたことを前提として判断がなされたものがあるが，最高裁においては，留保所有権者である売主が留保所有権に基づき目的物の引渡請求をすることができるかについて個々の事案に応じて検討がなされている。具体的には，①留保所有権者である売主が買主の転売に協力していること，②転売契約が，留保所有権者と売主との間の所有権留保特約付売買に先行しているかまたは同時であること，③最終購入者が売買代金を完済していることに着目している事案もあれば，①最終購入者が売買代金を完済していること，②留保所有権である売主と買主との間の売買契約に所有権留保特約があり，その事実について最終購入者が不知であることに着目している事案もあり，留保所有権に基づく目的物の引渡請求が妥当ではないとすべき事案において，当該権利の行使は権利濫用としているのである。この点については，判例法理として確立されたものといえよう。

　そして，この判例法理からすると，所有権留保においては，所有権が売主に帰属していることを前提としているものといえる。既に述べたように，所有権留保における裁判例では，その目的について担保目的であるとしているものも数多くあるが，流通過程における所有権留保の場面においては担保目的であるという点が議論されておらず，所有権の帰属のみで判断がなされている。

　他方，学説においては判例のような権利濫用を認めるという見解をとるものはほとんど見受けられず，留保所有権者である売主が買主に対して転売する権限を与えたとする学説が多数を占めている。

第4章　清算義務

第1節　仮登記担保にかかる清算義務

第1款　総論

　民法において，不動産を目的とする担保手段としては，質権と抵当権が規定されている。しかし，質権については目的不動産の占有を債権者に移転する必要があり，抵当権についてはその実行に裁判所の関与が必要となり，時間や費用がかかる[66]ことから，実務において停止条件付代物弁済や代物弁済予約等（以下，「代物弁済予約等」という。）というような権利移転予約型担保とよばれる手法がとられるようになった。この手法においては，目的物の占有を移す必要はなく，簡易な私的実行の方法をとりうることとなる[67]。これらについては，債権者の取得する所有権移転請求権を保全するために仮登記が利用され[68]，それによって簡易に私的実行が可能であること，目的物の価額と被担保債権額の差額を取得することが債権者にとってメリットとなるとされていたのである[69]。

第2款　昭和42年判決以前

　代物弁済契約は，目的物の価額と債権額とのつり合いが取れることを有効要件

66　道垣内・前掲注(10)272頁。
67　道垣内・前掲注(10)272頁。
68　松井・前掲注(53)172頁。
69　松井・前掲注(53)172頁。

とするものではないから，それらがつり合っていないからといって直ちに無効と
なるものではない[70]とされてきた。従来の学説・判例においては，代物弁済予約
等を債務決済手段としてとらえていたため，目的不動産の価額が債権額を上回っ
ていても無清算帰属を認めており[71]，当該代物弁済予約等が暴利行為であり公序
良俗に反すると認められる場合は無効としていた[72]。最高裁の裁判例としては，
比較的短い弁済期で目的物の価額が被担保債権額の4倍から8倍を超えた事案が
あり，8倍を超える事案[73]については，「他に特別な事情の立証がなされていな
い本件においては，右代物弁済の予約は，債権者が債務者の窮迫に乗じ締結され
たものと認むべく，したがつて右予約は公序良俗に反する無効のものと解するを
相当」と判示した。また，5倍から6倍の事案[74]については，その原審[75]が「貸主
が借主の窮迫に乗じ短期間の弁済期を定め，借主をして期限に弁済しないときは
貸金額の数倍の価額を有する不動産を代物弁済とすることを約束せしめたときは
その約束は公序良俗に反し無効であるといわねばならない」と判断し，最高裁は
「原審の認めた諸事実を総合して本件代物弁済の予約を公序良俗に反し無効であ
ると断定し得ないものではない」とした。他方，4倍の事案[76]については，「原
判決認定のような事情だけでは，本件代物弁済の予約は無効のものとは解し難
く，しかく解するには更に何らかの事情が附け加えられることを要するものと解
するを相当」としている。これらのことから，公序良俗に違反しているかの認定
については，代物弁済の目的物の価額が債権額と比べ，著しく高額となれば直ち
に公序良俗違反に該当するとしつつ，多少の乖離であれば代物弁済契約が借主の
窮迫無知等に乗じ締結されているかいなかを検討しているようである。いずれに
せよ，これらの事案においては，当該代物弁済契約が公序良俗に反し無効とされ
ていることから，代物弁済を認めたうえで目的物の価額と債権額の差額について
清算させるという判断には至っていない。

70　青山義武「判解」最高裁判所判例解説 民事篇（昭和32年度）43頁。
71　大判大昭和8年2月6日民録25輯68頁。
72　我妻栄『新訂担保物権法』299頁（岩波書店，1968）。
73　最判昭和32年2月15日民集11巻2号286頁。
74　最判昭和27年11月20日民集6巻10号1015頁。
75　大阪高判昭和24年3月30日民集6巻10号1034頁。
76　最判昭和35年6月2日民集14巻7号1192頁。

第3款　昭和42年判決以降

　以上のような学説・判例の見解については，批判的な見解が増え，債権者の清算義務の可能性が示唆されるようになり[77]，下級審において代物弁済予約等にも清算義務を認めようとする判決[78]も現れはじめた。また，このことを受け，学説は，代物弁済予約等が債権担保の手段であり，担保に即した内容を与えればよい[79]とし，代物弁済予約等を担保権としてとらえ，清算義務を認めるようになったのである[80]。

　最高裁においても最判昭和40年11月3日民集19巻9号2071頁[81]においては，「その実質において債権担保の機能を営む代物弁済予約」とし，昭和41年11月18日民集20巻9号1861頁においては，「いわゆる代物弁済予約による権利は，金銭消費貸借契約の当事者間において，債権者が，自己の債権の弁済を確保するため，債務者が期限に債務を履行しないときに債務の弁済に代えて特定物件の所有権を債権者に移転することを債務者と予約するものであつて，あたかも担保物権を設定したのと同一の機能を営むもの」として，代物弁済予約等を担保権として構成するようになった。

　そして，昭和42年に「不動産につき停止条件付代物弁済契約または代物弁済の予約を締結した形式が採られている場合で，契約時における当該不動産の価額と弁済期までの元利金額とが合理的均衡を失するような場合には，特別な事情のないかぎり，債務者が弁済しないときは債権者において目的物件を換価処分し，これによつて得た金員から債権の優先弁済を受け，もし換価金額が元利金を超えれば，その超過分はこれを債務者に返還する趣旨であると解するのが相当である」とする最高裁判決[82]が出され，債権者に清算義務が認められることとなったのである。

77　谷口知平「判批」民商36巻2号223頁（1957）。

78　大阪地判昭和35年6月8日下民集11巻6号1265頁，高松高判昭和35年11月30日下民集11巻11号2595頁。

79　米倉明「抵当不動産における代物弁済の予約」ジュリスト281号68頁（1963）。

80　鈴木禄弥『物権法講義』122頁（創文社，1964）。

81　なお，当該事案においては，一部弁済として既に受領済みの弁済金を債務者に返還することが認められ，目的物の価額と債権額の差額について清算義務は認められていない。

82　最判昭和42年11月16日民集21巻9号2430頁。

第4款　昭和49年判決

　上記の昭和42年判決以降も，代物弁済予約等に清算義務を認める判断が出されるようになった。最判昭和45年9月24日民集24巻10号1450頁においては，「所有権に関する仮登記の原因たる契約が消費貸借上の債権を担保するために締結された場合においては，その契約が停止条件付代物弁済契約または代物弁済予約の形式をとつていても，本来の代物弁済を成立させるためのものではなく，その実質は，単にその形式をかりて目的不動産から債権の優先弁済を受けることを目的とするもので，担保権と同視すべきものであり，したがつて，右目的達成のため，債権者は，債務者が弁済期に債務の弁済をしないときは，目的不動産を換価処分し，またはこれを適正に評価することによつて具体化する右物件の価額から，優先弁済を受けるべき自己の債権額を差し引き，その残額に相当する金銭を清算金として債務者に支払うことを要する趣旨の債権担保契約と解するのが相当」とされている。このように，代物弁済予約に清算義務を認めることは判例法理として確立されていったが，さらに，昭和49年には，金銭債権の担保目的とする代物弁済予約について集大成ともいえる判決[83]が出されることとなった。そこでは，「代物弁済の予約，停止条件付代物弁済契約又は売買予約……を締結する趣旨は，債権者が目的不動産の所有権を取得すること自体にあるのではなく，当該不動産の有する金銭的価値に着目し，その価値の実現によつて自己の債権の排他的満足を得ることにあり，目的不動産の所有権の取得は，かかる金銭的価値の実現の手段にすぎ」ず，「仮登記担保契約のとる形式のいかんを問わず，債務者に履行遅滞があつた場合に権利者が予約完結の意思を表示し，又は停止条件が成就したときは，権利者において目的不動産を処分する権能を取得し，これに基づいて，当該不動産を適正に評価された価額で確定的に自己の所有に帰せしめること（特段の事情のないかぎり，この方法が原則的な形態であると解される。）又は相当の価額で第三者に売却等をすることによつて，これを換価処分し，その評価額又は売却代金等（以下換価金という。）から自己の債権の弁済を得ることにあると解するのが，相当」とし，金銭債権の担保目的とする代物弁済予約等は担保権として構成されることとなった。また，「右不動産の換価額が債権者の債権額（換価に

83　最判昭和49年10月23日民集28巻7号1473頁。

流通過程における所有権留保の目的物にかかる譲渡担保権の設定について

要した相当費用額を含む。）を超えるときは，仮登記担保権者は，右超過額を保有すべきいわれはないから，これを清算金として債務者に交付すべき」であるとし，清算義務が認められることとなったのである。

第5款　小括

　上記のような判例の変遷をみると，代物弁済予約等を単なる債務決済手段としてではなく，実質的に債権の担保手段であることから担保権として捉え，債権担保としての効果が認められれば十分である[84]として清算義務が認められるようになったのである。代物弁済予約等締結時点において，債権額と目的物の価額が著しく異なるというような暴利行為がなければ，当該代物弁済予約等は有効であり，債権額と目的物の価額の差を債権者が取得するとした当初の学説・判例から大きく異なる結論に至ったのである。

　なお，このような判例法理は，その後制定された仮登記担保に関する法律（昭和53年法律第78号）にも引き継がれ，同法第3条第1項[85]においても同様の規定がなされることとなった。

第2節　譲渡担保権にかかる清算義務

　次に譲渡担保の清算義務についてであるが，譲渡担保権については，代物弁済予約よりも古くから清算的な考えが導入されていた[86]。判例[87]においては，「賣渡擔保ニ於テハ……債務ノ辨濟遅滞シタルカ爲メ目的物ヲ賣却シタルトキハ其代金ヲ元利ニ當シ尚ホ殘餘アルトキハ之ヲ債務者ニ返還スヘキモノトス」とし，古くから債権者の清算義務が認められてきた。また，学説においては，譲渡担保権は原則として清算が必要となるが，特約があれば無清算帰属を認めるという考えを採用していた[88]のである。しかし，代物弁済予約等において清算義務を認める判決が出るにつれ，譲渡担保権の判例も整理され，昭和46年3月25日民集25巻2

84　道垣内・前掲注(10)272-273頁。
85　債権者は，清算期間が経過した時の土地等の価額がその時の債権等の額を超えるときは，その超える額に相当する金銭（以下「清算金」という。）を債務者等に支払わなければならない。
86　生熊長幸「仮登記担保」星野英一ほか編『民法講座3 物権（2）』243頁（有斐閣，1984）。
87　大判大正8年7月9日民録25輯1373頁。
88　我妻・前掲注(72)628頁。

号208頁においては，「貸金債権担保のため債務者所有の不動産につき譲渡担保形式の契約を締結し，債務者が弁済期に債務を弁済すれば不動産は債務者に返還するが，弁済をしないときは右不動産を債務の弁済の代わりに確定的に自己の所有に帰せしめるとの合意のもとに，自己のため所有権移転登記を経由した債権者は，債務者が弁済期に債務の弁済をしない場合においては，目的不動産を換価処分し，またはこれを適正に評価することによつて具体化する右物件の価額から，自己の債権額を差し引き，なお残額があるときは，これに相当する金銭を清算金として債務者に支払うことを要する」と判示されるようになった。

　今日においては，譲渡担保による所有権の移転が債権担保を目的とする以上，目的物の余剰価値があれば，常に清算義務が生じるものと解されている[89]。なお，当事者の特約によって清算義務を排除することができるかについては争いがあるが，清算義務を排除することはできないとする見解[90]もあれば，目的物の価額が被担保債権額を大幅に上回ることがなく，わずかな清算金となる場合には清算外務を排除する特約を有効とする見解[91]もある。

第3節　所有権留保にかかる清算義務

　所有権留保とは，売買代金債務が不払いとなったとき，売主は留保している所有権に基づいて目的物を引き揚げ，換価する等して，他の債権者に優先してその売買代金債権に充当することができるとされている[92]。ここで論点となることは，目的物を引き揚げる前提として，売買契約の解除が必要となるか否かであり[93]，目的物の価額が残代金債権を上回る場合には売主に清算義務が生じることとなる[94]ことについて議論はない。これは，動産の所有権留保の場合には，目的物の価額と債権額とが当初から均衡しているおり，物の減価のスピードが速いため，

89　松尾＝古積・前掲注(58)416頁。
90　松尾＝古積・前掲注(58)416頁。
91　道垣内・前掲注(10)325頁。
92　高木・前掲注(33)378頁，松岡久和『担保物件法』381頁（日本評論社，2017），安永・前掲注(6)450頁。
93　松岡・前掲注(92)383頁，道垣内・前掲注(10)372頁，安永・前掲注(6)450頁。
94　高木・前掲注(33)382頁，近江・前掲注(58)325頁，田高ほか・前掲注(8)151頁，松岡・前掲注(92)382頁，道垣内・前掲注(10)372頁，生熊・前掲注(24)374頁，安永・前掲注(6)450頁。

目的物件の価額が残代金債権額を上回り清算が問題となることはあまりないとされている[95]ためであろう。しかし，第1章第2節でも述べたように，動産の中には貴金属，時計，酒類等のように一定の相場が形成されており，相場によって大きく価額が変動するものもある。残代金債権額を上回り，清算について検討しなければならない事案もあり得よう。

　所有権留保の清算義務について言及した裁判例はほとんどなく，確認できる範囲では，すでにあげた東京地判昭和53年1月27日判時909号73頁のみである。本事案は，転々流通した船舶の最終購入者が，留保所有権者である売主に対し，当該船舶の交換価値と売買代金債務額との差額を清算金として自らに支払うことを請求した事案である。裁判所は，「原告の主張するような担保目的に従つた法律構成をとり得るとの見解に立つても，所論の清算金を請求することができるのは塩野であつて，原告ではなく，結局，予備的請求は理由なきに帰する」と判断しており，本事案を受けて「結論としては担保権的構成を前提とした清算金支払義務は否定されている」とする見解[96]もある。しかし，本判決における塩野とは，留保所有権者である売主と所有権留保特約付売買契約を締結した最初の買主であり，裁判所は「原告の主張するような担保目的に従つた法律構成をとり得るとの見解に立つても，所論の清算金を請求することができるのは塩野であつて，原告ではな」いとも言及していることから，所有権留保を担保目的に従った法律構成とすれば，所有権留保特約付売買の買主は清算金の請求をすることができると読むことが可能である。

第5章　検討

第1節　所有権留保にかかる清算義務とその法的性質の検討

第1款　所有権留保にかかる清算義務の検討

　所有権留保について，清算義務が認められていることは学説上異論がない[97]。

95　田高ほか・前掲注(8)151頁，道垣内・前掲注(10)372頁，松岡・前掲注(92)382頁，安永・前掲注(6)450頁。
96　田高・前掲注(47)281頁。
97　高木・前掲注(33)382頁，近江・前掲注(58)325頁，田高ほか・前掲注(8)151頁，道垣内・前掲注(10)372頁，松岡・前掲注(92)382頁，生熊・前掲注(24)374頁，安永・前掲注(6)450頁。

しかし，その根拠を具体的に論じるものはほとんどなく，所有権留保は譲渡担保権とパラレルに解すべきである[98]とされていることではないだろうか。

　所有権留保について，所有権留保特約の文言通りに売買代金債務が完済されるまでは売買目的物の所有権が売主に帰属すると解した場合，売買代金債権が完済されないと，所有権が買主に移転していないことになるため，当該売買目的物の返還をもって売買代金債権が消滅することになると考えられる。このように解した場合，売買目的物の価額が売買代金債権を超えていても留保所有権者である売主に清算義務は認められないだろう。これは，所有権が売主に帰属しており，当該所有権に基づいて売買目的物の返還を求めたにすぎないためである。また，売買目的物の価額が売買代金債権に満たない場合においては，売買目的物の返還により売買代金債権が消滅し，買主に対して売買代金債権の残額を請求するのではなく，損害賠償請求ができると解するのが妥当である。

　他方，所有権留保をその実質から担保権であると解した場合，売主に認められるのは担保権としての範囲で十分ということとなる。すなわち，所有権留保の目的は売買代金債権の保全にあり，売買代金債権の弁済を受けられれば十分とするものである。所有権留保は担保の一類型であることから，目的物を適正な価額で自己の所有にすることまたは換価処分した売却代金等から自己の債権の弁済を得られれば十分であり，適正な価額や換価した売却代金等が売買代金残債権額を超えるのであれば，それを売主に取得させることは妥当ではなく，清算すべきとなる。適正な価額や換価した売却代金等が売買代金残債権額に満たないのであれば，売買代金債権として引き続き買主に請求していくことになる。

　そこで，所有権留保における清算義務を検討するにあたり，第4章で述べた代物弁済予約等や譲渡担保権の判例法理が参考となる。当初，代物弁済予約等は債務の決済手段とされ，清算義務が認められていなかった。公序良俗に反し代物弁済予約等が無効とされた事案もあるが，それは代物弁済予約等契約時において債務額と代物弁済の目的物の価額に著しい差が生じていた場合のみである。しかし，代物弁済予約等も債権担保の目的でなされているものと解すべきであること，また，譲渡担保権においては古くから清算義務が認められていることから，

98　道垣内・前掲注(10)369頁。

最終的には代物弁済予約等も譲渡担保権も被担保債権の優先弁済が確保されていれば十分であると考えられ，目的物の価額が債務額を超えた場合には清算義務が課されるようになったのである。

　所有権留保について学説をあらためて確認してみると，所有権は売主に帰属するとする学説においては，売主に帰属する所有権は債権担保の目的のためのみに留保し得るものであることから，担保目的に制限されるとされており，所有権は売主・買主双方に帰属するとする学説においては，残存代金を被担保債権とする担保権が売主に存することとされている。また，所有権は買主に帰属するとする学説においては，所有権留保は担保権の設定であると解されているようである。このことから，所有権の帰属についていずれの学説を採用しようとも，所有権留保が担保目的でなされていることにつき争いがない。

　次に所有権留保の裁判例を確認すると，所有権が留保された目的物が第三者の土地所有権の行使を妨害している事案においては，所有権留保について，目的物の交換価値を把握するものであり，担保権の性質を有するものであると示されている。また，法的整理時においても留保所有権を別除権として認めており，すなわち留保所有権は担保権であるものと解されている[99]。

　他方，所有権が留保された目的物を買主の債権者が差し押さえた事案では，所有権留保が担保の一形態にすぎないため，第三者異議の訴ではなく，優先弁済の訴が認められるに過ぎないとの主張を退け，第三者異議の訴を認めたものであるが，東京地判昭和50年2月27日金法753号36頁判決の判示するとおり，所有権留保が担保目的であったとしても，その所有権は留保所有権者である売主に帰属していることから，第三者異議の訴を認めることができると判断したものと考えられる。

　所有権留保と譲渡担保権が争われた事案であるが，当初は，譲渡担保権設定者は無権利者であることから，即時取得が成立しなければ譲渡担保権は無効であると解されていたものの，近時の裁判例[100]においては，所有権は売買代金が完済されるまで買主である譲渡担保権設定者に移転しないとしつつ，譲渡担保権を留保所有権者に対抗できないとしているだけで，譲渡担保権が無効であるとまで述べ

99　田高寛貴「譲渡担保と所有権留保」法教424号85頁（2016）。

100　最判平成30年12月7日民集72巻6号1044頁。

ているものではない。このことから，前述したとおり，譲渡担保権設定者と譲渡担保権者間の譲渡担保権は有効であると解釈する余地もある。

　これら判例からすると，所有権留保について，その目的が債権担保であるという点を重視して判断をしているものと，留保所有権者である売主に所有権が帰属しているという点のいずれを重視するかによって判断が異なっているようであるが，この2点は両立しえないものではないといえよう。所有権は売主に帰属するとしつつ，その目的は売買代金債権の担保であるとし，事案に応じてどちらを重視するかを検討し，個別事案の解決が図られているものと考えられる[101]。

　また，所有権留保の清算義務が直接争われた下級審においても，当該事案における事実関係においては留保所有権者である売主の清算義務が認められなかったが，所有権留保に清算義務が認められないと結論を出すようなものではなかった。

　これらの判例の展開を見るに，所有権留保は，目的物の所有権は留保所有権者である売主に帰属しているが，その目的は債権担保目的であると解するのが妥当である[102]といえよう。

　そして，所有権留保の清算義務であるが，所有権留保に清算義務を認めず，留保所有権者である売主に売買代金債権を超える金額まで回収させるということになれば，倒産処理時において，所有権留保を別除権としている判例法理と整合性がとれなくなる。破産法において，破産管財人に対抗できる破産財団所属の特定財産上の担保権には別除権の地位が与えられることとなる[103]が，当該担保権の目的物の価額が被担保債権額を超えていれば，その剰余分について，破産債権者への配当原資となるものとされている[104]。つまり，倒産処理時においては，被担保債権額以上の回収をすることはできないこととなるのであるが，倒産処理時以外における私的実行の場合であれば，被担保債権額である売買代金債権を超える金額について回収を容認するという扱いは妥当でない。

101　松尾＝古積・前掲注(58)431頁においても，「代金完済までは所有権自体は売主に帰属すると解すべき」であるが，「これに矛盾しない限度では，契約当事者間の法律関係を担保目的に相応するように処理することができるというべき」と指摘している。

102　鳥谷部・前掲注(31)318頁では，「判例は，留保特約に基づき売主への所有権の帰属を認めつつ，売主の所有権の行使を担保の範囲内に制限しようとするものが多い」と指摘されている。

103　伊藤・前掲注(50)470頁。

104　伊藤・前掲注(50)468頁。

　むしろ，所有権留保に清算義務を認めると解することが当事者間の衡平の見地からも妥当であり，また，買主に他に債権者がいた場合，当該債権者の権利を確保することにも資することとなるのである。

　以上の点から，学説の見解どおり，所有権留保においても，売買目的物の価額が売買代金債務額を超える場合には，留保所有権者である売主に対し清算義務が認められることとなるのである[105]。

　そして，今日においてこのように解する必要性がさらに高まっているといえる。従来の特定動産における所有権留保では，売買目的物の価額が売買代金残債務を超えることがほとんどなく，学説上も実務上も清算義務が問題となるようなことはなかったが，貴金属，時計，酒類等相場が変動するような動産についても所有権留保が活用される今日においては，売買目的物の価額が売買代金債務を超える事態が容易に想定できるためである。

第2款　所有権留保の法的性質にかかる検討

　所有権留保の法的性質について，どのような学説を採用するのが妥当であろうか。所有権留保が担保目的であり，清算義務を認めるべきであることについては既に述べたが，その点を踏まえて検討を行うこととする。

　まず，所有権は買主に帰属するとする学説であるが，これには2点大きな問題がある。1点目は，売買契約の当事者の合意と異なる法解釈を行うという点である。売買契約の当事者としては，売買代金債務が完済となるまでは，その目的が債権担保目的であれ，所有権を移転しないと合意している。それにもかかわらず，所有権が移転し買主帰属するというのは，当事者の合意を完全に無視するものとなる。2点目としては，判例法理により留保所有権者である売主に認められた第三者異議の訴を認める根拠がなくなるという点である。

　次に，所有権は売主・買主双方に帰属するとする学説であるが，これも所有権が買主に帰属するとする学説と同様の点から採用することはできない。売買契約の当事者の合意に反することとなるし，担保権しか持たない留保所有権者に第三者異議の訴を認める根拠がなくなる。さらに，所有権が分属するとなると，所有

105　近江・前掲注(58)303頁においても，「所有権留保につき担保的構成をとる意義は，……清算義務を認めること」とされている。

権が移転したか否かがあいまいになるということもある[106]。

　最後に，所有権は売主に帰属するとする学説であるが，この学説では，所有権は売買契約の当事者の合意どおりとなる。このため，留保所有権者である売主に第三者異議の訴が認められることは当然である。他方，倒産局面において取戻権ではなく別除権とすることや所有権留保の目的物が第三者の権利を侵害している場合については，所有権は売主に帰属するもののその権利行使は担保目的に制限されることとなるという点から説明が可能である。

　そして，この所有権は売主に帰属するとする学説は，買主に期待権を認めるものであるが，これは債権的期待権とするものと物権的期待権とするものに分かれる。しかしながら，この期待権を債権的なものと解した場合，買主には何らの物権も帰属していないこととなるため，買主が何らかの理由で動産の占有を失ったとしても，物権的返還請求権の行使をすることができない。買主は民法第200条に基づく占有回収の訴えにより当該動産の引渡しを請求することは可能であるが，占有を侵奪した者の特定承継人や詐欺により当該動産の引渡しを受けた者に対しては引渡請求をすることができず，買主の保護に欠けることとなる。このことから，買主の期待権を債権的なものと解することは妥当ではない。

　また，売主に留保された所有権は可能な限り担保目的に制限していくべきであり，買主は売買契約を締結しただけではなく，引渡しまで受けていることから売買代金完済により所有権が完全に移転するとする期待を法的に十分保障する必要がある[107]。この点，譲渡担保権においても，譲渡担保権設定者の地位を債権的なものにとどまるとする見解もあるが，そうすると譲渡担保権設定者の地位があまりにも弱くなるため，譲渡担保権設定者に目的物に関する物権が帰属するとされているのである[108]。そして，所有権留保についても，譲渡担保権と同様に考えることが妥当である[109]。

106　鳥谷部・前掲注(31)318頁。
107　同趣旨として，安永正昭「所有権留保の内容・効力」加藤一郎ほか『担保法体系第4巻』372頁（金融財政事情研究会，1985）。なお，そこでは，期待権を物権的なものとして位置付ける根拠としてドイツ法学の分析に依拠するとも指摘されている。
108　道垣内・前掲注(10)305頁。
109　道垣内・前掲注(10)367頁において，「多くの学説は，所有権留保を個別動産譲渡担保とパラレルにとらえている」と指摘している。

　これらのことから，所有権留保の法的性質について，所有権は売主に帰属するものの，留保所有権者に帰属する所有権は，事案に応じて担保目的に制限を受けることとなり，買主は目的物の所有権を取得しうるという物権的期待権を取得すると解すべきである[110]。そして，この物権的期待権には，将来所有権を取得しうるという物権的地位のほかに，目的物の利用権，被担保債権の弁済による所有権移転請求権，所有権移転請求権を失う場合の清算請求権等を含むとするのが妥当であるといえる。

第3款　清算金額の検討

　ところで，所有権留保に清算義務を認めるとしても，その清算金額について論点が生じる。清算金額について，その「法律構成は，目的物価額から債権額を差し引いた額を清算するという構成ではない」という指摘[111]がなされているのである。これは，所有権留保の実行により，売主は，すでに受け取っていた売買代金を買主に返還する義務が生じるためとされている。民法第545条に基づく原状回復義務を根拠としているものと考えられる。そして，売買契約時と所有権留保実行時の売買目的物の価額の差について，売主は買主に対して損害賠償請求ができるものとし，受領済みの売買代金と売主の損害賠償金額を相殺したうえで，返還すべき受領済みの売買代金が残っているのであれば当該金額を買主に返還することとしている。これを清算金としているのである。

　しかし，代物弁済予約等における判例法理も，譲渡担保権における判例法理も，目的物の価額が債権者の債権額を超えた場合に清算義務を課しているのである。債権額と目的物の価額を比較したうえで清算金の有無を判断しているのであって，受領済みの金額と目的物の価値の減少分を比較しているのではない。

　また，企業活動における在庫動産の仕入のように，反復継続的な売買取引がなされ，当該売買契約に所有権留保特約が存在する場合，当該売買取引においては

110　道垣内弘人『担保物権法』306頁（三省堂，1997）において，所有権留保の実行時に売買契約の解除を必要とすべきでないことも物権的期待権を認める理由としている。河上・前掲注(35)407頁によると，第三者効を引き出すには物権的であることが必要と指摘している。
111　内田・前掲注(58)546頁。田山輝明『担保物権法 民法要義3〔第3版〕』214頁（成文堂，2013）においては，「既払代金から違約損害金等を差し引いた残額を清算金として返還しなければならない」とする。同趣旨として，安永・前掲注(107)389頁，松井・前掲注(53)229頁。

その債務について分割弁済が行われるということはまずありえない。当月に売買がなされた分について，翌月に支払うというように，一定期間支払いを猶予するというものである。この場合，売主は売買代金を受け取っていないため，買主に返還するものがなく，所有権留保実行時の目的物の価額が売買契約時の価額を超えていたとしても清算義務は生じないこととなる。これでは，所有権留保について清算義務を認めた意味がなくなることとなり，清算金額について上記のような法律構成を採用することはできないものと考えられる。所有権留保においても，売買代金残債務額と売買目的物の価額を比較し，売買目的物の価額の方が大きければその差額を清算金とすべきである[112]。

第2節　流通過程における所有権留保の検討

　流通過程における所有権留保の判例を確認すると，いずれも留保所有権者がその留保所有権を主張することが権限濫用にあたらないかという点で判断がなされていた。このことから，裁判所は，目的物の所有権は留保所有権者である売主に帰属しており，買主が第三者に転売したとしても所有権は第三者に移転しないという見解を採用しているものといえる。したがって，留保所有権者である売主の権利行使が権利濫用であると認められるような事情がなければ，目的物を買い受けた第三者は，留保所有権者である売主に対して目的物を引き渡さなければならないこととなる。

　他方，学説を確認すると，裁判所のような見解をとる学説はほとんど見受けられない。個々の事案の解決という点ではよいのかもしれないが，留保所有権者は所有権を有しているにもかかわらず目的物の引渡しを受けることができないし，目的物を買い受けた第三者は所有権を有していないにもかかわらず目的物を保有することとなるためである。

　また，目的物を買い受けた第三者につき，即時取得が認められれば所有権を取得するという学説もある。しかし，登録制度がない種類物等の動産であれば，即時取得が認められる可能性もあるが，自動車のように所有者が登録されている場合には，登録を確認したうえで，登録されている所有者が当該自動車売買契約の

112　大村敦志『基本民法Ⅲ　債権総論・担保物権〔第2版〕』330頁（有斐閣，2005），近江・前掲注(58)325頁，加賀山・前掲注(36)556頁。

売主ではないのであればその事情や転売権限の有無等を確認すべきとされること
が考えられ，当該確認を行わないと過失が認定され，即時取得が認められること
はほとんどないと考えられる[113]。したがって，個別事案の解決において妥当な結
論が導けない可能性がある。

　そして，留保所有権者である売主が買主に対して転売の権限を与えているとす
る学説であるが，この学説においては，買主は第三者へ目的物を転売する権限が
与えられていることから，当該買主から目的物を購入した第三者が売買代金を支
払えば，当該第三者は有効に目的物の所有権を取得することができることとな
る[114]ものとされている。この学説においても，第三者からするとどのような場合
に買主が目的物を第三者へ転売する権限が与えられているのか把握することが困
難であるという問題点があるが，すでに述べたとおり多数説となっているもので
ある。

　このように，原則として無効である買主と第三者間の転売取引について何らか
の制限を課し，第三者の保護を図ろうとしているのである。ただし，通常の所有
権留保であれば，所有権という形式を重視するか，担保権という実質を重視する
かだけでなく，所有権が売主と買主のどちらに帰属するかということまで検討さ
れているにもかかわらず，流通過程における所有権留保ではその点の議論がなさ
れていない。

　ところで，流通過程における所有権留保の場合，目的物は転売されるだけとは
限らない。目的物の買主が卸売業や小売業を営んでいるのであれば目的物を転売
するのみと考えられることから，目的物の転売についてのみ考えればよいことと
なる。しかし，企業活動においては，製造業を営む者が，製品を製造するために
所有権留保付売買契約にて原材料を購入することもあり得る。すなわち，流通過
程における所有権留保の目的物について，買主によって加工等がなされる可能性
があるのである。そして，加工等の状態によっては，民法第245条および民法第
246条の規定により，留保所有権者である売主の留保所有権が消滅し，目的物の
所有権が買主に帰属することもあり得る。このような状況下で製品を第三者に売
却した場合，当該第三者は有効に所有権を取得するものとなるのである。他方，

113　安永・前掲注(6)452頁。
114　松井・前掲注(53)231頁。

留保所有権者である売主は，民法第248条に基づく償金請求をすることができるものと解されることになるのではないだろうか。

　この点，転売時における留保所有権者である売主と第三者との関係とは異なり，留保所有権者である売主と買主との関係になるが，当該売主が買主に対して民法第248条に基づく償金請求をすることができるとなると不合理であるといえよう。事業を営む者同士が売買契約を締結する場合，その目的物をそのまま買主が利用するのか，転売するのか，加工するのか等については，通常であれば認識しているはずである。先に取り上げた学説・判例においても，売主の認識を重視し，留保所有権者の第三者に対する引渡請求を否定しているのである。そうであれば，買主において目的物を加工等することを認識している事例においても，留保所有権者の買主に対する償金請求を認めるべきではない。

　この点については，所有権留保の法的性質から説明することとなる。既に述べたとおり，留保所有権者に帰属する所有権は，事案に応じて担保目的に制限を受けることとなり，買主は目的物の所有権を取得しうるという物権的期待権を取得すると解し，この物権的期待権には，将来所有権を取得しうるという物権的地位のほかに，目的物の利用権，被担保債権の弁済による所有権移転請求権，所有権移転請求権を失う場合の清算請求権等を含むとするのが妥当である。そして，特に目的物の利用権を認める理由としては，特定動産について所有権留保付売買契約が行われた場合，買主によって当該目的物が利用されることを前提としているためである。他方で，流通過程における所有権留保においては，買主によって転売されたり，加工されたりすること等が前提となっており，むしろ，留保所有権者である売主からすると，買主が早々に転売や加工等して売却し，それによって回収した資金をもって売買代金債務の弁済に充ててもらうということを意図しているのではないだろうか。したがって，このことを所有権留保の法的性質に当てはめると，流通過程における所有権留保においては，買主が取得しうる物権的期待権に目的物を利用する権利ではなく，目的物を転売や加工等をする権利が含まれていると解するべきである。既に述べた流通過程における所有権留保の学説の中では，留保所有権者である売主が買主に対して転売の権限を与えているとする学説に分類されるものといえるが，留保所有権者である売主から買主に対して転売の権限が与えられていると考えるのではなく，流通過程における所有権留保に

より買主に属する物権的権利に転売権限が内包されているという点で異なる。

　翻って買主が流通過程における所有権留保の目的物を第三者に転売した場合を検討するに，流通過程における所有権留保の法的性質を上述のように解すると，買主の物権的期待権に目的物を転売する権利も含まれることとなるため，当該転売は有効なものとなる。

第3節　流通過程における所有権留保の目的物に設定された譲渡担保権の検討

　売買において所有権留保特約を付す目的としては，売主が売買代金債権の保全を図るためである。そして，売主が売買代金債権の回収を図るためには，買主が何らかの方法で資金調達を行う必要があり，その資金調達の方法としては，先に挙げたように目的物を転売する方法や加工等して売却する方法があげられる。前節では，流通過程における所有権留保について，買主が目的物を第三者に転売したり，加工等したりする場合について検討を行い，その結論として，流通過程における所有権留保においては，買主に帰属する物権的な期待権に目的物を利用する権利ではなく，転売や加工等をする権利が含まれると解することができるとした。では，買主が資金調達のために譲渡担保権の設定を行うことは可能であろうか。

　買主は売買代金債務を完済するために，何らかの方法で資金調達を行う必要がある。その具体的な方法としては，何も目的物の転売や加工等による売却だけに限られない。出資による資金調達も可能であるし，金融機関からの借入という方法の資金調達もある。この点，売主としては，買主の資金調達方法にこだわるものではなく，何らかの手段で資金調達を行い，売買代金債務を完済してくれさえすれば目的は達成されるのである。通常であれば，買主の資金調達の過程において，所有権留保の目的物が処分されること留保所有権である売主は想定していない。しかし，流通過程における所有権留保は，目的物を転売したり加工等したりすることをあらかじめ想定しているのであり，この点が大きく異なる。このことから，流通過程における所有権留保の買主の物権的期待権には，目的物を転売する権利や加工等する権利だけでなく，担保権設定する権利も含まれると解することはできないだろうか。

　この点，買主が目的物を転売して資金調達することも，加工等をして売却し資金調達することも認められるのであれば，譲渡担保権の設定をして資金調達することも認められてよいはずである。また，売主におけるリスクという点では，目的物が転売されたり加工等されたりすると留保所有権が消滅するのに対し，譲渡担保権が設定されても留保所有権は消滅することはない。例外的に留保所有権が消滅するような場合は，譲渡担保権者が所有権留保の存在につき善意無過失であり，即時取得が認められる場合のみである。そのような例外がない限り，単に後順位として譲渡担保権の設定がなされたという取り扱いとなるのである。つまり，所有権留保の目的物が転売されたり加工等されたりする場合に比べて，譲渡担保権を設定される場合のほうが，売主のリスクは少ないのである。より留保所有権者である売主を害する可能性が高い転売や加工等を認めて，そうではない譲渡担保権の設定をあえて認めないとする理由がない。

　また，問題点でも挙げたとおり，金融実務においても買主の譲渡担保権設定を認めるべきであるといえる。その理由としては，目的物の価額が売買代金債務を超える金額に上昇する可能性があることがあげられる。すでに所有権留保に清算義務を認めるかについての検討を行い，清算義務を認めるべきであるという結論を出したが，そうであれば目的物の価額が上昇することにより，清算義務によって留保所有権者である売主から買主に返還される金額も大きくなる。この点について有効活用し，企業における資金調達を可能としておく必要がある。

　さらに，金融機関においては，所有権が留保されている目的物を把握することが困難であるという面もある。企業の在庫動産が保管されている倉庫に行き，個別の動産ごとに所有権が留保されているのか否かを判定するということは実務上できないものと思われる。所有権留保の目的物に譲渡担保権の設定ができないとなれば，金融機関としてはどの程度の在庫動産に譲渡担保権が設定されているのか把握することができないことになり，在庫動産を活用した資金調達というものに取り組むことができなくなる。

　これらのことから，金融実務上，譲渡担保権の設定を認めるべきであり，法解釈としては，流通過程における所有権留保の買主の物権的期待権には，目的物を転売する権利や加工等する権利だけでなく，譲渡担保権を設定する権利も含まれると解することができるものといえるのである。したがって，流通過程における

所有権留保の目的物に対し，買主が譲渡担保権の設定をすることは可能である。そして，その譲渡担保権が流動集合動産譲渡担保権であるか否かは特段問題となるものではない。

なお，買主が譲渡担保権の設定によって資金調達を行ったとしても，必ずしも売主の売買代金債務の弁済に充てられるかはわからないので，譲渡担保権の設定を認める必要はないという批判はありえよう。しかし，この点については転売した場合や加工等して売却した場合においても同様のことがいえ，これらの方法で得られた資金が必ず売買代金債務の弁済に充てられるとは限らない。譲渡担保権の設定だけ他の異なる取り扱いをすることは合理的ではない。

第6章　おわりに

ここまで，所有権留保の学説および判例を確認し，その法的性質や清算義務，流通過程における所有権留保の取り扱い等について検討してきた。しかし，これらは実務における問題点の一端に過ぎず，所有権留保と譲渡担保権に関する課題はまだまだ残されている。たとえば，種類物の所有権留保において，私的実行時にどのように目的物を特定するのか[115]という点である。

流通過程における所有権留保の場合，買主に所有権が帰属する物と合わせて保管され，どれが所有権留保の目的物であるか誰にも把握することができないということがあり得るのである[116]。そうすると，所有権が売主に留保された物と買主に帰属する物が混ざって保管され，把握することができなくなるのであれば混和が生じることになるのではないだろうか。混和とは，所有者を異にする物が混和して識別できなくなった場合をいうが[117]，これには，穀物や金銭のような個体物が混合する場合があるとされており[118]，物が混ざって保管されている状況に当て

115　田村耕一「種類物の継続的売買契約における所有権留保に関する基礎的考察―東京高判平成29年3月9日金法2091号71頁を素材に」広島法学42巻3号70頁（2019）によると，「一体化の問題」とされている。

116　勝本・前掲注(28)297頁においても，「債務者の占有中，他の財産と混和を生ずる危険がある」ことが指摘されている。

117　民法第245条。

118　石田穣『物権法』361頁（信山社，2008）。

はまる。この場合，民法第244条の定めに従い，主従の区別がつくのであれば留保所有権は消滅し，主従の区別がつかないのであれば混合時における価格の割合に応じてその混合物を共有することとなるはずである[119]。目的物について，所有権が留保されているものとそうでないものを区別して保管されているか否か等，個別事案によって様々なケースに分けることができそうであるが，個別事案毎に結論が変わるのであれば，留保所有権者にも買主の一般債権者にも不測の事態が生じる可能性もある。また，いずれにせよ，当該目的物に譲渡担保権の設定を受けた譲渡担保権者が影響を受けることには変わりがない。

　上記のような点も含め，所有権留保と譲渡担保権に関する課題を解決するためには，最終的には立法での対応が必要となることも考えられるが，そのためにも所有権留保や譲渡担保権の解釈をさらに検討していく必要がある。今後の研究課題としたい。

119　最判平成30年12月7日民集72巻6号1044頁においても，目的物について混和が生じるような保管方法であったが，所有権留保の目的物について留保所有権者と譲渡担保権者のいずれが立証責任を負うのかが争われ，混和が生じたことについて主張はなされず，裁判所による判断は示されなかった。

2021年4月5日　発行

企業法研究の序曲IX
〈企業法学論集第9号〉

©編　者　筑 波 大 学 大 学 院
　　　　ビジネス科学研究群
　　　　法学学位プログラム

発行者　脇　坂　康　弘

〒113-0033　東京都文京区本郷3-38-1
TEL.03(3813)3966
FAX.03(3818)2774
https://www.doyukan.co.jp/

発行所　株式会社 同友館

一誠堂株式会社／松村製本所
Printed in Japan